肇庆高新区
引领新型工业化发展
战略研究

主　编：丁孝智　周　丽

副主编：崔彩周　张　华

撰稿人：（按姓氏笔画排序）

丁孝智　王海飞　张　华

周　丽　周鑫华　崔彩周

企业管理出版社

ENTERPRISE MANAGEMENT PUBLISHING HOUSE

图书在版编目（CIP）数据

肇庆高新区引领新型工业化发展战略研究／崔彩周等著；丁孝智，周丽主编．—北京：企业管理出版社，2014.7

ISBN 978 - 7 - 5164 - 0902 - 2

Ⅰ.①肇⋯　Ⅱ.①崔⋯　②丁⋯　③周⋯　Ⅲ.①高技术产业区—工业化—经济发展战略—研究—肇庆市　Ⅳ.①F427.653

中国版本图书馆 CIP 数据核字（2014）第 145361 号

书　　　名：肇庆高新区引领新型工业化发展战略研究
作　　　者：丁孝智等
责任编辑：刘一玲　崔立凯
书　　　号：ISBN 978 - 7 - 5164 - 0902 - 2
出版发行：企业管理出版社
地　　　址：北京市海淀区紫竹院南路 17 号　　　邮编：100048
网　　　址：http：//www.emph.cn
电　　　话：总编室 68701719　发行部 68414644　编辑部 68701322
电子信箱：80147@ sina.com　zbs@ emph.cn
印　　　刷：北京媛明印刷厂
经　　　销：新华书店
规　　　格：710 毫米×1000 毫米　16 开本　　16.75 印张　250 千字
版　　　次：2014 年 7 月第 1 版　　　　2014 年 7 月第 1 次印刷
定　　　价：45.00 元

本课题成果系:

肇庆市软科学研究项目《肇庆高新区引领新型工业化发展战略研究》成果,项目编号:2012F003

肇庆市哲学社会科学"十二五"规划项目《肇庆高新区引领区域新型工业化发展战略研究》成果,项目编号:12YB—02

广东省广东省哲学社会科学"十二五"规划项目《产业裂变新格局与产业创新方向研究——基于珠三角国家级高新区的实证》阶段性研究成果,编号:GD13XYJ27

广东省实践科学发展观研究基地——创新社会管理研究基地系列成果

肇庆学院"企业管理创新与区域产业转型升级研究"创新团队系列成果

目　录

前　言

　　走新型工业化道路是党的十六大正式作出的战略部署。这一重大战略的提出不仅是中国共产党工业化理论的新突破、新发展，也是我国从全面建设小康社会的战略目标出发，应对经济全球化而提出的战略方针。党的十六大报告指出，基于新型工业化的要求和我国经济建设中的面临的现实问题，我国新型工业化道路的选择需要强调三方面重点：一是大力推进产业结构的优化升级。形成以高技术产业为先导，基础产业和制造业为支撑、服务业全面发展的产业格局。为此，要优先发展信息产业，大力发展高技术产业，并以此改造传统产业，振兴装备制造业，继续发展基础设施，全面发展服务业。二是坚持实施科教兴国与可持续发展两大战略。科学技术是先进生产力的集中体现，必须充分发挥科学技术作为第一生产力的作用。教育是发展科学技术和培养人才的基础，必须充分发挥教育在现代化建设中的先导性全局性作用，坚持教育优先发展，深化教育改革，优化教育结构，合理配置教育资源，提高教育管理水平和质量。三是重视协调城乡关系。必须转变过去那种"村村点灯，处处放火"的粗放型发展模式，把城镇建设、乡村建设、项目建设有效结合起来，用城镇的人才优势、基础设施优势等带动乡村发展，通过乡村发展带动项目引进和建设，通过项目建设促进城乡协调发展、在城乡良性互动中推动经济增长方式的转变，实现工业化和城镇化的协调发展。党的十八届三中全会进一步提出，城乡二元结构是制约城乡发展一体化的主要障碍，必须健全体制机制，形成以工促农、以城带乡、工农互惠、城乡一体的新型工农城乡关系，让广大农民平等参与现代化进程、共同分享现代化成果。新型工业化作为推进新型城市化的引擎和动力，对于增强区域发展后劲，实现产城一体，促进当地居民就业和提高收入水平十分重要，是打破"城乡二元结构"制约的基础和关键。

高新区引领新型工业化，是2011年肇庆市第十一届党代会根据当地经济社会发展要求提出的重大区域发展战略，是新一届市委关于"两区引领两化"战略（即"高新区引领新型工业化，新区引领新型城市化"）的重要组成部分。肇庆国家级高新技术开发区（以下简称肇庆高新区）是1998年经广东省人民政府批准设立的高新技术园区。2001年底迁园至大旺，共有土地面积96.7平方公里，总人口13万多人。2004年，高新区被确定为广东省吸收外资重点工业园区和山区吸收外资示范区；2008年，依托高新区建立的中山（肇庆大旺）产业转移工业园竞得广东省首批示范性产业转移园。同年，国务院正式发布《珠江三角洲地区改革发展规划纲要（2008—2020）》（以下简称《珠三角规划纲要》），为肇庆高新区带来了千载难逢的发展机遇，该园区迅速将这里良好的地缘优势和独特的资源优势进一步转化为持续的竞争优势，为高新区实现非常规、跨越式发展提供了千载难逢的发展条件。2010年，高新区正式晋升为国家级高新区，成为全国107个、广东省9个国家级高新区之一。同时，该园区还被认定为广东省第一批循环经济工业园区、创建国家生态工业示范园区，并被授予全国模范劳动关系和谐工业园区、国家知识产权试点园区称号。2013年，园区地区生产总值达到179.17亿元，工业增加值159.21亿元，地方公共财政预算收入9.66亿元，实际吸收外资3.58亿美元，外贸出口总额6.66亿美元。入园企业700多家。初步形成了金属新材料、先进制造业、电子信息和生物制药等四大支柱产业。

近年来，肇庆高新区在广东省委、省政府的大力支持和肇庆市委、市政府的正确领导下，认真贯彻落实党的十八大和十八届三中全会精神，努力实践科学发展观，按照市委、市政府提出的"两区引领两化"战略要求，围绕"建设现代科技工业城、引领全市新型工业化"的核心任务，牢固树立"发展是第一要务，项目是第一抓手"的理念，把产业转型升级作为"引领新型工业化"的主旋律，把科技创新作为加快转变经济发展方式的核心推动力，先后制定和颁布了一系列关于增强企业自主创新能力的政策法规和实施意见，设立专项科技发展基金，鼓励和支持自主创新能力强的企业在区内发展，加快调整产业结构，不断增强辐射带动能力，以法治化、国际化的营商环境承接国内外高端产业转移，加快发展高新技术产业和战略性新兴产业，努力实现"引领新型工业化"的战略目标和任务。①

本书共分九章：

第一章在对国内外新型工业化理论研究进行述评基础上，分析考察了新型工业化的内涵和特点，并对新型工业化发展的战略意义进行了概括和归纳，从而提出了高新区引领新型工业化的理论依据，搭建了本书的基本研究框架和主要研究内容，同时，对本书的研究价值进行了总结。

第二章主要对国内高新区的发展进程及现状进行了考察和分析，并较为详细地考察和分析了肇庆高新区的发展基础、发展要求和目标诉求。

第三章分析和考察了近年来国内外一流高新区产业发展战略及趋势，并据此设计和提出了以打造特色核心产业集群为主要思

---

① 资料来源于：肇庆高新区园区概况［DB/OL］. http：//www.zqgx.gov.cn

路和方向的高新区引领新型工业化的产业发展战略思路。

第四章详细考察了国内外高新区技术创新体系建设的基本做法和发展趋势，提出了以突出技术创新团队和核心关键技术创新为突破口的技术创新发展战略。

第五章在比较和分析国内外高新区管理体制和运行机制基础上，针对我国高新区管理和运行中存在的主要问题，较为系统地提出和设计了肇庆高新区的管理体制和运行机制。

第六章集中对人才资源在新型工业化中的战略意义进行了研究，考察了国内外高新区人才开发体系的特点及趋势，规划设计了肇庆高新区引领新型工业化的人才发展思路和策略。

第七章分析了高新区引领新型工业化的生态文明建设要求，提出了国内外一流高新区的生态建设标准，以及肇庆高新区引领新型工业化的生态环境建设要求。

第八章主要研究高新区引领新型工业化的软环境建设。在借鉴国内外一流高新区的经验基础上，提出了高新区引领新型工业化发展的园区软环境建设思路和策略。

第九章按照协同创新及创新主体的功能定位，通过对几种协同创新体系模式的比较，尝试性地构建了推进肇庆高新区引领区域新型工业化发展的协同创新体系，并设计了高新区开展协同创新的基本框架和支撑体系。

本书是肇庆市软科学课题和市社科规划课题的最终成果。全书由丁孝智教授提出和设计了总体撰写思路和框架，完成了全书的修改和通稿，并撰写了前言、第二章、第九章；崔彩周博士后完成了第一章的撰写；周丽博士完成了第四章、第八章的撰写，并协助完成了全书的通稿和校对；王海飞博士完成了第七章的撰写；周鑫华博士完成了第六章的撰写；张华硕士完成了第三章、第五章的撰写，第二章、第九章的图表设计和部分稿件的修改。

该书是我们多年研究新型工业化和高新区发展基础上完成的又一成果，既有对以往研究成果的传承和提升，也有面对理论创新和实践要求做出的新思考和新探索。该书曾多次碰撞，数易提纲，终成这个模样。

高新区"引领新型工业化"战略的有效实施，将有力地推进肇庆市新型工业化发展的步伐，也会从较大程度上改变肇庆工业落后的格局，对该市建设"珠三角通往大西南枢纽门户城市"，实现经济社会的快速、健康发展具有十分重要的意义。但从总体上来看，肇庆高新区尚处于成长型高新区阶段，相对于那些已经成熟的创新型高新区而言，这里的发展仍然处于比较落后的状态，发展模式仍以外延式为主，总体上还比较粗放，要能够真正发挥"引领新型工业化"的作用，则需要经过一个非常规的发展过程，需要尽快完成从"一次创业"向"二次创业"的转变，并通过协同创新实现内生式发展。因此，本书以新型工业化理论为指导，从多个角度提出和设计了肇庆高新区引领新型工业化发展的产业发展战略、技术创新体系、制度安排、人才发展规划、生态文明建设、园区文化软环境建设，以及协同创新体系构建，这是一项具既有一定理论价值，又有现实意义的研究课题，我们真诚地希望此项成果能为肇庆市委、市政府推进"两区引领两化"战略，建设"珠三角通往大西南枢纽门户城市"起到一定的推动作用。

丁孝智

2014 年 5 月

第一章
高新区引领新型工业化的理论依据

一、国内外新型工业化理论研究述评

（一）国内新型工业化理论研究

国内学术界围绕如何走好新型工业化道路这一主题展开了广泛的探讨，从内容上看，目前这些研究主要集中在以下几个方面：新型工业化的基本内涵；对新型工业化中的"新"认识；信息化与新型工业化的互动方式及其途径；产业融合对中国新型工业化道路的影响；制造业服务化对新型工业化的重要意义；新型工业化发展需要处理的相关问题等。

1. 新型工业化道路的基本内涵

2002 年，《中国共产党第十六次全国代表大会报告》[①] 指出了新型工业化道路的基本含义，即：第一，以信息化带动工业化，以工业化促进信息化；第二，依靠科技进步，不断改善经济增长质量、提高经济效益；第三，推进产业结构的优化升级，正确处理高新技术产业与传统产业之间的关系；第四，控制人口增长，保护环境，合理开发和利用自然资源，实现可持续发展。也就是说，要"走出一条科技含量高、经济效益好、资源消耗低、环境污染少、人力资源优势得到充分发挥"的新路子。

很多学者也从不同角度对新型工业化道路的基本内涵进行了解析。一些学者从环境保护的角度出发，认为新型工业化道路的关键是走可持续发展之路。江小涓[②]结合环境、产业结构升级、就业和经济增长速度等方面

---

① 江泽民. 全面建设小康社会，开创中国特色社会主义事业新局面——在中国共产党第十六次全国代大会上的报告 [M]. 北京：人民出版社，2002.

② 江小涓. 积极探索新型工业化道路 [J]. 求是，2002 (24)：19－20.

将新型工业化道路定义为：一条既高速增长又降低消耗资源和污染环境、既提升结构又能扩大就业、速度与效益相结合的工业化道路。曲格平[①]认为，中国新型工业化道路是相对两个方面而言的：一是相对西方发达国家200多年的工业化道路而言的；二是相对我国近百年的工业化道路，特别是近20年的工业化道路而言的。所谓新型工业化道路，也就是可持续发展的工业化道路，要吸取西方发达国家工业化特别是中国工业化进程中的经验教训。既要经济发展，又要生态环境的保护，实现"生产发展、生活富裕、生态良好"三位一体的发展目标。胡鞍钢[②]、王新天、周振国[③]、吕政[④]持有相同观点，不过，他们还更加强调信息化对新型工业化的作用。胡鞍钢认为"新型工业化"是以信息化带动的，在消耗较少资源、带来较少环境污染条件下取得良好经济效益的，并能充分发挥人力资本优势的工业化。王新天、周振国将新型工业化的内涵归为三点：经济发展又快又好；信息化带动工业化，工业化促进信息化；坚持人与自然和谐统一的可持续发展。吕政从狭义和广义两个层面定义了新型工业化，狭义的新型工业化主要包括以信息化带动工业化、工业领域科技含量高以及控制人口增长三个方面，广义的新型工业化还要突出解决制度、机制、经济增长方式等问题。结合可持续发展、科技进步和人力资源等要素，林兆木[⑤]将我国新型工业化道路的特征归纳为：以信息化带动工业化；以科技进步为动力、以提高经济效益和竞争力为中心的工业化；同实施可持续发展战略相结合的工业化；充分发挥我国人力资源优势的工业化。

总结国内学者的研究，当前对于新型工业化道路普遍接受的观点是，这种道路是以信息化带动工业化，以工业化促进信息化，加快产业结构的优化升级，形成以高新技术产业为先导、基础产业和制造业为支撑、服务

① 曲格平．探索可持续的新型工业化道路［J］．环境与保护，2003（1）：3－5.
② 胡鞍钢．新型工业化与发展［A］．国家经贸委综合司．专家谈走新型工业化道路［C］．北京：经济科学出版社，2003：166－168.
③ 王新天，周振国．新型工业化道路与跨越式发展，学习江泽民同志关于跨越式发展的思想［J］．求是，2003（9）：29－31
④ 吕政．对新型工业化道路的探讨［N］．经济日报，2003－01－15.
⑤ 林兆木．关于新型工业化道路问题［J］．宏观经济研究，2002（12）：3－8.

业全面发展的产业新格局。它可以提高资源能源的投入产出率，降低资源能源消耗和环境污染；处理好工业化过程中提高生产率与扩大就业的关系，不断扩大就业。

2. 对新型工业化"新"的多重诠释

我国新型工业化道路中的"新"字应该如何理解，国内很多学者发表了自己的见解。吴敬琏[①]提出新型工业化道路中的"新"具有两重含义：第一重含义是相对于第一次产业革命后主要依靠资本和其他资源投入的早期工业化模式而言的。从 19 世纪中后期开始的现代经济增长相对于传统增长模式已经是"新型"的了。第二重含义"新"则是现代经济增长模式的进一步发展，指的是信息技术逐渐成为引领经济发展、改变世界面貌的主要角色。对于尚未实现工业化的国家来说，"新"就新在恰当地运用现代信息技术来加快第一重意义的"新型工业化"。李悦[②]把新型工业化的"新"概括为"一个前提和一个适度"。一个前提是指经济发展速度要以保持生态平衡、避免环境污染为前提，一个适度是指在上述前提下实现经济的适度增长。江小涓[③]认为新型工业化道路是相对于发达国家以往走过的传统工业化道路和我国过去的工业化道路而言的，与发达国家相比，"新"字体现在以信息化带动工业化，以工业化促进信息化，把这两个阶段重叠起来；在经济全球化不断深化的基础上推进工业化；是强调发展与环境保护并重。与中国以往走过的工业化道路相比，"新"字体现在强调充分发挥人力资源优势，处理好资金密集产业与劳动密集产业的关系。基于同样的对比，简新华、向琳[④]认为，新型工业化道路与发达国家以往走过的传统工业化道路和我国过去的工业化道路的主要区别，在于信息化带动、以集约型增长为主、发挥比较优势和后发优势、协调机械化与就业、力求产

---

① 吴敬琏.怎样走好新型工业化道路［J］.山东经济战略研究，2005（4）：9 – 11.

② 李悦.中国工业化道路的抉择［A］.国家经贸委综合司.专家谈走新型工业化道路［C］.北京：经济科学出版社，2003：153 – 156.

③ 江小涓.新型工业化：实现小康生活的必由之路［J］.理论参考，2003（4）：4 – 5.

④ 简新华，向琳.论中国的新型工业化道路［J］.当代经济研究，2004（1）:32 – 38.

业结构优化、与城镇化适度同步、以经济效益为中心、实现可持续发展、对外开放和政府导向、市场推动型的工业化道路。

3. 信息化与新型工业化的互动及其实现途径

（1）信息化与工业化的互动问题。信息化是指加快信息高科技发展及其产业化，提高信息技术在经济和社会各领域的推广应用水平，并推动经济和社会发展的过程。对新型工业化与信息化之间的关系，理论界强调工业化与信息化的互动与融合。

张秋莲①指出，工业化和信息化之间存在着相互促进、相辅相成、彼此融合的紧密关系和影响机制，从而构成新型工业化的双轮驱动。因而必须着眼于实现工业化与信息化的有机融合，以信息化为动力机制加快推进新型工业化的进程，以实现工业化的需求牵引促进信息化水平的提升。姜爱林②从逻辑上讨论了工业化与信息化的关系，认为二者是相互融合，互相促进的，具有内在的联系：从产生上看，工业化是信息化的源泉，信息化是工业化的派生物，信息化虽然产生于工业化但不是工业化的附属物；从发展阶段上看，工业社会与信息社会是两个性质不同的社会，后工业化是信息化的特殊表征，信息化是工业化之后的一个新的发展阶段；从作用上看，工业化是信息化的前提和基础，信息化是工业化的延伸和发展，信息化是工业化发展的工具，工业化是信息化的重要载体；从工业化和信息化的动因以及主要资源来看，工业化是人类追求发展的过程，而信息化则是人类维持可持续发展的过程，工业化是人类不断实现经济迅猛发展的时代，信息化则是人类逐步走向经济、社会和生态可持续发展的时代。郭祥才③分析了新型工业化的内在机制，即信息化与工业化双向互动的过程。一方面工业化必须以信息化为导向，通过信息化的带动作用，从而加速工业化的历史进程；另一方面信息化又必须以工业化为依托，通过工业化的

① 张秋莲．欠发达地区新型工业化的多维审视：信息化［J］．经济研究导刊，2011（23）：68－70．

② 姜爱林．城镇化、工业化与信息化的互动关系［J］．城市规划汇刊，2002（5）：32－37．

③ 郭祥才．马克思主义跨越发展理论与中国新型工业化道路［J］．中国社会科学，2003（6）：4－13．

促进作用，实现信息化对工业化的跨越。麻冰冰[①]通过全面评价和正确定位工业化与信息化的发展水平，对我国的工业化和信息化发展水平进行了科学的估算，并用灰色关联方法分析了工业化和信息化之间的关系，结果显示我国的工业化和信息化之间存在着高度的正相关，得出工业化是信息化的物质载体，信息化是工业化的动力和引擎，工业化和信息化应该走"两化"并举的协调发展道路的结论。

（2）信息化与新型工业化互动的实现途径。任保平[②]认为，在我国新型工业化的实现过程中，要实施以信息化带动工业化的战略创新、可持续发展的战略创新、科教兴国和以自主创新为主的科技战略创新，以及人力资源开发战略的创新。庞爱卿[③]通过建立一个信息化对工业化的带动机制模型，从理论上证明了信息化能够带动工业化，并指出我国已经具备实施信息化带动工业化的条件。

另外有一些学者则深入至产业、产品、生产管理流程方面，探讨工业化应当如何与信息化实现互动。

胡春力[④]从信息化能够提升产品竞争力，改进整个销售方式和业态的微观层面，提出新型工业化关键是如何充分地使信息化技术渗透到生产、销售等各个环节，实质就是信息化促进产业结构升级的过程。

周振华[⑤]认为，工业化与信息化的互动与融合，不仅要求信息技术扩散与应用的广度，而且要求其扩散与应用的深度。只有在整个产业经济领域普遍采用了信息技术，并引发起全面产业变革时，才能真正实现新型工业化道路。他认为，信息化与工业化的融合将会发生在产品、生产经营、

---

① 麻冰冰. 我国工业化与信息化水平测定及互动关系研究 [D]. 暨南大学硕士学位论文，2005：38-40.

② 任保平. 新型工业化：中国经济发展战略的创新 [J]. 经济学家. 2003（3）：4-11.

③ 庞爱卿. 信息化带动工业化的可能性研究 [J]. 生产力研究，2005（1）：140-143.

④ 胡春力. 走新型工业化道路是我国发展战略和经济增长模式的重大调整 [A]. 专家谈走新型工业化道路 [C]. 北京：经济科学出版社，2003：72-74.

⑤ 周振华. 新型工业化道路：工业化与信息化的互动与融合 [J]. 上海经济研究，2002（12）5-7.

产业三个层面。产品层面的融合主要体现在利用信息技术开发新产品；生产经营层面的融合是指 IT 技术改善制造工业和生产流程，诸如信息化的企业客户关系管理（CRM）、供应链管理（SCM）、价值管理（VBM）等都会促进生产经营体系实现耦合，形成自动化生产、电子商务、虚拟组织等。产业层面的融合表现为 IT 成为产业领域的通用技术，并形成互联互通的信息流和服务流平台，促进产业融合，形成新媒体产业、"一条龙"的新型生产服务业等。周振华[①]还提出了新型工业化中工业化与信息化融合的实现机制，包括形成利益驱动的相互融合共识、创新投资结构、充分运用资本市场促进资产组合、以信息化改造企业组织与管理。

李林[②]提出信息化与工业化在产业层面融合的三条实现路径：在技术层面、业务层面和发展网络型企业组织，实施信息化与工业化的融合。

国际经验的借鉴往往有助于深化已有理论研究和指导实践，石红艳、潘海岚[③]分析了韩国、印度信息化带动工业化的经验，得出如下启示：政府应当发挥主导性，以企业信息化为切入点，采取各种鼓励及优惠政策扶持信息产业的发展，尽快完善信息化基础设施建设，同时制定并实施与以信息化带动工业化发展战略相适应的人才政策，结合实际，把握好信息化带动工业化中产业模式的选择。

纵观现有研究，可以将信息化与工业化的互动方式概括为以下三点：①工业化是信息化的物质载体；②信息化是工业化的动力和引擎，工业化和信息化要"两化"并举，协调发展；③信息化应当如何与新型工业化实现良性互动。信息化与新型工业化实现良性互动关键有两点：首先，总体上看，工业化与信息化的互动要在产品、生产经营、产业三个层面同时展开，改善组织管理方式，提高效率；其次，从核心制造业上看，应当利用信息化手段，有效地构建富于竞争力的核心价值链，不断提升价值链各环节的效能。

---

① 周振华. 产业融合与新型工业化道路 [J]. 天津社会科学，2004 (3)：70 - 76.

② 李林. 产业融合：信息化与工业化融合的基础及其实践 [J]. 上海经济研究，2008 (6)：90 - 95.

③ 石红艳，潘海岚. 韩国、印度信息化带动工业化的经验与借鉴 [J]. 经济学研究，2005 (4)：116 - 117.

4. 产业融合与新型工业化

产业融合是新型工业化的重要表现形式之一，体现为制造业与服务业之间的互动融合，即产业边界模糊化和不同产业之间的产业链部分环节交叉或重合。虽然产业融合的实践已经由来已久，但是，对于产业融合的表述却没有取得一致，不同学者的定义各有侧重。如果把国内学者的定义作一个概括，产业融合是指由于技术进步、放松管制与管理创新，各产业边界处出现了技术融合；这将导致产业之间的产品与业务融合、市场融合，并使原产业特征发生变化，最终促使产业边界的模糊或消失，甚至需要重新界定产业界限。这一融合可以视为产业之间通力合作的过程与结果。国内学者从产业融合对新型工业化的影响等方面进行了研究。

郭铁民[①]指出，推动我国工业化进程，走新的工业化道路，一个不可避免的趋势是要走产业高度分化与高度融合并存之路，而要做到产业融合，必须实现技术融合、业务与产品融合、市场融合的"三结合"。

产业融合不是几个产业简单的相加，而是通过相互作用，融为一体，显示出新的产业属性。产业融合本质上是一种创新，这种创新和创新方式的扩散带动了产业结构的调整与升级，推动新型工业化的进程。周旭霞[②]总结了产业融合对新型工业化的五大影响，具体体现在，产业融合不仅提高了产业绩效，还提升了产业层次，在激发企业创新精神的同时，催生了新产品和新服务，提供了新的创业机会。

马健[③]认为，产业融合的需求增长理论和模仿扩散理论是新型工业化道路的理论基础。他将中国新型工业化过程中阻碍信息化推动工业化的因素归纳为：信息基础设施滞后，资源的非自由流动性，产业管制政策，以及消费观念和收入水平的限制等。要加快中国新型工业化推进的速度，就要扫清产业融合的障碍，以产业融合推进中国新型工业化道路的实现。

---

① 郭铁民. 产业融合与走新型工业化道路的新认识 [J]. 东南学术，2005 (1)：71 – 75.

② 周旭霞. 新型工业化进程中产业融合的动力机制研究 [J]. 中共杭州市委党校学报，2006 (4)：56 – 59.

③ 马健. 产业融合：信息化推动新型工业化的战略选择 [J]. 华东经济管理，2008 (2)：70 – 73.

根据以上研究，可以看出，学者们普遍认为产业融合是一种产业发展中创新行为，有助于新型工业化深入发展，为此必须扫除产业融合中的系列障碍因素。

5. 制造业服务化对新型工业化的重要意义

制造业服务化，也称为服务型制造业。企业面临严酷的竞争现实，迫使其通过扩大服务内涵来提高附加值，越来越多的制造企业开始重视生产者服务业在制造业中的作用，并开始将服务作为形成自身竞争优势的有效途径，从单纯提供有形产品扩展到基于有形产品的增值服务，甚至有形产品本身成为提供服务的媒介。制造业的产出由单一产品转变为包含产品在内的服务和一整套解决方案。我国要实现新型工业化，关键要加快制造型经济向服务型经济的转型。换言之制造业服务化对新型工业化的实现有举足轻重的作用。

目前，国内制造业服务化问题研究，主要聚焦在制造业服务化的原因、表现形式、特点，国际经验以及服务化如何带动工业化的机理等方面。夏杰长、刘奕、顾乃华[①]着眼于服务在企业竞争中的作用，以及服务在价值链整合中的作用，分析了制造业服务化的原因：一是通过提供服务来增强制造业的竞争力；二是服务环节的附加价值高，企业应当通过提供服务抓住价值链的关键部分。厉无畏、王慧敏[②]分析了世界产业服务化的趋势，发现世界主要发达国家经济中心开始转向服务业，具体体现在三个方面：一是产业结构服务化；二是产业活动服务化；三是产业组织服务化。叶广宇、冯惠平[③]认为，制造业服务化主要体现在制造业企业服务意识的增强，服务水平的提高，服务内容的丰富，通过服务进行产品增值，制造业的经营活动向服务领域延伸等方面。制造业服务化的原因则主要是短缺经济向过剩经济的转变；高新技术行业自身特性的要求；世界范围内

---

① 夏杰长，刘奕，顾乃华. 制造业的服务化和服务业的知识化 [J]. 国外社会科学，2007（4）：8–13.

② 厉无畏，王慧敏. 世界产业服务化与发展上海现代服务业的战略思考 [J]. 世界经济研究，2005（1）：54–60.

③ 叶广宇，冯惠平. 制造业的服务化趋势及原因分析 [J]. 商业时代，2007（14）：92–93.

的制造业竞争；提升企业竞争力的要求；差异化战略的实施。刘继国[①]分别探讨了投入服务化、产出服务化带动新型工业化的机理：投入服务化不仅有利于提高产品的科技含量，还能降低企业的资源消耗，提升企业的创新能力；产出服务化则可以提高企业的经济效益，增强竞争优势，改善环境绩效，投入服务化和产出服务化都能增加就业机会。刘继国、李江帆[②]从环境、就业等多方面探讨了推进制造业服务化与我国实施新型工业化互相促进的耦合关系，提出：一方面要强化制造业企业在科技、效益、能耗、环保、人力资源方面的义务，促进企业的服务化战略选择；另一方面也要制定优惠政策，改善环境，促进IT业通过服务外包参与发达国家制造业的服务化分工。刘继国、赵一婷[③]通过对经济合作与发展组织（OECD）中9个国家的投入产出表样本数据分析，发现制造业中间投入出现服务化趋势，并且这种趋势在很大程度上是由于制造业对生产服务业依赖度的大幅上升所致，在资源与环境约束下进行工业化的中国，必须充分认识到这一趋势，重视服务业尤其是生产服务业的发展与利用，才能真正走上新型工业化之路。梁曙霞、祖强[④]从实证的角度，使用灰色关联分析方法研究了江苏制造业与服务业的关联度，发现制造业与服务业的关联度较大，但与现代服务业的关联度低于其与传统服务业的关联度的现状。

通过对现有文献的梳理，可以得出这样的结论，即制造业服务化对新型工业化有决定性的作用，是新型工业化要解决的核心问题之一。这是因为制造业服务化以服务提升制造，以制造促进服务，实现制造与服务的协调发展，具体体现在：服务型制造不仅能够通过提供服务极大地增强制造企业的竞争力，还能够促进服务业本身的发展，同时促进产业结构的

---

① 刘继国. 制造业服务化带动新型工业化的机理与对策［J］. 经济问题探索，2006（6）：120－124.

② 刘继国，李江帆. 国外制造业服务化问题研究综述［J］. 经济学家，2007（3）：119－126.

③ 刘继国，赵一婷. 制造业中间投入服务化趋势分析——基于OECD中9个国家的宏观实证［J］. 经济与管理，2006（9）：9－12.

④ 梁曙霞，祖强. 江苏制造业与现代服务业的产业融合［J］. 唯实，2008（12）：63－67.

调整。

6. 新型工业化模式的区域发展问题

由于资源禀赋、发展基础和技术水平等方面的差异，我国各地区工业化程度和条件不同，区域发展极不平衡。各地区在推进新型工业化时必须结合当地实际，走具有地方特色的新型工业化道路。目前，东北、西部以及广大农村等欠发达地区的新型工业化建设是学者们关注的热点。

张平宇[1]、张曙霄[2]阐述了东北新型工业化道路的关键在于区域创新，即新体制、新结构、新资源、新技术、新开放和新战略。要立足传统工业优势，深化国有企业改革，重点发展具有区域比较优势的装备制造业，实现产业结构的升级；把老工业基地改造与城市功能的完善结合起来，走内涵式城市化道路；把乡村工业化作为新型工业化战略的重要方面，改变区域工业化的"二元结构"。徐笠崴[3]指出应在东北老工业基地建立东北经济区，进行整体布局，重新规划发展路径；信息化重点应放在装备制造业而非 IT 业；同时强调要利用人力资源优势，促进资本密集型工业与劳动密集型工业共同发展。

任保平、蔡美香[4]强调西部地区存在着严重的"二元经济结构"，必须要加强基础设施建设，促进生产要素的流动；制定合理的产业政策，推动城乡工业结构调整；建设小城镇，推动西部城镇化与城市化的协调发展；进行制度创新，最终实现城乡工业的协调发展。郭俊华[5]则认为西部地区传统工业所占比重较大，必须在新型工业化进程中实现再工业化和对传统工业的改造，并建立西部的软件市场。

---

[1] 张平宇.新型工业化与东北老工业基地改造对策 [J].经济地理，2004（6）：785－787.

[2] 张曙霄，孙莉莉.东北新型工业化发展模式论析 [J].东北师大学报，2005（3）：74－79.

[3] 徐笠崴.东北老工业基地新型工业化道路的战略思考 [J].工业技术经济，2005（3）：54－55.

[4] 任保平，蔡美香.二元经济结构、二元工业化与西部地区的新型工业化 [J].新疆大学学报，2005（6）：6－9.

[5] 郭俊华.新型工业化中西部地区再工业化的途径 [J].未来与发展，2011（2）：20－24.

农村新型工业化是中国新型工业化的重要组成部分，也是实现中国新型工业化战略的最薄弱环节。黄家骅[①]提出以农民为主体、以农业产业化为重要内容、以农村县域工业化为突破目标的中国农村新型工业化道路模式，尝试为中国新型工业化构建城乡弥合、资源配置优化、注重人力资本和可持续发展效益的理论框架。刘茂松[②]指出要改变目前农业小部门化与农民大量化的二元逆向结构，必须实现工业与农业的产业融合，推动工业资本进入农业，工业技术设施装备农业，工业生产方式改造农业。深化农业产业内部的分工，发展农业工业化，提高农业生产率。吴艳玲[③]则认为，对于传统农区来说，最需要的就是土地制度、社会保障制度和农村组织制度、财政支农制度等制度创新。

7. 新型工业化发展需要处理的相关问题

（1）新型工业化与可持续发展。中国学者在研究新型工业化的过程中，一致认为必须把资源消耗低和环境污染少，实现可持续发展，作为走新型工业化道路的基本要求。曹建海、李海舰[④]指出了中国新型工业化可持续发展的主要问题。黄泰岩、李德标[⑤]也阐述了广泛采用节能技术，大力发展环保产业，形成工业化与能源、环境保护的良性互动，实施可持续发展战略的观点，主张大力发展环保产业，通过环保的产业化、市场化，促使环保产业的良性循环。

中国的资源环境经济学家们把推行清洁生产、实现工业经济增长方式的转变作为实现可持续发展的新型工业化的重要途径。曲格平[⑥]认为，实施清洁生产，意味着我国工业生产方式将发生根本性的变革，即从传统粗

---

① 黄家骅．论农村的新型工业化道路［J］．当代经济研究，2004（1）：25－31．

② 刘茂松．论新型工业化的中国特色——农业小部门化时期的中国农业工业化［J］．湖南师范大学社会科学学报，2009（5）：97－101．

③ 吴艳玲．制度创新与传统农区新型工业化［J］．生产力研究，2011（3）：23－26．

④ 曹建海，李海舰．论新型工业化的道路［J］．中国工业经济，2003（1）：56－62．

⑤ 黄泰岩，李德标．我国新型工业化的道路选择［J］．中国特色社会主义研究，2003（1）：35－41．

⑥ 曲格平．探索可持续的新型工业化道路［J］．环境保护，2003（1）：3－5．

放式的生产转向集约式的生产。他还把建立生态工业园作为推进清洁生产的重要方式。任保平①指出了清洁生产的实现措施：加强清洁生产技术和科研成果的推广和使用，将它们及时转化为现实的污染治理能力。

为推进可持续发展，学者们支持在中国发展循环经济的主张。循环经济是指在人、自然资源和科学技术的大系统内，在资源投入、企业生产、产品消费及其废弃的全过程中，不断提高资源利用效率，把传统的、依赖资源净消耗线性增加的发展，转变为依靠生态型资源循环发展的经济。纪玉山②、钱易③、张雯④均表明循环经济是新型工业化道路的发展模式。新型工业化中的"经济效益好、资源消耗低、环境污染少"恰恰是"循环经济范式"的内在要求。政府、企业和公众是发展循环经济的三大主体。发展循环经济，可以从三个层面把握：积极推广清洁生产模式，发展循环型企业；加快技术创新步伐，推进产业结构优化升级；加快体制创新，完善发展循环经济的制度支撑体系。张俊⑤指出，我国循环经济近年来已逐渐在企业层面积极推行清洁生产、在工业集中区层面建立由共生企业群组成的生态工业园区、在城市和省区层面开展循环经济试点工作，未来还应着力构建工业循环经济发展模式，即大力推行工业企业清洁生产、加快工业结构调整、发展生态工业、建立工业循环经济社会支撑体系等方面。

（2）新型工业化与产业结构优化。据现有研究成果，中国工业化进程总体上还处于工业化的中后期阶段，仍存在着产业结构层次低、竞争力不强等问题。新型工业化道路的核心任务就是推进产业结构的优化升级。李

---

① 任保平．论新型工业化道路的总体战略定位［J］．社会科学辑刊，2004（5）：70－74．

② 纪玉山，常忠诚，代栓平．循环经济范式下的新型工业化道路探析［J］．税务与经济，2006（6）：1－6．

③ 钱易．循环经济与新型工业化道路［N］．现代物流报，2007－11－06．

④ 张雯，何锦．新型工业化道路经济学分析［J］．现代商贸工业，2010（1）：1－2．

⑤ 张俊．循环经济与新型工业化道路［J］．华北水利水电学院学报，2005（2）：65－67．

伟①总结了中国特色的产业结构跨越式升级路径：多层次、多方向参与国际分工；促进信息产业的发展与传统产业的跨越式升级相结合；加强国内区域间合作，推进地区产业结构的战略性调整；以体制改革和制度创新推进产业结构跨越式升级。徐志懿②认为产业结构优化不仅是产业间结构调整，还要向产业链高端尤其是生产型服务业延伸；推动农村剩余劳动力转向城镇工商业就业；重视技术创新，促进制造业产业链升级。肖海翔等③进一步对高技术制造业和生产性服务业关系进行了实证研究，认为培育生产性服务业是产业调整的重要环节。为此，一方面要大力推进生产性服务业的规模化进程；另一方面要改变制造业大而全的传统观念，进一步提高制造业对生产性服务业的拉动系数。

（3）新型工业化与人力资源开发。新型工业化必须提高综合要素生产率，重视对人力资源的开发和利用。洪银兴④分析了中国新型工业化所面临的劳动力供需情况，指出人力资本投资的主要方面是教育投资。林兆木⑤、简新华⑥、魏礼群⑦等人认为，中国的新型工业化从发展资本和技术密集型产业、劳动密集型产业、采用节约劳动的技术和提供更多就业岗位的技术、发展高新技术产业、发展劳动密集型传统产业、发展大企业大集团和中小企业等角度阐述了人力资源充分发挥优势的措施。面对中国目前存在的人力资本存量同物质资本存量不成比例的巨大缺口，中国经济学家们主张当前转变经济增长方式的重点应该是加大人力资本投资，提高劳动

① 李伟．中国新型工业化推进中产业结构跨越式升级的路径选择［J］．郑州大学学报，2006（5）：81 - 84.

② 徐志懿．浅析新型工业化道路与产业结构调整［J］．经济研究导刊，2011（3）：202 - 204.

③ 肖海翔，马腾飞．湖南省生产性服务业和新型工业化关系的实证分析［J］．统计与决策，2009（17）：88 - 90.

④ 洪银兴．新型工业化道路的经济学分析［J］．贵州财经学院学报，2003（1）：1 - 6.

⑤ 林兆木．关于新型工业化道路问题［J］．宏观经济研究，2002（12）：3 - 8.

⑥ 简新华，向琳．论中国的新型工业化道路［J］．当代经济研究，2004（1）：32 - 38.

⑦ 魏礼群．坚持走新型工业化道路［J］．求是，2003（23）：17 - 20.

者素质。曹建海、李海舰[1]指出，必须注重依靠科技进步和提高劳动者素质，改善经济增长质量和效益。朱廷春、王德忠[2]提出了适应新型工业化的教育改革思路：教育的提供主要应由政府负责，政府应坚持教育优先发展战略。

（4）新型工业化与城市化。城市化是以农村人口不断向城市迁移和集中为特征的历史过程。发达国家的经济发展史表明，在现代化初期和中期，工业化与城市化的相关系数平均达 0.997，两者之间呈现良性互动的关系：一方面，工业化为城市化奠定物质基础、提供发展动力；另一方面，城市化为工业化提供拓展空间。而如何在新型工业化条件下推进我国城市化进程，学者们得出了一些具有指导意义的结论。叶裕民、黄壬侠[3]研究指出，中国在新中国成立后依次经历了非城市化的工业化和弱城市化的工业化过程；目前正处于建立工业化与城市化良性互动机制的阶段。新型工业化以现代高档耐用消费品工业和装备产业为主导产业，能拉动劳动密集型第三产业的快速发展，从而推动我国第二次劳动力转移的浪潮，为城市化奠定经济基础。这一过程中尤为重要的是包含了人口就业制度、社会保障制度和城市土地储备制度等在内的制度创新。陈永国[4]指出作为内容的工业化由传统工业化向新型工业化演进，那么作为形式的城市化也应向新型城市化发展。新型工业化将促使产业融合，要求城乡一体化加快；产业集群是提升新型工业化竞争力的重要途径，与之相一致的空间形式便是建设组团式"城市群"；新型工业化强调人与自然的和谐发展，与这一理念相通的单个城市发展形态则是紧凑型城市；新型工业化的非线性发展要求有重点地积极推进"数字城市"建设。

---

① 曹建海，李海舰. 论新型工业化的道路 ［J］. 中国工业经济，2003（1）：56－62.

② 朱廷春，王德忠. 政府在推行新型工业化中的作用分析 ［J］. 经济学家，2004（2）：117－119.

③ 叶裕民，黄壬侠. 中国新型工业化与城市化互动机制研究 ［J］. 西南民族大学学报，2004（6）：1－10.

④ 陈永国. 积极推进新型城市化：基于新型工业化的分析 ［J］. 商业研究，2006（16）：144－145.

（5）新型工业化与技术创新。技术创新是一个从新产品或工艺设想的产生到市场应用的完整过程，其重心在于提高自主创新能力。技术创新推进新型工业化，新兴工业化需要技术创新作为支撑。发展新型工业化需要大力扶持技术创新。学者们对技术创新问题进行了多角度的分析。李光红等[1]认为技术创新是新型工业化的动力之源，它为新型工业化之路提供了经济结构战略性调整的突破、跨越式发展的技术先导和智力支持。孙学光[2]、颜怀海[3]强调用科技进步和创新支撑和引领新型工业化进程，应着力于以下几个方面：突出企业技术创新主体地位，加强"产、学、研"结合，坚持信息化带动工业化，特别是利用现代信息技术提升传统产业，优化自主创新环境。李建强等[4]从企业的角度提出增强技术创新能力的措施，指出企业自主创新既可通过成熟技术的自主集成，获得集成技术的创新，也可在已有技术的基础上，进行改进创新。

（6）新型工业化与政府职能定位。企业是新型工业化的主体，政府是新型工业化的引导者，它们的行为选择决定了新型工业化能否顺利进行。新型工业化道路要求政府在有作为和有所不为之间找到科学的均衡点。朱廷春等[5]认为政府在推进新型工业化的过程中，应大力开发人力资本、努力促进国家创新、切实完善市场体系、强化宏观调控。广华[6]重新定位了政府职能：促进职能——促进新型工业化的战略创新；保障职能——完善新型工业化的政策保障体系；服务职能——完善新型工业化的信息服务；

① 李光红，安强身. 我国新型工业化与技术创新关系研究 ［J］. 开发研究，2007（5）：61-64.

② 孙学光. 新型工业化的内涵与科学推进研究 ［J］. 战略研究，2007（10）：18-20.

③ 颜怀海. 自主创新与区域新型工业化——以四川为例 ［J］. 现代管理科学，2010（4）：77-86.

④ 李建强，李达言. 新型工业化与企业技术进步与创新 ［J］. 当代经济，2006（6）：99-100.

⑤ 朱廷春，王德忠. 政府在推行新型工业化中的作用分析 ［J］. 经济学家，2004（2）：117-119.

⑥ 广华. 新型工业化中政府职能的定位及其转变 ［J］. 生产力研究，2006（7）：36-40.

管理职能——加强对高新技术产业的管理。王珍①则认为，在现阶段，一定程度上政府主导型的新型工业化发展道路更适合中国的发展实际。因而，政府对新型工业化道路的直接和间接调控不仅不应削弱，反而还应在一定范围内、一定程度上有所加强。

纪国涛②指出新型工业化的三大实现机制为信息传导机制、创新主体的协同运行机制和政府的微观规制机制。谢春③指出政府调控是建设中国特色新型工业化的保障，建立国家创新体系是新型工业化的内在驱动力，产业结构调整升级是新型工业化的关键与核心，改革完善金融体系是新型工业化的资本保证，加大信息化建设是新型工业化的基础。

8. 新型工业化评价：指标体系、评价标准及评价方法

新型工业化指标体系的构建有利于对一个国家或地区的新型工业化进程作出科学的判断，找出其工业化进程中的优势与不足，进而可以为今后的发展指明方向，科学合理地推动新型工业化的进程。构建新型工业化的评价体系需遵循系统性、可行性、可比性、动态性等原则。

（1）新型工业化评价指标体系。传统工业化指标在很大程度上突出了数量和速度的特点，但没有考虑环境质量、可持续发展还有人力资源等方面。国内学者对构建新型工业化的评价体系进行了积极探索。研究初期，主要的思路是选择反映工业化进程和工业增长质量两个方面的指标进行评价等。随着研究的深入，学者们更关注可持续发展，将指标体系扩展为包括工业化水平、工业化质量和工业化协调性与可持续性三个方面。其中，关于工业化进程的衡量指标选取的差异性较小，主要有人均 GDP、产业结构、就业结构和城市化水平；但反映工业化质量和工业化可持续性的指标存在较大分歧，比如测量信息化水平，任才方、王晓辉④利用的是工业信

---

① 王珍. 论政府在新型工业化中的作用［J］. 当代经济，2006（5）：16 – 18.

② 纪国涛. 论新型工业化的实现机制［J］. 科技管理研究，2010（15）：241 – 244.

③ 谢春. 如何构建中国特色新型工业化［J］. 求索，2011（1）：2 – 5.

④ 任才方，王晓辉. 新型工业化指标体系探索［J］. 中国统计，2003（5）：23 – 24.

息化进程、信息产业规模指标，李世英①在此基础上还衡量了信息基础设施建设。也有学者从不同角度完善这一评价体系，鄢军和王传捷②设计了包括技术、组织、制度和社会其他等四大类指标体系，谢春和李健③则强调创新的因素。

（2）新型工业化评价标准。对于新型工业化水平或阶段的划分标准，国内学者已形成基本一致的观点。当综合评价指数在 0.6 以下，处于新型工业化的初级阶段；当综合评价指数在 0.6 ~ 1 之间，处于新型工业化的中级阶段；当综合评价指数大于 1 时，处于新型工业化的高级阶段。谢春、李健④的实证研究结果均表明，我国新型工业化处于中期阶段。

（3）新型工业化评价方法。在新型工业化评价方法中，毛文娟⑤、张伟⑥等分别运用因子分析法计算了我国各省份的新型工业化程度。陈晓红⑦运用层次分析法，对吉林省区域新型工业化水平进行了评价与分析。梅强等⑧从微观的角度，借助模糊评价方法来测度企业的新型工业化程度。苏孝辉等⑨则认为熵权法能较好地评价新型工业化水平，因其能根据数值本身意义来确定权重，且不受评价数据是否线性相关的影响。另有一些学者

---

① 李世英，李亚．新型工业化发展水平评价指标体系的构建及实证研究——基于陕西的数据［J］．当代经济科学，2009（5）：28 - 134.

② 鄢军，王传捷．我国新型工业化的指标体系构建与指数估算［J］．商业时代，2010（35）：10 - 11.

③ 谢春，李健．中国特色新型工业化评价指标体构建及实证分析［J］．系统工程，2011（3）：75 - 80.

④ 谢春，李健．基于综合赋权法的中国特色新型工业化水平测度与实证分析［J］．财务与金融，2011（2）：69 - 73.

⑤ 毛文娟，魏大鹏．天津新型工业化指标体系探索［J］．统计与决策，2005（2）：34 - 36.

⑥ 张伟，周鲁柱．区域新型工业化的理论基础、水平测度与促进措施［J］．求索，2006（6）：6 - 9.

⑦ 陈晓红，李飞，宋玉祥．吉林省新型工业化道路的区域差异与发展模式研究［J］．经济纵横，2006（10）：65 - 67.

⑧ 梅强，刘昌年，周园．劳动密集型中小工业企业新型工业化程度的测度与实证分析［J］．科学学与科学技术管理，2010（1）：145 - 148.

⑨ 苏孝辉，乔芳丽，张青山．熵权法在新型工业化评价中的应用［J］．探索，2011（3）：12 - 14.

综合运用上述方法中的两种，以避免使用一种方法可能导致的缺陷。詹浩勇等[①]将主观评价与客观评价相结合，综合使用层次分析法和熵权法确定区域新型工业化综合评价指标体系一级指标与二级指标的权重。杨建仁等[②]综合运用灰色关联分析和层次分析法，提出了一个新型工业化水平的综合评价模型；然后运用灰色关联分析法计算评价对象的灰色关联系数，采用层次分析法确定评价指标的权重。

综上，国内新型工业化理论研究表现出以下几个特点：

（1）新型工业化理论前提研究较为完善。学术界通过比较新型工业化与传统工业化道路，较为明确地界定了新型工业化的基本内涵和主要特征，并以此为基础，讨论了新型工业化与信息化、城市化、技术创新、产业结构优化之间的关系，为新型工业化的建设和推进提供了一定的理论依据。

（2）新型工业化建设对策研究成果丰富。学者们分别讨论了其影响因素、整体战略、保障体系、一般模式、区域模式等内容，并引进循环经济、低碳经济为新型工业化建设提供新的思路。但是，尚未形成比较得到公认的新型工业化评价指标体系，因而导致新型工业化水平的动态分析不足；且对策研究过于泛化，缺乏实际可操作性，地域特色不够凸显；没有根据国内外发展环境的变化，如金融危机、产业转移等新形势，提出具有针对性的建设方案。

（3）新型工业化尚未形成完整的理论体系和完善的分析框架。各个论域的研究比较分散，且偏向于描述性分析，缺乏学理性。

（4）随着新型工业化内涵与特征的基本确定，研究的侧重点将转向如何建设新型工业化，并从一般性的对策分析逐步细化到考虑不同发展模式、不同发展区域的特殊性，提出更具实效性的对策。

（5）随着我国新型工业化实践的不断推进，需要建立一套公认的评价

① 詹浩勇，冯金丽.广西北部湾经济区新型工业化评价与发展研究——基于区域比较的视角［J］.广西社会科学，2010（10）：26－30.

② 杨建仁，刘卫东.基于灰色关联分析和层次分析法的新型工业化水平综合评价——以中部六省为例［J］.数学的实践与认识，2011（2）：123－132.

指标体系进行绩效监测，并据以对特定区域的新型工业化进行横向和纵向比较。为此，应把握新型工业化的跨越式特点，结合传统工业化的量化研究的公式、变量和各项系数，突出新型工业化在这些运算要素中的变化，将是中国新型工业化研究的新领域。

（6）产业发展是新型工业化的核心内容，通过调整产业结构、发展高技术产业、结合产业融合、实现产业链升级来推进新型工业化发展将继续成为研究重点，同时要关注产业布局、项目选址、集群化发展等空间结构问题。

（7）企业是推动新型工业化的主体，探讨从企业着手为新型工业化奠定微观基础有一定的研究价值，如进行企业信息化建设、鼓励自主创新、发展循环经济。

（8）新型工业化需要辅之以必要的金融支持，如何利用有效的货币政策和财政政策推动新型工业化等论题将引起学者们的进一步关注。

（二）国外新型工业化理论研究

国外没有专门研究新型工业化的理论，但是针对工业化的新发展阶段进行研究或者对工业化进入新经济的时代的一些特点进行了一些研究，这可以看作对工业化理论研究的新拓展或新形势下对"新型工业化"的"西方阐释"。

1. 基于经济社会可持续发展的目标，对全球范围内工业化的实践进行反思

新型工业化化理论，在西方主要源于可持续发展理论。从 21 世纪开始，人们进一步认真反思传统经济发展模式，尤其是工业化模式。布朗认为，工业化是经济增长的发动机，工业化的可持续发展，事关经济、社会与环境的可持续发展。新的工业化发展思路和模式，应在提高经济效益的同时，又能保护资源，改善环境。[①] 于是可持续发展工业化模式作为一种全新的发展战略和模式应运而生。显然，新型工业化的本质就是工业的可持续发展，新型工业化理论即从可持续发展理论中孕育并发展起来。

―――――――――

① ［美］莱斯特·R. 布朗. 生态经济［M］. 林自新，等译. 北京：东方出版社，2002：6－88.

尤其是近年来，国际分工开始向纵向发展，传统的分工方式演变成世界性的分工格局。世界工业化的大规模生产方式也由发达国家向发展中国家转移，造成了发展中国家的环境质量恶化及生态资源的严重破坏。发展中国家经济发展结构的粗放型、工业化的高成本型与发达国家产业结构的优化形成鲜明的对比。在发达国家都将步入服务经济为特征的后工业化社会时，发展中国家依旧处于提供大量工业材料制品的工业时代。面对二者工业化战略差距的加大和经济发展的不平衡，经济学家认为欠发达国家利用后发优势，通过国外产业承接来加快发展工业化是一条捷径，但是不能以牺牲环境为代价，应适当运用各种手段和方略抵制传统的世界工业化发展过程中的环境危害问题，保证生态资源的平衡与协调。通过注重信息技术的改造，引入对环境污染较少的现代服务业为发展主题，尽快改变世界工业化传统道路的资源约束。

2. 从信息技术变革的角度，考量世界工业化发展的新特征

在 20 世纪中后期的新兴产业革命中，技术力量和现代科学体系的发展，把研究世界工业化的发展从工业革命的视角转向信息革命，信息化、网络化成为世界工业化发展的新特征。学者普遍认为信息技术是工业发展强大的技术引擎，对工业生产起到巨大的推动作用。Chris[①] 也极为赞同：信息和网络效应不止改变大规模的生产范式、推动经济增长，使创新在技术上更为优越，还带动了社会和文化的变迁。发达国家率先进入工业化后期阶段，科技、知识、信息作为新经济增长的内生要素，同样成为工业化的内生性生产投入要素，对物质生产领域进行了全面的改造，提高了工业内部的全要素劳动生产率。

学者们普遍认为信息技术发展的基础来自基础科学研究。K. H. O. Rourke et al. [②] 认为，基础科学知识的不断发展拉动了工业化向技术密集型方向发展，并最终促进了创新发展，扭转了技术报酬率下降的趋

---

① （英）克里斯·弗里曼，弗朗西斯科·卢桑. 光阴似箭——从工业革命到信息革命［M］. 沈宏亮译. 北京：中国人民大学出版社，2007：420 – 421.

② O. Rourke, K. H. et al. (2007)，"Trade, knowledge, and the industrial revolution"，NBER working paper，w 13057.

势，使技术报酬率转而上升。新技术带动了全要素生产率的增长，推动了工业化的发展。R. J. Gordon[①] 认为，美国 1950—1964 年工业革命使得全要素生产率达到高潮的最重要的原因在于大量重要的新发明新技术同时出现于快速增长阶段的初期。技术投入和技术创新提高了劳动生产率。Baily & Lawrence[②] 研究指出，私人 R&D 的投入从 20 世纪 70 年代中期以来不断增加，并在 20 世纪 90 年代末期开始快速增长。1995—1999 年美国私人 R&D 的投入以每年 8% 的速度增加，专利申请数量也在 1995 年之后剧增，说明 R&D 的投入是卓有成效的。

信息技术方面的投资迅速增长，对于拉动其他行业的发展也具有重要作用。D. W. Jorgensonetal.[③] 通过实证分析得出，信息技术可以解释 2000—2006 年间美国劳动生产率增长的 1/3，1973—2006 年以来信息技术不仅对资本深化的贡献率平均为 53.3%，而且对于全要素生产率的平均贡献率也很大，为 54.3%。信息技术极大地推动了劳动生产率和经济的持续增长。

3. 从新经济时代工业的发展特征，思考对发展中国家的影响

如今，工业化现已成为发达国家的过去时（1995 年之后，发达国家纷纷踏上知识经济的发展道路，实现了工业化向新经济的转型），美国、欧洲、日本等发达国家和地区已经纷纷走上知识经济（新经济）的发展道路。但并不意味西方国家就没有工业发展，近期出现的"再工业化"思潮（近些年，西方发达国家屡次也提出"再工业化"的理论。其实质就是推进产业升级、拉动国内就业、同时拉动选票，主要是受到经济的不景气的影响，特别是金融危机的影响，力图利用现代科技，推进国内产业发展的一种策略），也说明西方国家对工业化发展的新认识。在整体经济进入新经济或者服务经济的时代，除了制造业的服务化问题之外（如上述国内研究等），在西方更加注重新技术（上述信息技术只是一个方面）综合运用

---

① Gordon，R. J.（2000），"Does the 'New Economy' measure up to the great inventions of the past?" NBER working paper，w7833.

② Baily & Lawrence（2001），"Do we have a new economy?"，NBER working paper，w 8243.

③ Jorgenson，D. W. et al.（2008），"A retrospective look at the U. S. productivity growth resurgence"，Journal o f Economic Perspectives 22（1）：3 – 24.

与其他知识经济时代的创新思潮对工业发展的影响。

目前新技术的发明及应用推动着知识经济的发展。新技术的利润实现方式即新技术的内嵌机制，就成为研究新经济需要关注的核心问题。新技术的发明及应用成为知识经济发展的重要推动力，新技术如何成功转化为现实生产力，新技术内嵌于企业、组织、还是员工，经济学家从不同角度进行了研究。由于工业化向新经济转型过程中，经济体也会呈现与工业化初期不同的经济特征，关注转型经济的特征对于更好地认识工业化发展问题具有重要作用，同时也对如何迎接新经济具有一定的指导意义。西方学者认为新经济时代技术创新的类型逐渐偏向于对人力资本要求越来越高的方向。[①] 在由以工业化为主导的产业结构向以服务业为主导的产业结构进行转型的过程中，经济社会会呈现一些与工业化初期不同的特征：收入差距拉大；要素贡献率不同；资本投入增长率高于劳动力的投入增长率；无形资本在物质资本积累到一定水平后才会对经济发展发挥重要作用，在工业化即将完成时教育的报酬率才会充分显现；企业并购活动频繁。当然探讨经济结构转型过程中的这些经济特征对于正在推进工业化、经历经济结构调整的中国格外重要，可以帮助我们更好地掌握经济规律、适时调整发展战略，实现经济的更好更快发展。

总之，虽然西方国家学着对新型工业化理论并没有系统的论述，但近年来他们对新兴国家的可持续发展、对信息技术对工业化的影响、对新经济条件下西方工业化的实践等进行了多方位的探讨，丰富了新条件下的工业发展理论学说，可以看作西方新形势下工业发展的新探索。对于发展中国的新型工业化理论有重要的参考价值。

二、新型工业化的内涵与特点

（一）新型工业化的基本内涵

新型工业化道路与传统工业化道路的根本区别就在于它们是不同经济结构下的工业化道路，新型工业化道路的本质规定就是工业化与信息化

---

① 霍文慧，杨运杰. 工业化理论研究新进展 ［J］. 经济学动态，2010（3）：103－108.

（知识化）的互动发展，即信息化带动工业化，工业化促进信息化。

综合以上理论综述以及中国当前工业化发展的实际，我们认为，中国特色新型工业化就是以科学发展观为指导，以与信息化相融合为方向，以自主创新（科技发展）为核心，以三次产业协调发展为动力，以充分发挥人力资源优势为依托的工业化发展模式。

（二）新型工业化的特点

新型工业化道路之所以是一个全新的工业化道路，是因为在具体特征上表现为以下几个特征：

第一，科技含量高——以信息产业和先进技术为带动产业的工业化。在工业化过程中，由于以信息技术为先导的高新技术产业的优先发展，以及运用高新技术和适用技术对传统产业的改造，将会大大提升整个国民经济的科技含量，从而使我国的工业化无须再重复发达国家走过的机械化、电气化、信息化的科技发展老路，而可以充分发挥后发优势，把三者有机结合起来同步发展，大大缩短工业化的时间。

第二，经济效益好——用高新技术改造和提升传统产业，以传统产业优化升级为基础的工业化。在工业化过程中加入信息化，会在以下三个方面提升经济效益：一是以信息技术为先导的高新技术产业提供的产品和服务本身就是高附加值的，它的优先发展可以直接提高整个产业的经济效益。二是以信息技术为先导的高新技术对传统产业的改造，将会大大提升传统产业的技术水平，从而提高其产品的附加值。三是信息技术的发展，网络平台的形成，将会大大降低信息的搜集、处理、传输成本，从而降低交易成本，特别是在网络基础上形成和发展起来的电子商务，将会大大降低传统产业的流通成本，提高企业的经济效益。

第三，环境污染少——坚持实施可持续发展战略的工业化。传统工业化道路的一个重大问题就是在推进工业化的同时造成了严重的环境污染，付出了沉痛的代价。新型工业化道路却可以大大减少环境污染，这是因为，一是以信息技术为先导的高新技术产业，就其性质而言，本身就是高知识、低资源消耗、低污染的产业，因而优先发展这一产业，就可以在快速提升经济增长率的同时，降低工业化对环境的污染。二是以信息技术为先导的高新技术对传统产业的改造，也将在快速推进传统产业发展，从而推进工业化的同时，降低对环境的污染。三是以信息技术为先导的高新技术产业的发展，将会使环保产业的技术水平大大提高，促进环保产业的快速发展，环保产业的发展，又会与其他产业的发展形成互动，形成工业化与环保的良性循环。

第四，人力资源优势能够得到充分发挥——充分发挥我国人力资源优势的工业化。传统工业化道路顺利推进的一个重要条件就是农村剩余劳动力源源不断地进入城市，为工业化带来廉价的劳动力，从而提升工业的利润水平，引致对工业部门的不断投资，最终实现工业化。我国走新型工业化道路，同样还要继续发挥我国劳动力成本低的优势，如跨国公司的制造加工企业纷纷进入我国，就是试图把他们的技术优势、资本优势、品牌优势与我国的劳动力低成本优势结合起来，以形成新的竞争优势。这虽然会对我国的企业造成一定的竞争压力，但对于我国充分发挥人力资源优势，扩大就业，引进国外的先进技术、资本、品牌，以及与外国企业在合作中学，从而迅速推进工业化，都具有重要意义。但是，我国走新型工业化道路，还需要在更高的层面上充分发挥劳动力的资源优势。这就是我国的科学技术人员与国外同行相比，也具有明显的低成本优势，可以说是"物美价廉"。充分发挥这一优势，有利于我国与国外研发机构的合作，从而在合作中迅速提升我国的科技水平和核心技术的掌握。最近一两年许多跨国公司在我国设立研发中心，就充分说明了这一点。

第五，产业结构得以提升——是以第三产业尤其是新型服务业快速发展为标志的工业化。第三产业产值和就业超过第二产业是完成工业化的一个显著标志。工业部门的发展为第三产业的发展提供了巨大的市场空间，而工业本身的发展也离不开第三产业特别是新兴服务业的支持。同时，第三产业的兴旺发达对于促进国民经济协调发展、扩大劳动就业、加快城镇化进程和改善人民生活都有重大作用。因此，大力发展以新型服务业为主体的第三产业也是我国新型工业化道路的应有之义。

三、新型工业化发展的战略意义

新型工业化是符合科学发展观的工业化道路。工业化就其本质规定性而言，就是实现从农业国向工业国的转变。但为了实现工业化，各国会依据时代的不同、各国具体国情的不同，而选择不同的道路。新型工业化道路，就是依据我国的具体国情，顺应科学发展观要求而选择的中国工业化道路。这具体表现在：

第一，新型工业化道路，是我国新经济发展阶段与转变经济增长方式必然选择。虽然我国经过改革开放30年的快速增长，工业化取得了显著的进展，但我国的工业化还远没有完成。依据国际上衡量一国是否完成工业化的三个重要结构性指标，即农业产值占GDP的比重必须降到15%以下、农业就业人数占全部就业人数的比重降到20%以下、城镇人口上升到60%以上；另外，还有其他一些衡量标准：如第三产业产值和就业率超过第二产业；能源和资源消耗增长速度趋于下降，国民生产总值增长与能源和资源消耗的增长脱钩；白领（技术）工人数字超过蓝领（普通）工人，大多数人要去处理信息，而不是生产产品；企业的优势不在固定资产的多寡，而是看其区域性的物流公司是否运作起来，好的企业不是产品堆积如山、汽车摆满广场，而是零库存等。我国显然没有完全达到以上目标，目前至多达到了工业化的中期阶段。这就意味着，我们要持续发展工业化，但是不能走传统的老路，需要走出资源优化、技术领先等建立在转变经济增长方式基础上的新型工业化之路。

第二，新型工业化道路，是我国现有资源约束条件下的必然选择。即它有利于清洁生产、实现可持续发展、推进循环经济。传统工业化道路是以资源的高投入为基础的。我国以往的工业化，也主要是依靠大规模的资源投入来推动的。但是，我国就总量来说是资源大国，可是从人均来看却是一个资源贫国。在这种情况下，我国要实现国民经济持续、快速的发展，就不可能依赖资源的大规模投入，特别是水和石油将会成为我国未来发展的两大资源瓶颈。这就逼迫我们只能走资源消耗少的新型工业化道路。我国在工业化道路选择上的现有资源约束，不仅表现为资源供给不足的约束，而且还表现为环境承载能力的约束。走传统的工业化道路，我国才达到工业化的中期阶段，就造成了严重的环境污染：大多数河流、湖泊的污染、大气污染、土地沙化等。显然，这种以牺牲环境为代价的工业化道路在我国今后是根本行不通的。

第三，新型工业化道路，是我国现有就业压力下的必然选择。随着新增人口不断进入就业年龄，每年一批大量的新增就业人口需要工作；随着城镇化的发展，有数亿的农业人口需要转移到城镇就业。因此，我国未来一系列政策的制定，将受到增加就业的强硬制约。走新型工业化道路，一是可以通过发展以信息技术为先导的高新技术产业以增加就业岗位；二是用信息化带动工业化的快速发展以创造更多的就业机会，这不仅表现在工业部门快速发展能创造出更多的就业岗位，而且更重要的是工业化发展所带动的城镇化的发展，将会大大推动农村劳动力向城镇的转移；三是新型工业化道路不仅不排斥传统工业的存在和发展，而且还是以传统工业的存在和发展为基础或前提的。传统工业，特别是劳动密集型产业的存在和发展，将为缓解就业压力奠定重要的基础。

第四，新型工业化道路，是我国在经济全球化下求生存、求发展的必然选择。随着我国加入 WTO，我国经济已开始融入世界经济，成为国际分工体系中的一个环节。在这样一种开放的经济体制下，一方面我国的经济发展就必须要顺应国际经济发展的潮流，即在知识经济已初见端倪的世界经济体系中，我们已不可能关起门来先搞工业化，再搞信息化；另一方面，我国要充分利用国际资源，发挥后发优势，加快发展。在全球化的竞争中，发展中国家的竞争劣势实际上就是技术的劣势。利用后发优势，就是发展中国家能够在较短时间内迅速缩短与发达国家的技术差距，实现赶超目标的重要法宝。

第二章
国内高新区发展态势及肇庆高新区发展考察

一、国内高新区发展的几个阶段

高新技术产业开发区① （以下简称高新区）是高科技成果实现产业化的重要载体，是科技成果转化为现实生产力，并推动科技与经济社会协调发展的综合性实践基地。纵观国际经验，发展高新区是各国推动产业转型升级，实现经济结构高级化的普遍做法。我国高新区的建设和发展，则是适应对内不断深化经济体制改革，对外迎接新技术革命挑战的背景下发展起来的。截至 2014 年年初，我国国家级高新区已有 123 家。按照国务院批准设立的时间划分，20 世纪 80 年代批准设立 1 家，20 世纪 90 年代共批准设立 53 家；2000—2009 年批准设立 3 家，2010—2014 年 1 月批准设立 66 家。这些国家级高新区分别分布在珠三角地区、长三角地区、京津冀地区，以及东北、西北、西南地区在内的全国各省市区内。

---

① 开发区源于西方工业国家，是工业发展的产物，至今已有 400 多年历史。我国的开发区兴建于改革开放后，最初有国家级、省级、市级、县级四种，后来经过清理整顿，保留了国家级和省级两类。国家级开发区的类型包括：经济技术开发区、高新技术产业开发区、保税区、出口加工区、保税物流区、边境经济合作区、台商投资区、旅游度假区等。省级开发区的类型包括：经济开发区、高新技术产业园区、工业园区、专业园区等。至 2003 年，全国开发区已发展到 6860 多个，规划面积达 3.9 万平方公里。由于开发区过多过滥，造成大量的重复建设和资源浪费，2003 年 7 月，国务院下发了国办发〔2003〕70 号文件，对全国开发区进行全面彻底的清理整顿，撤销了一大批地方违规设立的开发区（工业园区）。通过清理整顿，全国开发区数量由 6860 多个减少到 1568 个，减少 77.2%，其中国家级开发区 222 个，省级开发区 1346 个；规划总面积由 3.9 万平方公里核减为 9949 平方公里，核减率达 74%。清理整顿历时 5 年多，期间，除将一些符合条件的省级开发区升格为国家级开发区外，新的普通开发区审批工作全部停止，直到 2010 年才重新启动。

我国高新区经历了几个重要的发展阶段，即"一次创业"阶段、"二次创业"阶段。目前，一些高新区正在尝试进入新的、更高层次的内生式发展阶段。

（一）一次创业阶段

这一阶段主要发生在高新区兴起到20世纪90年代，[①] 其显著特征是高新区发展完成了从"要素空间积聚"到"主导产业强化"的发展目标。1984年6月，原国家科委向国务院呈送《关于迎接新技术革命挑战和机遇的对策》的报告，明确提出要制定新技术园区和企业孵化器政策。1985年3月，《中共中央、国务院关于科技体制改革的决定》颁布，提出要在有条件的城市试办新技术园区。同年7月，中国科学院与深圳市人民政府联合兴办了中国第一个高新区——深圳科技工业园。1988年5月，在北京中关村电子一条街的基础上，国务院批准建立了第一个名副其实的国家级高新区——北京新技术产业开发试验区，并颁布了18条优惠政策。1991年3月，国务院发布12号文件，批准建立26个国家高新区并制定全国适用的扶持政策。次年11月，为落实邓小平"发展高科技，实现产业化"的题词和南方谈话精神，国务院再次批准建立25个国家高新区。1997年6月，为解决中国干旱半干旱地区农业发展和21世纪中国粮食问题，国务院批准建立杨凌农业高新技术产业示范区。至此，全国范围内建立的国家级高新区达到53个。

高新区的建立和发展，有力地推动了经济和科技的发展，具体表现在：

一是取得了显著的经济效益。1991—2000年间，国家级高新区技工贸总收入从87.3亿元增长到9209.3亿元，增长了105.5倍；工业总产值从

---

① 有人将高新区"第一次创业"时间限定在1991—2001年之间，认为1991年之前的高新区是高技术企业生根发芽的"试验田"，有三层含义：一是"田"，意味着土地作为高技术企业发展的基础要素投入有了基本保障；二是"试验"，意味着在大环境不容易改变的情况下，可以在高新区的小天地内尝试新的制度和政策；三是意味着试验成功后可以大面积推广，在更大范围内建设有利于创新的环境。1991年，在国家科委等部门努力下，国务院领导排除异议，决定批准建立一批国家级高新区开始才进入"第一次创业"阶段。参见陈文丰，吴卉晶. 高新区发展的历史背景和演变进程［J］. 中国高新区，2012（7）：1 - 8.

71.2 亿元增长到 7942 亿元，增长了 11.5 倍；出口创汇从 1.8 亿美元增长到 185.80 亿美元，增长了 103.2 倍；上缴税费从 3.9 亿元增长到 460.2 亿元，增长了 18 倍。企业结构方面，高新区企业的平均技工贸总收入从 1991 年的 336.1 万元，增长到 2000 年的 4428.3 万元，企业平均经济规模 10 年间增长 13.2 倍；技工贸总收入超过亿元的高新技术企业从 1991 年 7 家发展到 2000 年的 1252 家，超过 10 亿元的企业发展到 143 家，其中总收入超过 50 亿元的企业 7 家，100 亿元以上的企业 6 家。二是带动了我国高新技术产业和区域经济的快速发展。截至 2001 年，国家级高新区的营业总收入接近 2 万亿元，高新技术产业产值占全国 50% 以上。许多高新区通过建设科技企业孵化器，采取招商引资措施，完善科技中介服务和科技成果转化平台，有力地推动了当地高新技术企业的发展，形成了一批以微电子、光电子、通信、计算机及软件、生物制药、新能源、新材料等为主体的高新技术产业。[1]

（二）二次创业阶段

这一阶段主要发生在 21 世纪前十年，其显著特征是高新区开始了从政策驱动和投资驱动向创新驱动的转变。在"一次创业"阶段，由于未能有效建立起对企业集聚和创新的内在动力机制，导致高新区在空间上形成一定规模聚集的企业并未显现出强烈的植根性，[2] 加之面临土地资源日益稀缺，商务成本大幅提升等因素的制约，使高新区整体上处于单纯规模扩展的粗放式

---

[1] 谢群．我国国家级高新技术产业开发区的发展状况分析 ［J］．中国高新技术企业，2009（6）：3-5.

[2] 有学者认为，在"一次创业"阶段，我国高新区大多是通过依靠提供土地和优惠政策来吸引企业进区而形成企业的空间聚集的，由于这种模式对企业的聚集并不重视其内在机制的建立，而使得这些在空间上已经形成一定聚集的企业并未显现出强烈的植根性。随着改革开放的进一步扩大，地区政策上的差距日益缩小，当某高新区的土地成本、劳动力价格等区位优势及税收优惠政策发生变化时，区内的一些企业就可能再次向其他政策更优惠的地方流动。这种流动最终导致了各高新区之间产业结构乃至形态上的趋同，以及各高新区之间在低水平上的恶性竞争。高新区内相互支援、相互依存的专业化分工协作的产业网络尚未形成，所以区内企业之间在业务上的关联并不多。参见谢群．我国国家级高新技术产业开发区的发展状况分析 ［J］．中国高新技术企业，2009（6）：3-5.

发展状态，创新能力不足，可持续发展面临严重挑战。据此，2001年9月，在武汉召开的全国高新区会议上，科技部明确提出高新区要进行"二次创业"的发展战略。"二次创业"的实质是加快培育自主创新能力，发展特色产业集群，形成新的竞争优势，努力实现其经济增长模式由过去的政策驱动、投资驱动向主要依靠创新驱动转变。从长远发展考虑，高新区需着力推进并持续深化"五个转变"："（1）从主要依靠土地、资金等要素驱动向主要依靠技术创新驱动的发展模式转变；（2）从主要依靠优惠政策、注重招商引资向更加注重优化创新创业环境、培育内生动力的发展模式转变；（3）推动产业发展由大而全、小而全向集中优势发展特色产业、主导产业转变；（4）从注重硬环境建设向着力于优化配置科技资源和提供优质服务的软环境转变；（5）从注重引进来向着力于引进来与走出去相结合的国际化发展方向转变。"具体措施则主要是推动一批省级高新区升格为国家级高新区。

2006年1月，经浙江省人民政府申请，国务院批准宁波省级高新区升格为国家级高新区。2009年3月，为应对金融危机，经湖南、江苏两省人民政府申请，国务院批准湘潭、泰州两个省级高新区升格为国家级高新区。2010年9月和11月，先后批准山东省的烟台，广东省的东莞松山湖、肇庆大旺，江苏省的昆山等27家省级高新区升级为国家级高新区。2011年6月，批准上海紫竹高新区等5家省级高新区升格为国家级高新区。在此过程中，国务院还先后批准建设中关村国家自主创新示范区、武汉东湖国家自主创新示范区、上海张江国家自主创新示范区。至此，我国基本形成了覆盖全国各地的国家级高新技术园区。[①]

经过新一轮的调整和发展，高新区在我国经济社会发展中的作用进一步凸显，尤其对区域经济社会发展起到了显著的推动作用，具体表现在：

（1）经济增长速度加快，发展质量和效益进一步提高。

第一，经济发展整体态势较好。为了充分发挥高新区的"引领、示范、辐射和带动"作用，国务院于2011年通过了5家省级高新区的升级工

---

① 由于设立于1994年2月的新加坡—苏州工业园事实上也是国家批准的高新技术园区，故也有人曾将我国的国家高新区总数统计为88 + 1个。到2012年年底，我国高新区已达107个。

作，国家级高新区由原来的83家增加到88家，企业数达到57033家，年末共有从业人员1073.6万人，营业总收入133425.1亿元，工业增加值27151.9亿元，工业总产值105679.6亿元，净利润8484.2亿元，上缴税额6816.7亿元，出口创汇3180.6亿美元。88家国家级高新区工业增加值占全国第二产业增加值12.3%，出口创汇占同期全国外贸出口总额16.8%，高新区创造的园区生产总值达到41662.0亿元，占全国同期国内生产总值比重达8.8%，对国民经济健康运行起到了有力的支撑作用。

第二，园区经济增长速度较快。如图2-1所示，2011年，按照83家国家级高新区统计，实现营业总收入130922.0亿元、工业总产值103458.1亿元、工业增加值26604.2亿元、净利润8376.1亿元、上缴税额6713.1亿元、出口创汇3140.1亿美元，分别同比增长23.6%、22.7%、24.3%、22.2%、23.2%和18.6%。2011年，83家高新区实现工业增加值26604.2亿元，占全国第二产业增加值12.1%，高于上年0.6个百分点；高新区出口创汇3140.1亿美元，占同期全国外贸出口总额16.6%，比去年下降0.2个百分点；高新区创造的园区生产总值达到40766.5亿元，占全国同期国内生产总值比重的8.6%，较上年占比提高0.6个百分点。

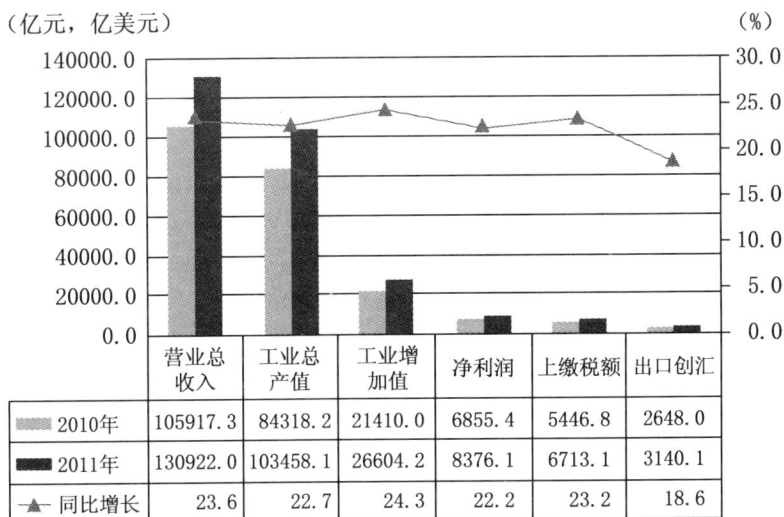

（亿元，亿美元）　　　　　　　　　　　　　　　　　　　　　　（%）

	营业总收入	工业总产值	工业增加值	净利润	上缴税额	出口创汇
2010年	105917.3	84318.2	21410.0	6855.4	5446.8	2648.0
2011年	130922.0	103458.1	26604.2	8376.1	6713.1	3140.1
同比增长	23.6	22.7	24.3	22.2	23.2	18.6

图2-1　2010—2011年83家高新区主要经济指标比较

第三，工业增加值率和净利润率总体保持稳定。2011年，88家高新区和原 83 家高新区的工业增加值率均为 25.7%，同比增长了 0.3 个百分点；88 家高新区和原 83 家的净利润率均为 6.4%，同比下降了 0.1 个百分点，总体上保持稳定。

第四，外贸依存度下降，技术服务出口大幅增长。2011 年，88 家高新区的出口依存度为 49.3%，进口依存度为 34.8%，合计的外贸依存度为 84.1%，远高于 2011 年我国出口依存度（26.1%）、进口依存度（24%）、进出口外贸依存度（50.1%）水平，说明高新区外向程度或者说对外贸易对经济发展的影响远高于国内平均水平。但分析原 83 家高新区同比数据，其出口依存度为 49.8%，同比下降了 6.7 个百分点；进口依存度为 36.2%，同比下降了 5.3 个百分点；合计的外贸依存度 86.0%，同比下降了 12.1 个百分点。从外贸依存度回落态势看，高新区的经济增长正在由外需拉动向内需驱动转变。

在高新区出口依存度下降的同时，出口贸易中的高新技术产品出口和技术服务出口则保持增长态势。如图 2-2 所示，2011 年，原 83 家高新区高新技术产品出口为 1817.8 亿美元，占外贸出口 57.9%，出口额同比增长 5.0%；高新技术服务出口为 79.5 亿美元，占外贸出口 2.5%，较 2010 年同比增长 79.9%。

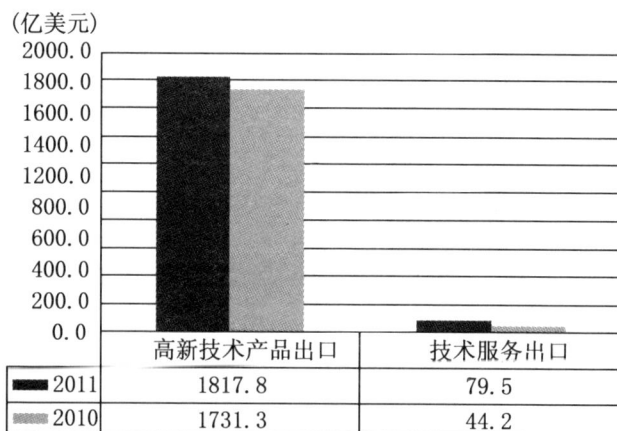

（亿美元）

	高新技术产品出口	技术服务出口
2011	1817.8	79.5
2010	1731.3	44.2

图 2-2　2010—2011 年 83 家高新区高新技术产品出口和技术服务出口比较

资料来源：科技部火炬中心.2011 年国家高新技术产业开发区综合发展与数据分析报告（R），http://www.chinatorch.gov.cn

第五，人均经济效率不断提高。从表2-1可见，2011年高新区增加了5家，各项人均经济指标较2010年均有增长。再从图2-3表现的高新区同比数据看，83家高新区的人均营业总收入、人均工业总产值、人均工业增加值、人均净利润、人均上缴税额、人均出口创汇分别同比增长12.2%、11.4%、12.8%、10.9%、11.9%和7.7%，人均创造价值的能力继续得到提升。

表2-1 2010年、2011年国家级高新区人均经济效益情况对比

指　标	人均营业总收入	人均工业总产值	人均工业增加值	人均净利润	人均上缴税额	人均出口创汇
2011年88家高新区	124.3	98.4	25.3	7.9	6.3	3.0
2010年83家高新区	110.3	87.8	22.3	7.1	5.7	2.8

资料来源：科技部火炬中心.2011年国家高新技术产业开发区综合发展与数据分析报告（R），http：//www.chinatorch.gov.cn

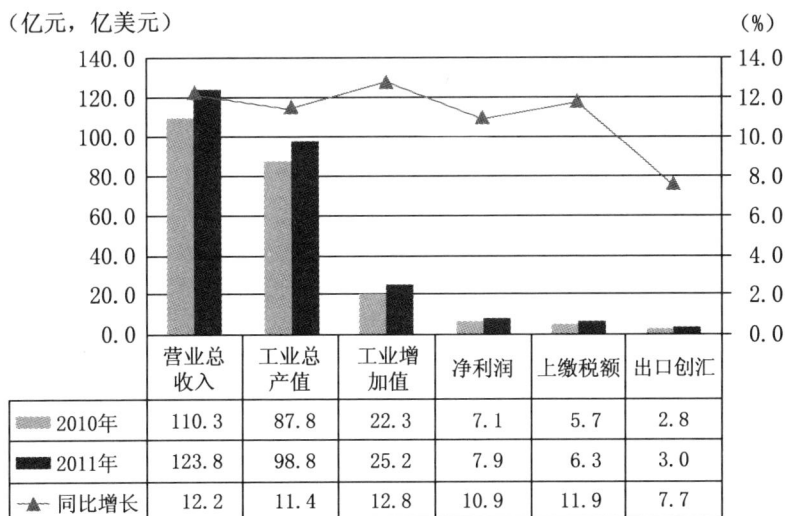

（亿元，亿美元）	营业总收入	工业总产值	工业增加值	净利润	上缴税额	出口创汇
2010年	110.3	87.8	22.3	7.1	5.7	2.8
2011年	123.8	98.8	25.2	7.9	6.3	3.0
同比增长	12.2	11.4	12.8	10.9	11.9	7.7

图2-3 2010年、2011年83家高新区主要经济指标人均数比较

资料来源：科技部火炬中心.2011年国家高新技术产业开发区综合发展与数据分析报告（R），http：//www.chinatorch.gov.cn

第六，税收政策支持园区企业开展技术创新的成效进一步显现。2011年，88家高新区统计企业实际上缴税费6816.7亿元。其中，增值税完成2728.8亿元，营业税完成714.6亿元，所得税完成1471.8亿元。2011年，国家高新区切实执行国家各项减免税优惠政策，大力支持企业技术创新。88家高新区减免税总额达到753.1亿元，其中83家高新区达到745.5亿元，同比增长2.1%。三项所得税减免额及其比例中，高新技术企业所得税减免325.0亿元，占比65.2%；研发加计扣除所得税减免72.7亿元，占比14.6%；技术转移所得税减免1.4亿元。

第七，企业可持续发展能力不断提升。统计显示，2011年88家高新区中有58家通过ISO14000环境体系认证；高新区的万元GDP平均能耗为0.520吨标准煤，比全国平均水平低1/3。其中，原83家高新区由2010年的0.563吨标准煤/万元下降至2011年的0.519，同比下降8.5%。

第八，对区域经济社会发展的带动辐射作用进一步增强。2011年，88家高新区中工业增加值占到所在城市比重30%以上的有31家高新区；园区生产总值占当地城市GDP比重20%以上的有23家高新区；高新区当年吸纳高校应届毕业生44.1万人，较上年增加2.7万人，继续为区域经济发展、社会稳定起到积极的推动作用。①

（2）园区企业发展实力进一步提升。

第一，企业资产收益状况不断优化。2011年，88家高新区企业年末资产达到141403亿元，其中，流动资产为82100.2亿元，长期投资为12981.8亿元，固定资产为30143.9亿元，无形资产为3541.0亿元。从图2-4显示的83家高新区同比数据可以看出，年末资产、流动资产、长期投资、固定资产、无形资产分别同比增长25.1%、26.4%、26.4%、15.4%、14.8%。

---

① 科技部火炬中心.2011年国家高新技术产业开发区综合发展与数据分析报告（R），http://www.chinatorch.gov.cn

（亿元）	流动资产	长期投资	固定资产	无形资产
2010年	64148.6	10142.8	25630.2	3054.1
2011年	81110.6	12818.5	29583.9	3506.6
同比增长	26.4	26.4	15.4	14.8

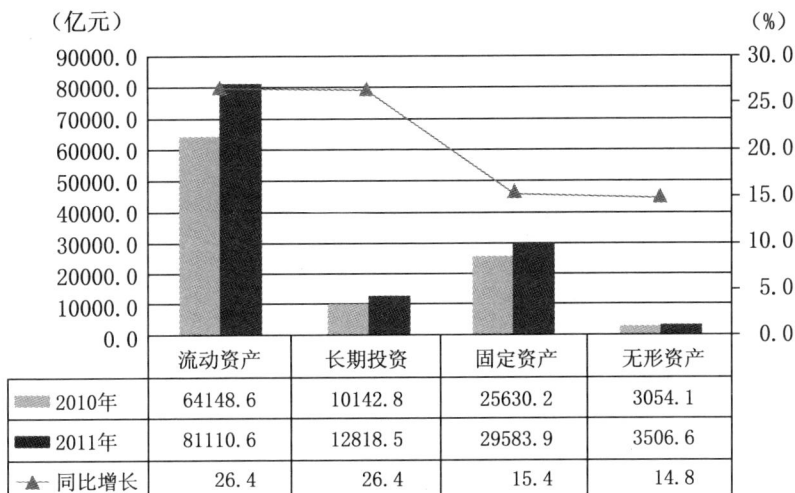

图 2 - 4　2010 年、2011 年 83 家高新区企业资产比较

资料来源：科技部火炬中心.2011 年国家高新技术产业开发区综合发展与数据分析报告（R），http：//www.chinatorch.gov.cn

到 2011 年，83 家高新区资产结构有了新的变化，流动资产、长期投资、固定资产和无形资产分别占到 64%、10%、23% 和 3%，流动资产占比比上年增加 2 个百分点，固定资产占比比上年下降 2 个百分点，总体上有较好的流动性和抗风险的能力。

第二，企业发展规模不断扩大，质量进一步增强。2011 年，88 家高新区营业收入超过亿元企业达 10371 家，占高新区企业数量 18.1%，占比较上年增长 2.4 个百分点；营业收入超过 10 亿元企业 1857 家，占比 3.3%，占比较上年增长 0.6 个百分点；上 100 亿元企业 217 家，较上年增加 49家；上千亿元企业 2 家，与上年持平。上报统计数据的高新区规模以上企业（主营业务收入 0.2 亿元及以上）23171 家，占高新区企业数量40.6%，较上年占比增长 6.5 个百分点。图 2 - 5 反映了 88 家高新区企业营业收入分布情况。①

---

① 科技部火炬中心.2011 年国家高新技术产业开发区综合发展与数据分析报告（R）.http：//www.chinatorch.gov.cn

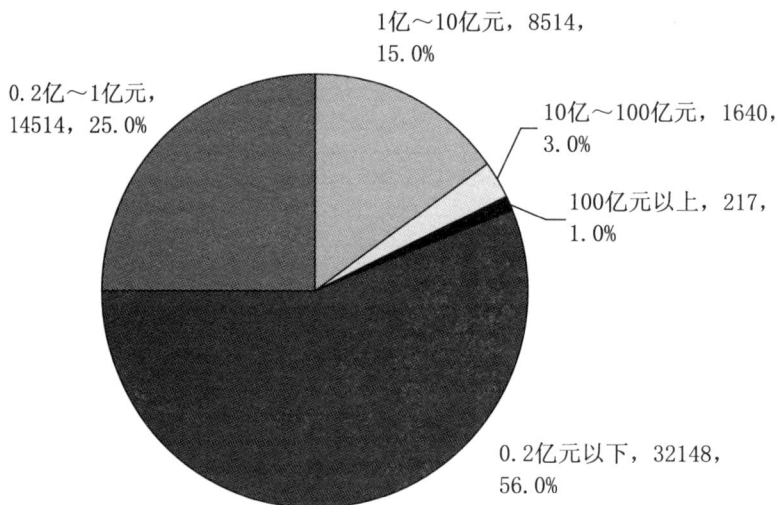

图 2－5 2011 年 88 家高新区企业营业收入分布情况

资料来源：科技部火炬中心.2011 年国家高新技术产业开发区综合发展与数据分析报告（R），http：//www.chinatorch.gov.cn

2011 年，88 家高新区企业平均资产 24793.2 万元，平均负债 13646.8 万元，平均净资产 11146.4 万元，平均营业总收入 23394.4 万元，平均净利润 1487.6 万元。企业平均资产、平均负债、平均净资产、平均营业总收入、平均净利润分别同比增长 21.2%、22.0%、20.2%、19.7%、18.3%，几项指标的同比增长均在 20% 左右，反映出高新区企业在成长和规模化水平方面均得到快速提升。

第三，企业国际化水平逐步提高。2011 年，88 家高新区完成对外直接投资 1310.2 亿元，引进国外技术共支出 125.3 亿元，设立海外研发机构 166 家，设立海外生产制造基地 88 家。如图 2－6 所示，83 家高新区共完成对外直接投资同比增长 26.2%；引进国外技术同比增长 27.2%；设立海外研发机构同比增长 10.7%；设立海外生产制造基地同比增长 12.8%。高新区 57033 家企业中共有三资企业 9223 家；从业人员中有外籍常驻人员 4.2 万人，引进的外籍专家 1.2 万人；企业拥有境外授权专利 6587 件，拥有境外注册商标 21614 件，拥有境外专利和商标的同比增长均超过 50%。各项数据显示高新区企业国际化水平逐步提高。

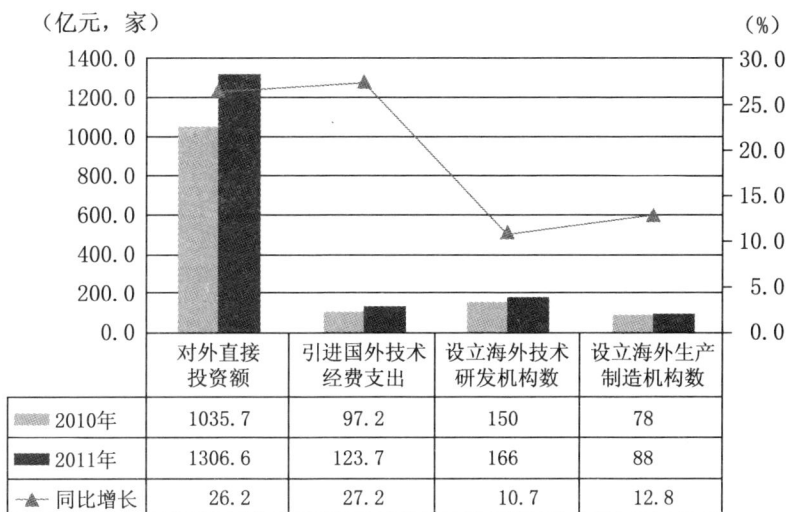

图 2-6 2010 年、2011 年 83 家高新区企业国际化情况

资料来源：科技部火炬中心.2011 年国家高新技术产业开发区综合发展与数据分析报告（R），http：//www.chinatorch.gov.cn

第四，园区企业中高新技术企业和上市公司数量有较快增长。2011年，88 家高新区共有 16122 家高新技术企业上报统计数据，占高新区企业数量的 28.3%，较上年占比增加 4.4 个百分点；占全国高新技术企业数量的 41.0%，与上年占比持平。表 2-2 列出了高新区内高新技术企业的主要经济指标及同比增长情况。可见 83 家高新区的高企数量同比增长 13.9%，主要经济指标的同比增长均在 20% 以上。

2011 年，88 家高新区已有上市企业 996 家，较上年同比增长 6.8%。其中，在境内上市 657 家，占 67.0%，境外上市 260 家，占 26.1%，其他板块上市 79 家，占 7.9%。①

①　科技部火炬中心.2011 年国家高新技术产业开发区综合发展与数据分析报告（R）.http：//www.chinatorch.gov.cn

表2－2   2011年、2010年高新区内高新技术企业主要经济指标

指　　标	2011年		2010年	83家高新区同比增长率（%）
	88家高新区	83家高新区	83家高新区	
高新技术企业数量（家）	16122	15013	13180	13.9
从业人员（万人）	548.8	543.3	450.2	20.7
营业总收入（亿元）	65792.9	64902.0	49692.6	30.6
工业总产值（亿元）	53948.7	53063.7	40974.3	29.5
工业增加值（亿元）	13523.6	13338.2	10410.9	28.1
净利润（亿元）	4959.7	4913.4	3998.2	22.9
上缴税额（亿元）	3136.9	3104.3	2474.4	25.5
出口创汇（亿美元）	1776.1	1762.3	1256.1	40.3

资料来源：科技部火炬中心.2011年国家高新技术产业开发区综合发展与数据分析报告（R），http：//www.chinatorch.gov.cn

（3）产业结构得到进一步调整和优化。

第一，高新技术产业占比加大。2011年，88家高新区共有高技术企业17901家，占高新区统计企业的31.4%；有从业人员375.2万人，实现营业总收入38690.4亿元、工业总产值34819.1亿元、工业增加值8805.1亿元、利润2493.7亿元、上缴税费1719.4亿元、出口创汇1935.7亿美元，分别占园区相应指标的32.9%、32.9%、32.4%、29.3%、25.2%、60.9%（见下页表2－3）。

第二，文化创意产业在部分园区表现出较为强劲的发展势头。2011年，共统计高新区的文化创意产业企业14774家，占高新区企业数量的25.9%，有从业人员172.6万人，实现营业总收入15195.3亿元，工业总产值7289.3亿元，利润1251.6亿元，上缴税费778.8亿元，出口创汇292.7亿美元，文化创意产业利润率达8.2%，营业总收入占高新区总量的比重由2010年的9.3%提升到2011年的11.4%。

表 2 – 3　　　　2011 年、2010 年国家高新区高技术产业对比数据

指　标	2011 年		2010 年	
	数值	占高新区比重（%）	数值	占高新区比重（%）
高技术产业企业数量（家）	17901	31.4	15816.0	28.6
从业人员（万人）	375.2	34.9	298.6	31.1
营业总收入（亿元）	38690.4	32.9	27703.7	26.2
工业总产值（亿元）	34819.1	32.9	25096.5	29.8
工业增加值（亿元）	8805.1	32.4	6135.7	28.7
利润（亿元）	2493.7	29.3	1647.2	24.0
上缴税费（亿元）	1719.4	25.2	1226.7	22.5
出口创汇（亿美元）	1935.7	60.9	1606.2	60.7

资料来源：科技部火炬中心.2011 年国家高新技术产业开发区综合发展与数据分析报告（R），http：//www.chinatorch.gov.cn

第三，高新技术服务业盈利能力进一步提升。2011 年统计的高新区高技术服务业企业 16378 家，占企业总量的 28.7%；从业人员 160.4 万人，占总量的 14.9%；实现营业总收入 2751.8 亿元，占总量的 9.5%；实现利润 1419.4 亿元，占总量的 20.7%；上缴税费 823.2 亿元，占总量的 15.1%；出口创汇 105.7 亿美元，占总量的 4.0%，其中，实现利润占比增加 5.1 个百分点。[①]

（4）科技创新能力进一步增强。

第一，高水平科技人才队伍进一步发展壮大。2011 年，88 家高新区企业年末从业人员 1073.6 万人，其中，大专学历以上人员 548.0 万人，占从业人员总数 51.0%；具有中高级职称人员 137.1 万人，占从业人员总数 12.8%。83 家高新区从业人员的同比增长均在 10% 以上。2011 年，88 家高新区从事科技活动人员 174.4 万人，占从业人员总数 16.2%，其中 R&D

---

① 科技部火炬中心.2011 年国家高新技术产业开发区综合发展与数据分析报告（R），http：//www.chinatorch.gov.cn

人员和 R&D 研究人员分别为 91.4 万人和 34.7 万人。每万从业人员中 R&D 人员和 R&D 研究人员分别为 818.7 人·年/万人和 311.1 人·年/万人，分别是全国平均水平的 21.8 倍和 18.2 倍。

第二，创新经费投入显著增加。一是高新区科技活动投入继续增长。2011 年，88 家高新区企业经核算的科技活动经费内部支出为 4052.0 亿元，其中，原 83 家高新区达到 4000.4 亿元，较上年支出增加 830.3 亿元，实现同比增长 26.2%。企业内部用于科技活动的非政府经费支出 4078.2 亿元；委托外单位开展科技活动经费支出 329.6 亿元；企业内部用于科技活动的非政府经费当年形成的固定资产 555.5 亿元；使用来自政府部门的科技活动资金用于企业内部科技活动 217.8 亿元（见图 2-7）。

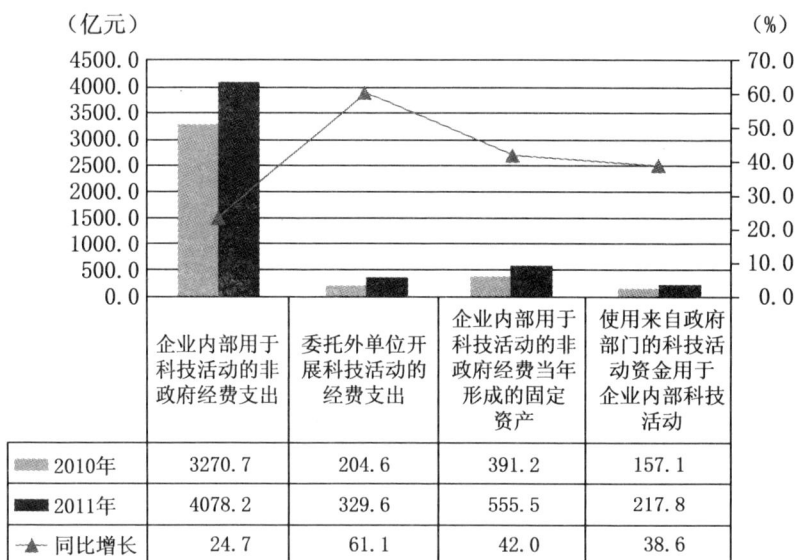

	企业内部用于科技活动的非政府经费支出	委托外单位开展科技活动的经费支出	企业内部用于科技活动的非政府经费当年形成的固定资产	使用来自政府部门的科技活动资金用于企业内部科技活动
▨ 2010年	3270.7	204.6	391.2	157.1
■ 2011年	4078.2	329.6	555.5	217.8
▲ 同比增长	24.7	61.1	42.0	38.6

图 2-7 2010 年、2011 年 83 家高新区科技活动经费支出情况

二是企业研发投入增长迅速。2011 年，88 家高新区 57033 家企业 R&D 经费内部支出 2269.0 亿元，占产品销售收入的 2.1%，占到全国企业 R&D 经费支出的 34.7%，R&D 投入强度（R&D/GDP）为 5.45%，是全国平均水平的 2.98 倍。其中原 83 家高新区企业 R&D 经费内部支出为 2250.1 亿元，实现同比增长 24.1%，显示企业研发投入增长迅速。三是政府资金

支持力度加大。2011年，88家高新区财政科技拨款总额达198.4亿元，占高新区财政支出比例达到7.7%。高新区用于对科技型中小企业创新基金的配套资金达到59.5亿元、用于扶持创业投资机构的资金150.2亿元、用于扶持担保机构资金147.4亿元。其中，83家高新区财政科技拨款191.5亿元，实现同比增长16.8%。

第三，各类创新载体增加，高新技术成果大量涌现。一是搭建科技资源开放共享平台。截至2011年，88家高新区内共聚集各类研究院所1305个；企业技术中心4132个，其中国家级251个；国家重点实验室381个；博士后科研工作站726个，其中国家级358个；各类大学474个；国家工程研究中心186个；国家工程技术研究中心237个。高新区内共有科技企业孵化器621家，其中国家级174家；生产力促进中心123家，其中国家级34家；技术转移机构373家，其中国家级68家；产业技术创新联盟391家，其中国家级27家，具有国家认定资质的产品检验检测机构620家。二是创新活动内容丰富。据统计，88家高新区企业2011年参与的科技项目数量达到19.6万项，其中R&D项目共5.5万项；高新区企业还积极参与各类标准的制定，有175家企业参与制定并形成了若干国际标准，1660家企业参与制定并形成若干国家或行业标准。三是科技创新成果十分丰富。2011年，88家高新区当年专利申请量达到169161件，其中发明专利申请79693件，占全国发明专利申请量的15.2%；共获得授权专利88238件，其中发明专利授权29438件，占全国企业授权发明专利的50.7%；高新区企业拥有有效专利305223件，其中有效发明专利104436件，占全国拥有量的15.0%，合每万人拥有有效发明专利97件，是全国就业人员平均水平的10.7倍。2011年，88家高新区企业共注册商标21785件，获得软件著作权21478件、获得集成电路布图386件、获得植物新品种66件。2011年57033家企业开发生产的新产品产值达到35261.7亿元，新产品销售收入34581.5亿元，其中出口957.2亿美元，高新区的新产品销售收入占到产品销售收入的32.7%，创新活力真正转化为创新效益。①

---

① 科技部火炬中心. 2011年国家高新技术产业开发区综合发展与数据分析报告（R），http：//www.chinatorch.gov.cn

（三）内生式发展阶段

内生式发展是 20 世纪 60 年代国外一些学者在研究现代化进程中提出的一种理论。经过 90 年代的多学科研究，到 90 年代后期逐渐形成一套较为完整的理论体系，[①] 并成为近年我国高新区发展重要的战略选择。

对于内生式发展的内涵和特征，目前学术界尚无权威的说法。有人认为，内生式发展意味着一个本地社会动员的过程，其最终目的是发展本地在技能和资格方面的能力。[②] 另有人提出，内生式发展意味着一种转换社会经济系统的能力，反映外界挑战的能力，促进社会学习，引进符合本地层次的社会规则的特定形式。换句话说，就是在本地层面进行创新的能力。[③] 日本学者宫本宪一将该模式概括为四个要点：一是区域内的居民须以本地的技术、产业和文化为基础，以区域内的市场为主要对象，开展学习、计划和经营活动；二是须在环保的框架内考虑开发，追求包括生活适宜、福利、文化以及居民人权的综合目标；三是产业开发并不限于某一产业，而是要跨越复杂的产业领域，力图建立一种在各个阶段都能使附加值回归本地的区域关联产业；四是建立区域内居民参与制度，地方政府要体现居民的意志，并拥有为了实现该计划而管制资本和土地的权力。[④] 2000年，联合国在《马德里宣言》中提出了基于"四项新合同"的内生式发展全球计划。具体内容是指，新的社会合同、新的自然合同或环境合同、新的文化合同和新的道德合同，其核心是提倡基于知识和内部能力的全球性发展能力。[⑤] 上述观点虽然对内生式发展的描述各有不同，但其要义在于，突出当地开发为主体，培养当地发展能力，保护生态环境和文化多元性、

---

① 王志刚，黄棋. 内生式发展模式的演进过程——一个跨学科的研究述评 [J]. 教学与研究，2009（3）：72-76.

② Barke, M., Newton, M. The EU Leader Initiative and Endogenous Rural Development: the Application of the Program in Two Rural Areas of Andalusia, Southern Spain [J]. Journal of Rural Studies, 1997（3）：319-341.

③ Sergio, B. Is There Room For Local Development in a Globalized World [J]. Cepal Review, 2005（86）：45-60.

④ （日）宫本宪一. 环境经济学 [M]. 朴玉译. 北京：三联书店，2004.

⑤ Declaration of Madrid. International Conference on a Culture of Peace, 2000 [DB/OL]. http://www.un.org, 2006-10-17.

独立性，建立能体现本土意志的组织，以及扩大地方自治权力等。概括其核心要义，有三点基本共同的认识，一是强调培养基于内部生长能力；二是以本土为区域开发主体；三是建立能够体现本土发展主体意志的组织形式。由此，我们认为，高新区的内生式发展，就是以高新区内部资源、技术、产业和文化为基础，以培养园区内企业创新为动力，提高园区发展质量和品位，实现园区经济效益和社会效益最大化，使高新区成为区域经济社会发展的引擎或龙头。本质上，高新区发展模式的这一转型，在于实现了对园区企业初中期创业和成长的支持后，进而转向了对培育企业和产业核心竞争力的支持。

关于内生式发展的关键要素，学术界也有不同的说法。有学者认为，高新区的内生式发展，高新技术企业是主体，政府是推动的关键力量，只有各方协调一致才能形成内生式发展的动力。高新区内生式发展的核心是产业组织的创新，在实现了企业创业支持后，高新区需要进一步转向对企业成长的支持。推进内生式发展需要注意用活两个机制：一是"产学研"协作机制；二是"政府—中介—企业"协作机制。在这两个机制中，政府应从宏观角度把握产业发展方向和进度，杜绝对企业进行直接干预或资助，应借助中介组织的专业优势，有效分配政府资源，将来自政府的支持合理调配到整个产业链中。在内生式发展的具体措施上，政府首购主要针对国内企业或科研机构开发的高技术制品和首次投向市场的重点产品，这些技术产品符合国民经济发展要求和先进技术发展方向，具有较大市场潜力。[①] 也有学者认为，高新区需要依托各类高新技术产业化基地，通过公共政策引导，培育和发展创新集群。通过专业园建设、产业联盟发展、业态创新以及加强设施管理等加快创新集群的形成和发展。对于高新区未来发展，则需要进一步推进落实产学研结合与技术转移政策，在创业风险投资与科技企业孵化器政策落实中给予必要的指导。[②] 综合一些学者意见，以及我们对珠三角几个高新区的实证研究，认为高新区内生式发展的关

[①] 王德禄. 内生式发展模式推动高新区产业升级 [J]. 中关村，2012（1）：1.

[②] 曹健林. 国家高新区急需培育内生增长机制 [J]. 中国高新技术企业，2007（7）：10-11.

键，是其园区内企业及企业集群生产要素在环境要素的控制下发生相互联系、协同作用的内在运行机制的完善与成长。[①] 因此，在高新区发展中要更加注重各个企业内部和企业间的微观作用机理，注重企业与政府、中介机构，企业与大学及研发机构的协作机制，不断深化和细化园区企业的分工合作和专业化水平（见图2-8）。

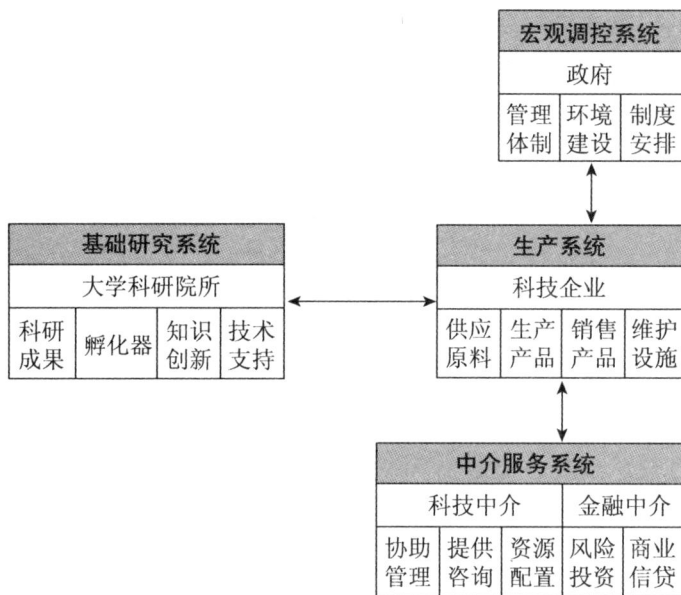

图2-8 "产学研"与"政府—中介—企业"的协作机制

为推动国内高新区的内生式发展，同时也为了应对全球性金融危机，国家提出要在今后一段时期建成"三类高新技术园区"[②]：一是实现2~3个领先园区跨入世界一流高科技园区行列，成为引领我国高新区发展的旗帜和实施国家自主创新战略的重要载体；二是建设一批自主创新能力较强

---

① 丁孝智，张朝晖，张华．珠江三角洲高新技术产业竞争力评价研究［J］．商业研究，2010（6）：48-53；丁孝智等．现代产业发展服务体系建设研究——基于国内外高新区的分析框架［M］．北京：企业管理出版社，2012.

② 陈文丰，吴卉晶．高新区发展的历史背景和演变进程［J］．中国高新区，2012（7）：1-8.

的创新型园区，使其成为区域经济增长和结构调整的重要引擎，成为引领科技创新和技术进步的重要载体；三是扶持一批具有地区特色的高新技术产业园区，使其在带动地方产业升级、调整经济结构、转变经济增长方式和培育产业集群中发挥辐射带动作用。

不难看出，中国高新区的发展，是一个渐进的、螺旋式发展的进化过程。国内曾有人将高新区发展分为 4 个阶段，对应四种类型，即要素群集、产业主导、创新突破和财富集聚。① 高新区在发展过程中相邻两个阶段和两种类型转换时需要具备特定的能力，主要表现为创新在价值形成过程中的推动作用。因此，前两个阶段和类型可以视为外延式增长过程，后两个阶段和类型则突出内涵式增长。中国高新区建设的初期目标是通过政策、资金等要素投入实现科技与产业在区域范围内的集聚与融合，并形成引领和示范效果。但国内经济发展的不均衡造成产业基础落后的地区在发展道路上存在严重的路径依赖。为实现规模经济效应，一些高新区在建设初期承担了经济开发区的功能，依靠低成本的要素投入和政策优势等进行招商引资。经济总量、产业规模、财政收入的迅速扩张，在某种程度上是高新区发展的要素群集与产业主导阶段。在实现了规模扩张之后，高新区应该回归作为高新技术产业开发区的功能，即完成由"一次创业"向"二次创业"转变，并尝试走"内生式发展"的道路。总体而言，中国大部分高新区已由要素集聚阶段发展到产业主导阶段，基本完成了"一次创业"过程，部分高新区进入以创新突破为主要特征的"二次创业"阶段，并有少部分发展较快、较好的高新区正在向以协同创新、价值链高端和财富凝聚为主要特征的内生式发展阶段过渡，这一阶段将是未来高新区发展的方向。事实上，上述三个阶段存在不同程度的交织现象，这是国内各高新区

① 周元，王维才. 我国高新区阶段发展的理论框架——兼论高新区"二次创业"的能力评价［J］. 经济地理，2003（7）：452－455；吕政，张克俊. 国家高新区阶段转换的界面障碍及破解思路［J］. 中国工业经济，2006（2）：5－12.

发展阶段的连贯性和不平衡性使然。①

二、肇庆高新区发展状况及目标要求

(一) 发展的两个阶段

肇庆高新区的发展大体经过了两个阶段：

第一个阶段是一次创业阶段 (1998—2010)。1998 年，广东省人民政府批准在肇庆设立省级高新技术园区。2001 年年底，经省政府批准迁园至大旺，占地面积 96.7 平方公里。2004 年，省政府确定高新区为广东省吸收外资重点工业园区和广东省山区吸收外资示范区。2008 年，通过竞争性运作，依托高新区建立的中山 (肇庆大旺) 产业转移工业园获得广东省首批示范性产业转移园称号。这一时期，高新区基本处于粗放式发展模式，推进园区经济发展的着力点主要以引进各类劳动密集型的制造性企业为主，产业发展目标并不清晰，产业集聚能力、创新能力较低。

第二个阶段是由一次创业向二次创业过渡阶段 (2010 年以来)。《珠江三角洲地区改革发展规划纲要 (2008—2020)》(以下简称《规划纲要》) 的发布，为肇庆高新区带来了千载难逢的发展机遇，园区良好的地缘优势和独特的资源优势迅速转化为竞争优势，为高新区实现非常规、跨越式发展提供了有利条件。2010 年 9 月，经过认真申报和论证，肇庆高新区升级为国家级高新区，成为全国 107 个、广东省 9 个国家级高新区之一。同时，还被认定为广东省第一批循环经济工业园区，获国家三部委批准同意创建国家生态工业示范园区，被授予全国模范劳动关系和谐工业园区称号，被认定为国家知识产权试点园区。与此同时，新一届市委、市政府不失时机地提出了"两区引领两化"(即"高新区引领新型工业化，新区引领新型城市化")的发展战略，按照市委、市政府的战略部署，肇庆高新区积极承担起了"引领新型工业化"的历史重任，围绕"建设现代科技工

---

① 周元，王维才. 我国高新区阶段发展的理论框架——兼论高新区"二次创业"的能力评价 [J]. 经济地理，2003 (7)：452 - 455；吕政，张克俊. 国家高新区阶段转换的界面障碍及破解思路 [J]. 中国工业经济，2006 (2)：5 - 12；王胜光，程郁，刘会武. 高新区创新中国——对 20 年国家高新区发展的总结评价及对未来发展的思考 [J]. 中国科学院院刊，2012 (6)：678 - 696.

业城、引领全市新型工业化"的核心任务，树立"发展是第一要务、项目是第一抓手"的理念，加速壮大经济规模，加快调整产业结构，不断增强辐射带动能力，以法治化、国际化的营商环境大力承接国内外高端产业转移，加快发展高新技术产业和战略性新兴产业，努力实现"引领新型工业化"的战略目标和任务。

（二）发展基础和存在的问题

1. 发展基础

（1）形成了一定的产业发展基础。经过 10 多年的建设和发展，目前肇庆高新区的产业取得了较快发展。2013 年，地区生产总值达到 179.17亿元，同比增长 21.1%；工业增加值 159.21 亿元，同比增长 23.0%；地方公共财政预算收入 9.66 亿元；实际吸收外资 3.58 亿美元，增长 5.1%；外贸出口总额 6.66 亿美元，增长 11.1%。入园企业 700 多家，已有 300 多家建成并投产。基本形成了金属新材料、先进制造业、电子信息和生物制药等四大支柱产业；由一定竞争力的产业集群开始形成，其中，有以亚铝集团为龙头，以新中亚铝业、东洋铝业、艺华不锈钢、宝信金属等企业为配套的金属新材料产业集群；以中导光电、巨大重型机械、凯龙数控、威士海库房设备、爱龙威机电等 100 多家先进装备制造企业为支撑的先进装备制造产业集群；以蓝光盘生产、硅芯光电、东松三雄等 20 多家拥有自主创新技术和自主品牌的企业为基础的电子信息产业集群；以中恒集团、大华农生物医药等企业为核心的生物医药产业集群等。

（2）具有较高的行政服务水平。就现行体制而言，肇庆高新区基本上属于政府主导型的行政运作体制，这种运作模式与国内一些发展水平较高的高新区相比，存在一定局限性，但就实际运行情况来看，其效率仍然是较高的。就涉及行政运作效率的 12 个评价指标来看，整体评价结果表明受访企业对高新区现行的行政运作服务体系持基本肯定意见，说明现有行政运作服务体系能够基本满足企业在园区的生产和运营需求。特别是在园区管理机构的行政办事效率、审批环节简洁程度、政府部门服务效率等指标上得分均较理想，说明受访企业对管理机构在上述指标上的表现较为认可。由于历史的原因，肇庆高新区现行行政管理架构并不是一个完善的县域或市域行政管理架构，机构和人员比一般的行政机关精简，这对于一个具有较多数量人口和外来移民的国家级高新技术园区来说，虽然增加了管理的难度，但却降低了行政管理成本，提高了行政管理效率，也有利于推动园区的快速发展。目前，肇庆高新区已经设立了"一站式"行政服务中心，行政审批事项实现"一个窗口"受理和"双章制"办结，并积极推行网上审批业务。设立了融资服务中心、技术创新服务中心、信用担保公司和归国留学人员创业园，为外来投资者创业发展提供良好的支持。

（3）有利于推进产业发展的政策保障体系较为完善。出于加快发展的要求，近年高新区相继出台了一系列有关提高服务水平，推进高新区产业发展的政策和措施。这些政策措施几乎涵盖了目前产业发展服务体系的各个方面，包括高新区行政运作和体制改革、产业发展保障体系建设、园区基础设施建设和规划、投融资服务、商务服务、科技服务，以及项目准入和招商引资条件、如何利用资本市场环境、税收奖励和税收优惠、教育培训和人才战略、创业服务和企业技术创新、土地集约利用和治安环境等。一个有利于高新区产业发展和转型升级的政策体系正在形成和完善。

（4）园区基础设施及相应的服务体系较为齐全。基础设施是高新区招商引资和进行产业升级的重要条件。近年，肇庆高新区管委会在对园区进行全新规划基础上，加大了基础设施建设和改造力度，使园区基础设施条件有了很大改善。按照"现代工业新城"定位实施的规划为建设一个环境优美、设施先进，有吸引力的高新技术园区奠定了坚实的基础。通过国际招投标编制了《总体规划》《产业发展规划》等，确立了中心服务区、金属新材料产业区、先进装备制造产业区、电子信息产业区、生物医药产业区、物流及综合保税区、产学研配套区等"一中心六区域"的总体空间布局；投入近100亿元，高标准推进以交通、水利、电力、燃气、环保、通信等为重点的基础设施建设，建成了总里程近400公里的"七纵七横"主干路网和创业服务中心、科技企业孵化基地。包括各种供水、供电、供气系统、基础教育系统、信息网络系统和蓝领公寓基本建成并投入使用。一些必要的公共服务设施，如五星级酒店、现代化大医院、公共体育馆、博物馆、图书馆、文化艺术中心等正在建设之中。特别是园区还建立了在线监控网络系统，对园区内的污染源进行跟踪监测，有效保证园区生态环境的良好状态。现在高新区空气环境质量达到优良等级，全年空气污染指数小于100，饮用水源保护地水质常年保持国家Ⅱ类水标准，是省内众多开发区中为数不多的生态环境保护最好的工业园区之一。

通过建设和发展，目前园区初步形成了较为完善的服务体系。表现在：

第一，服务平台建设成效显著。政府开展的商务服务项目有：建立"肇庆高新区中小企业网"，把相关政策法规、融资担保、技术创新、企业管理、人才培训、法律咨询、经贸信息及时在网上公布，为企业获取相关信息提供平台；筹建创业服务中心，为科技创新和企业孵化服务；高起点规划、高标准建设以大旺珠江物流园为重点的港口物流区，开展国际贸易、出口加工、保税仓储以及与上述主体功能密切相关的运输、包装、整理、货运代理等业务；为投资者提供进出口、运输、会计、律师、保险、税务、人力资源、技术交易等一整套中介服务；成立行业联谊会、台商协会、厂商协会，初步构建政府与企业沟通的平台；成立中小企业服务中心，加强对中小企业的服务工作。园区出台了一系列与融资体系建设有关的制度，积极构建全区金融服务体系，强化对园区的金融服务；通过举办多种融资洽谈会、融资辅导会等创新融资方式；鼓励扶持发展中小企业信用担保机构，加快推进园区信用担保体系建设；制定相关政策，积极引导支持企业融资；设立专项扶持基金，发挥融资杠杆作用；加大财政性科技投入，调动园区企业自主创新积极性。科技服务平台建设方面开展的工作主要有：施工建设高新区技术创业服务中心；积极引进创业型（技术服务）机构，发展高新区信息服务体系；与清华大学合作建设科技机构；帮助企业申报国家科技创新专利等。

第二，服务文化体系建设进展迅速。按照国际化、花园式、生态型工业园区的要求，规划了园区文化建设整体进程，并提出以环境立区、环境兴区、环境旺区的园区文化理念；树立了"青山碧水镶翡翠，绿网蓝脉映明珠"的高新技术园区形象。此外，还建成了一批公共文化服务设施。

第三，园区服务水平不断提高。园区倡导"企业有困难，我们马上办"的服务理念，把项目促建摆在与招商引资同等重要的位置，加强与企业联系，建立跟踪服务制度。提出以优化"五个环境"（即优化政策、政务、法制、市场舆论环境）为突破口，创造民营经济和高新技术产业大发展的有力环境，加大干部队伍建设力度，提高干部素质，改进机关作风，提升服务水准，努力打造一流政务环境。目前，一种主动为园区产业发展服务的氛围正在逐步形成。

（5）培育和形成了能够鼓励创新创业的园区人文环境。一是相继出台《肇庆高新区关于增强自主创新能力的实施意见》、《肇庆高新区发展高新技术产业扶持办法》等科技创新扶持政策，设立总额过亿元的科技发展基金，鼓励和支持自主创新企业在区内发展；完成"数字化高新区"一期工程建设，建成政府信息网、中小企业服务网、人才服务网，及时为企业发展提供各种信息。二是确立企业的技术创新主体地位，依托企业加快建设国家和省级工程中心、技术中心、博士后工作站、院士工作站，组织科技含量高、技术关联度强、发展前景好的项目申报国家和省科技计划，鼓励企业通过引进消化吸收国内外先进技术和装备实现再创新，着力提升企业自主创新和技术改造能力。三是完善创业服务中心和科技企业孵化基地建设，努力把创业服务中心打造成投融资服务平台、技术研发平台和知识产权中介服务平台，争创国家级创业服务中心，推动高新技术产业发展壮大。四是加强产学研合作，鼓励高校、科研院所到园区建设或联合创办各种形式的研发机构和成果转化基地，与省科技厅共建省部产学研产业化基地，与清华大学共建科技成果转化基地，与华南农业大学共建生物医药基地，着力构筑以企业为主体的政产学研联盟。五是大力实施"人才强区"战略，以项目和研发机构为载体，重点引进研发型、创业型领军人才和团队，引进真正拥有自主知识产权和核心技术的留学归国人员，加快构筑区域性科技人才高地，培育和提升自主创新的持久竞争优势。

2. 存在的主要问题

（1）体制机制约束仍然存在。高新区在管理体制和机构设置上与一般行政区和一级政府基本相同，属于"行政主导型"的管理体制，一系列重大事项必须经由党委和管委会共同讨论批准方可实施。这种模式在高新区发展初期具有一定合理性和优越性，但随着高新区的进一步发展，则必然出现经营和服务职能界定不清、行政运作程序复杂、经营机制不够灵活，运作效率和资源配置能力较低的现象。此外，这种模式受上级管理部门干预过多，容易导致人浮于事，办事拖拉，行政成本过高。国内高新区较多采用的管理模式是公司经营、企业化运作、市场化配置资源，园区经营管理比较独立，运作成本较低，效率较高。

（2）产业转型升级难度较大。在肇庆高新区工业企业中，传统型的高能耗产业所占比重较大，如占全区产值近半壁江山的铝压延加工业就是属于高能耗行业，年耗电力、柴油等能源量占全区总能源量的60%～70%，造成很大的节能降耗压力。同时，肇庆高新区高新技术企业较少，四大主导产业中电子信息和生物医药制造产业所占比重较小，基础仍较薄弱，未能形成明显的产业链效益，短期内难以实现质的突破，面临较大的转方式、调整结构压力。推进数年的产业"双转移"在为当地发展带来机遇的同时，也带来一系列问题。在目前工业用地指标较为紧张的情况下，为了腾出更大的空间引进高科技项目，不得不将这批企业尽快转移出去，但由此带来另一个问题，如果低端企业一旦被大规模淘汰出去，园区的主要工业经济指标增速将受到较大影响，由此在一段时间内可能带来税收和财政压力，影响进一步发展后劲。

（3）资源约束的瓶颈效应日趋加重。一是用地难。随着一大批新型工业企业进驻肇庆高新区，目前用地指标远不能满足高新区快速发展的需要。二是融资难。特别是中小企业普遍反映融资难、贷款难，严重制约区内企业做大做强，也对全区经济发展产生一定的影响。三是用电难。虽然在2012年对鼎湖布基输变电工程220千伏之四端线单回路改为双回路工作完工后，高新区用电难问题暂时得到缓解，但总体上园区仍面临较大的节能降耗压力，用电难问题仍没有从根本上解决。四是人才招聘难。随着高新区转型升级步伐的加快，高素质的企业人才成为稀缺资源。全国各高新区纷纷通过各种措施吸引各类高素质人才和创新型人才，自然对肇庆高新区的人才队伍建设带来了较大的压力。

（4）产业服务的社会化程度有待提高。一是公共服务设施偏少。园区虽然已经建起了一些医院、学校和商场超市，但无论从数量和质量上看，与园区快速发展和转型升级的要求仍然有较大差距。二是生产性服务体系不够健全。集中表现在适应园区高速发展的投融资体系尚未建立起来，企业融资普遍存在困难；商务服务设施不齐，水平不高，层次偏低，数量不多，企业不满情绪较高，尤其是区内物流服务、会展服务和中介机构数量少，规模小，信誉度低，服务范围有限，服务层次较低；科技服务是高新技术园区竞争实力的体现，但高新区在这方面的建设尚处于起步阶段，除已建成的几家市级工程技术研发中心和企业服务中心外，园区内尚没有形成真正发挥作用的生产力促进中心、技术研发中心和创业服务中心（科技企业孵化器），也没有真正意义上的大学创业园和风险投资公司，企业的技术孵化器功能几乎处于空白。

（5）大项目拉动作用尚不明显。近年园区虽然引进一些大项目，但由于种种原因，还未能发挥明显的经济效益。如科伦包装项目已于 2011 年 4 月试产，但至今仍未能正式投产；玛西尔电动科技公司 2011 年 7 月份已试产，到目前则还未真正发挥效益。还有些大项目虽然已经投产，但预计在短期内并不能真正发挥引领全市工业化的效应。

（6）主导产业积聚效应不够显著。在肇庆高新区，真正意义上的科技型企业数量有限，除大华农生物科技有限公司、韩国 SK 集团和美国 LP 公司等几家企业外，绝大多数都是一般性的制造业或加工企业。按照"肇庆高新技术开发区产业发展规划（2008—2020）"，未来几年重点发展金属材料、汽车零配件、先进装备制造、电子信息、生物医药、港口物流和现代服务业等六大产业，力求使这些产业尽快壮大成为高新区的主导产业。事实上，这六大产业虽然在园区有一定规模，但仍然没有形成明显的集群优势，有些甚至尚未形成规模。

（7）人才瓶颈制约园区实现快速健康发展。高新区虽然于 2005 年就成立了专门的人才服务机构和培训服务机构，也建立了高新区人才网，定期或不定期地举办各类人才招聘会，但从高新区发展需要看，仍然存在着严重的人才短缺问题，尤其是高素质的创新创业类人才比较缺乏。据调研数据显示，有 44.7% 和 47.5% 的企业连普通工人和技术工人都不能满足需要，有 30.5% 的公司管理人员和科技人员严重短缺。许多企业表示，人才资源缺乏已经成为制约企业发展的重要因素。高新区管委会和社会机构已经在这方面做了较多工作，但仍有 78% 的企业表示对政府和社会已经提供的招聘服务不太满意。

（8）园区创新文化仍然有待培育和加强。国家级高新区的竞争优势必须要体现在园区有一种浓郁的创业文化，并通过制度建设、体制机制保障和各种配套措施加以实施和融化于园区的日常管理和运行中，并逐渐转化为一种园区文化理念。但从目前情况看，肇庆高新区尚未形成这种氛围。所以，在我们组织的调研中，有许多受访者认为，目前肇庆高新区还没有明确的经营模式、经营宗旨、经营理念，文化建设的具体做法也缺乏总体策划。还有些受访者认为目前园区价值文化缺乏内涵及整体认同，形象文化模糊且缺乏个性特征，展示文化形式简单与传播受限，公共文化服务提供不足，尤其是创新文化尚未形成。

（三）发展要求和目标转换

按照"引领新型工业化"的战略目标，肇庆高新区必须尽快满足以下发展要求：

1. 努力成为带动全市科技创新的引擎

要充分发挥科技作为第一生产力的作用，促进科技成果更好地转化为现实生产力，提高产品的质量和竞争力。狠抓科技创新体系建设，将高新区规划建设成为肇庆促进科技进步和增强自主创新能力的主要载体，成为带动全市工业经济转型升级的强大引擎。通过组建若干个省级以上工程中心（企业技术中心、重点实验室）、企业院士工作站或博士后科研流动站（工作站）、建成公共技术服务平台，建成技术转移与成果转化中心、科技创新投融资平台等，形成完整的企业孵化器—加速器—专业产业园的科技型企业培育成长体系，创建国家知识产权试点园区。

2. 努力成为具备创新创业环境和氛围的乐园

营造良好的创新创业环境是实施高新区引领新型工业化的重要条件，必须充分发挥政府在全面优化创新创业支撑环境的组织引导作用，努力建成优质的产学研资源整合平台，在全国乃至全球范围内最大限度整合优质创新资源。大力强化投融资平台建设，建立高新区企业与国际国内资本接轨的渠道，尤其是增强中小科技企业的融资能力，激发风险资本、金融资本、民间资本投资高科技企业的积极性，建立以政府投入为引导，企业和社会投入为主体的市场化新型科技投融资体制；建设一流的创新型人才服务环境，采取更为灵活的政策措施，保护好、发挥好科技人才创业的积极性，努力形成有利于优秀科技人才脱颖而出的环境；加强知识产权保护，加大执法力度，打造区域知识产权保护的品牌；实施专利和标准战略，增加高新技术企业专利补贴，鼓励原始性发明专利，重点支持有望形成国家新兴主导产业技术标准的项目，打造高新区高水平的创新创业环境。

3. 努力成为全市新型工业化发展的龙头

要实现经济增长方式从粗放型向集约型转变，从主要依靠增加投入、铺新摊子、追求数量，转到以经济效益为中心的轨道上来，通过技术进步、加强科学管理、降低成本，提高劳动生产率。通过实施"一十百"产业工程，做大做强金属新材料、装备制造、电子信息、生物医药四大主导产业；加快推进蓝光盘生产、奥瑞金、风华磁材、华云铝业等项目动工建设；力促中恒生物医药、国电热电联产、南达电器等项目建成投产；支持大华农生物制药、中导光电等项目成为知名高新技术企业。努力增加工业经济总量，力争在"十二五"期末，园区工业总产值超过1500亿元，每个主导产业拥有1个投资额超100亿元的旗舰型项目、100个投资额超1亿元的创新型项目，四大主导产业基本成型；建成至少1个以上省级战略性新兴产业基地。

4. 努力成为人才资源开展创新创业的基地

实施人才强区战略，创新人才引进和使用机制，完善人才引进和使用优惠政策，着力引进领军人才、创新创业团队和中高级专业技术人才。通过特殊政策，引进若干个高端创新创业团队；通过各种形式分享两院院士、国务院特殊津贴专家、"千人计划"入选者等领军人才的智力资源及其成果；鼓励企事业单位发挥人才资源优势，提高科技创新能力。

5. 努力成为经济社会可持续发展的示范性园区

充分考虑肇庆人均资源相对短缺的实际，走低碳、生态的可持续发展之路，坚持资源开发和节约并举，把节约放在首位，努力提高资源利用效率，积极推进资源利用方式从粗放向节约的转变，转变生产方式和消费方式。要高度重视生态环境问题，注重从源头上防止环境污染和生态破坏，避免走先污染后治理的老路。将环境保护放在首要位置，围绕打造现代生态型宜居美丽城市目标，明确区域功能布局，城乡协调发展，加快转变发展方式，大力发展循环经济，加强环保基础建设，强化体制机制保障，严格"双转移"产业准入门槛，环保倒逼产业升级，走出一条具有符合新型工业化发展要求的生态文明建设之路。为此，肇庆高新区有必要实现六大目标转换，以实现从外延式发展向内生式发展转变。[①]

第一，从自我实践、又好又快向创新示范、战略引领转换。肇庆高新区作为全市高新技术产业的重要载体，在创新型城市建设中承担着重要角色，有必要借鉴和学习诸如北京中关村、上海张江工业园等国内先进高新区的经验，尽快实现由自我实践、又好又快向创新示范、战略引领的转变。

第二，从引进吸收、园区制造向原始创新、园区创造转换。原始创新是源头创新，是后续创新的基础和源泉，是具有基础性或关键性的技术发明。它具有技术突破的内生性、技术与市场的率先性，以及知识与能力支持的内生性等特点，主要表现为产品或工艺的根本性创新。园区创造则是在一些重点领域、关键技术和特色项目上形成园区企业的技术领先优势。肇庆高新区要努力创造条件实现原始创新和远去创造，充分利用区域内外高等院校和科研机构为园区企业提供原创性的知识和技术供给，鼓励企业开展原创性研究和开发，地方政府和园区管委会在宏观层面对原始创新系统给以指引，鼓励中介组织为原始创新和园区创造系统和社会多元化投入系统提供高效的服务。

第三，从政府引导、集约发展向协同创新、创新网络转换。我国传统的高新区竞争力提升主要通过政府政策扶持，为企业提供良好的税收、土地、能源等方面优惠政策，吸引更多企业入驻，形成粗放式的集约发展。有学者通过对高新区竞争力来源的理论分析，认为通过政策扶植而催生的企业成本优势，进而形成的企业产品价格优势是短期的、暂时的，而在此基础上建立起来的高新区竞争优势当然也是脆弱的，难以经得住更优惠的同类政策的冲击，其竞争力难以保持动态的持久性。[②]而创新集群是一种多主体协同创新的网络组织，在创新网络内各行为主体通过正式或非正式的交往，形成了以创新为目的的竞合关系。因而，要提升肇庆高新区产业

---

① 参见丁孝智，林柳琳，张华. 国内高新区内生式发展的目标转换［J］. 浙江师范大学学报（社会科学版），2013（5）：63－71.

② 钱冈. 基于集群式发展观与动态能力观的高新区竞争力研究［D］. 上海交通大学博士学位论文，2007.

叶文忠. 基于集群式创新优势的区域国际竞争力研究［D］. 湖南大学博士学位论文，2007.

集群的创新能力，必须完善以市场为导向，政府为推动，企业为主体，科研机构为重点，各种中介机构为补充的产业联盟，紧紧围绕自主创新核心开展协同创新，发挥各方力量的协同效能，搭建企业与中介机构之间的合作桥梁，发挥地方政府、大学、科研机构及企业等四方的协同作用，建立以"市场为导向，企业为主体，政府搭平台"的创新型科技园区推进机制，为高新技术产业的发展提供源源不断的动力，激活与整合区域内各种创新资源，最终形成一种网络化的创新产业联盟。在这种网络组织中，各行为主体通过正式或非正式合约的安排，建立直接或间接的互动关系，共同参与创新成果的研发、扩散、生产、销售过程，最终形成强大的网络综合创新能力。

第四，从要素集中、企业集聚向国际竞争、创新型集群转换。自高新区进入"二次创业"以来，自主创新被提到了一个新的高度。无论是政府还是学术界，都认为高新区应当实现由要素驱动向创新驱动的转变。因而，要实现肇庆高新区的内生式发展，推进其进入区域创新阶段，必须推进企业走创新型集群发展之路，改变简单的企业"扎堆"集聚状况，加速形成以企业间分工协作为基础，具有内在关联性，能够产生知识溢出效应的企业和相应机构在地理空间上有机结合的创新群落，以形成企业联动，区域协同，形成高新区的竞争优势。① 诸如北京中关村等先进高新区已经出现一些具有国际竞争优势的创新型集群，必将成为未来肇庆高新区发展的主流态势。

第五，从产业价值链中低端向新兴产业价值链高端转换。有学者指出，我国产业链长期被压制在价值链中低端，是产业集群升级双重背离的重要影响因素，是阻碍区域创新和实现高新区内生式发展的重要障碍。② 如果我国高新技术产业价值链、创新链被发达国家和跨国公司锁定的程度越高，则今后"解锁"的难度就会越来越大，主动性、自主性就会逐渐丧

---

① 刘友金．硅谷技术创新集群演进及其阶段性特征研究［J］．经济社会体制比较（双月刊），2006（3）：83－86．

② 陈明森，陈爱贞．地方产业集群升级双重背离及其影响因素分析——以海峡西岸经济区产业群升级为例［J］．东南学术，2009（1）：121－132．

失。因而，由"产业价值链中低端"向"新兴产业价值链高端"转移，是实现自主创新与高新区内生式发展的必由之路。① 肇庆高新区要实现这一目标，关键是重组产业价值模块，培育新业态，发展总部经济（至少是区域性总部经济），发展知识密集型服务业，开发核心技术，重视知识产权和技术标准，加快低端高能耗产业退出步伐，推进肇庆高新区迅速参与到全国，乃至全球价值模块的设计者和关键市场价值环节真正的掌控者行列。

第六，从传统工业化、科技工业园向新型工业化、和谐技术城转换。内生式发展的本质是根植性，其发展重点必须转入文化软环境建设为主。通过园区和谐文化建设，使区域创新系统产生自适应、自调节功能，形成较强的根植性和开放性。有人参照日本经验对技术城给出一个概念：技术城是一种以高技术为发展支柱，在一定范围的土地上平衡发展产（尖端高科技产业）、学（研究机构）、住（居住区）而形成的新型城市化模式。② 技术城与其他的高科技园最大的差异就在于，它不单纯以追求高技术企业和研究机构的集中为目的，而是追求在未来社会中高技术机构与根植于高技术文化和谐发展的状态，这是一种理想的城市发展模式。由此，我们认为，肇庆高新区要实现内生式发展，必须彻底摆脱传统工业化、科技工业园模式，努力构建与"引领新型工业化"发展相适应的"和谐科技城"，以"和谐科技城"实现引领新型工业化的重任。

---

① 张克俊. 国家高新区提高自主创新能力建设创新型园区研究——基于C—I—H耦合互动框架［D］. 西南财经大学博士学位论文，2010.

② 沙新华. 高新技术产业园区可持续发展研究［D］. 天津大学博士学位论文，2007.

第三章
高新区引领新型工业化的产业发展战略

一、高新区引领新型工业化的背景与选择

中国的改革开放取得了显著的成绩，经济总量与经济增长速度举世瞩目，产业结构的调整与经济体制的转型为中国的现代化建设提供了丰富的社会准备，也为国计民生等一系列经济与社会问题的解决积累了必要的物质基础。然而，随着经济的快速发展所暴露出的一系列经济与社会问题也引起了政府及学术界的深刻反思。国家竞争力的培养、全球化产业分工的价值定位、产品附加值的提升、生态环境的保护、资源的大量消耗等现实问题，使中国政府与学术界重新思考经济发展的本质是什么，或者中国特色的社会主义市场经济的核心竞争力是什么。一方面，正如大多数经济学家的观点，经济发展在于资本、劳动力、技术等诸多要素的投入；另一方面，经济制度在经济发展中起到了不可替代的作用。中国的改革开放沿袭着上述思路取得了30多年的快速发展，然而，两个基本问题困扰并将影响着中国特色的产业竞争力的形成，一是生产要素投入的报酬递减的问题，大量的要素投入有利于形成规模经济，但面临全球的产业分工，低层次的要素投入容易形成产业价值链低端锁定的风险；二是稀缺资源所导致的发展瓶颈问题，技术、品牌、专业人才等日益影响着产品与服务的竞争力，而这些资源在以外延式发展为主的经济环境下将变得更加稀缺，粗犷式的经济发展所获得的有限的产业附加值不利于核心竞争力的形成。

20世纪50年代以来，世界各国结合自身条件在经济发展方式上进行了积极尝试，努力寻求实现工业化和现代化的路径，其发展模式主要分为三类：一是如海湾国家，依靠自然资源的禀赋优势增加国民财富，但不可再生资源的日益枯竭及地缘政治的影响，使这些国家未来不得不面对经济

转型的压力。二是如东南亚及拉丁美洲国家，在全球化产业分工中依靠发达国家的资本、市场和技术优势，形成发达国家的产业加工与制造基地，但在经历经济的快速发展后所迈入的"中等收入陷阱"形成了上述国家的发展"阵痛"，而且产业结构的低端化，既失去了产品与服务的定价权，也极易受到全球经济环境的影响。在某种程度上，中国的经济发展与其具有很大的相似性，是值得警惕的"前车之鉴"。三是如北美及欧盟等地区的发达国家，经历了完整的工业化发展历程，特别是 1995 年之后，发达国家纷纷踏上知识经济的发展道路，即"后工业化时代"，实现了工业化向新经济的转型。其经济发展特色是将科技创新定位到国家战略高度，大幅度提高科技创新能力，形成日益强大的国家竞争优势和国际话语权，国际上将这一类国家称为"创新型国家"。从经济发展的效率及质量上考虑，比较上述三种模式，并吸收和借鉴发达国家的经验，将对解决中国经济发展所面临的现实问题提供重要的参照。

建设中国特色的市场经济体制，形成国家竞争优势一直是中国政府为之努力的目标。相对西方发达国家 200 多年完整而系统的工业化"训练"，以及回顾近代中国经济与社会的发展路径，工业化无疑是一种实现经济快速发展的必然选择。从发达国家的经验来看，各类高新技术产业开发区已成为发展工业化、产业集聚、技术创新的主要载体。高新区既是科技创新的高地，也是高新技术产业集群的聚集地，产业集群化发展是国家或地区实现可持续发展、提升高新技术产业竞争力的重要途径。尽管世界各国高新区的发展过程不尽相同，然而成为世界知名的高新区却有着相似的成功路径，即依靠科技进步，不断改善经济增长质量、提高经济效益，推进国家（地区）产业结构的优化升级。继党的十六大后相继提出发展"新型工业化"道路①和建设"创新型国家"战略②后，中国高新区的产业发展迎来了一次新的探索；一方面表现为高效的空间集约利用模式；另一方面表

---

① 江泽民. 全面建设小康社会，开创中国特色社会主义事业新局面——在中国共产党第十六次全国代表大会上的报告 [M]. 北京：人民出版社，2002.

② 国务院. 国家中长期科学和技术发展规划纲要（2006—2020 年）[EB/OL]. http：//news. xinhuanet. com/politics/2006－02/09/content_4156347. htm

现为创新驱动的内生增长模式，即"二次创业"。

长期以来，实现经济发展方式转变一直是中国面临的难题，而高新区通过集约式发展和加强创新能力建设，正在引领中国走向创新驱动发展的道路，可视为实现新型工业化的一种捷径。因此，探讨高新区产业战略的特征模式，借鉴国内外知名高新区的产业战略特色，对中国高新区的非常规、跨越式发展将具有十分重要的现实意义。

二、影响高新区产业发展战略的关键要素

随着世界科技、经济的快速发展，高新技术产业已成为形成国家竞争力的核心要素和经济发展的支柱，也是一个国家综合国力的标志。自1951年美国斯坦福研究园建立并发展为"硅谷"以后，许多国家和地区纷纷效仿，在条件适宜、智力密集的地区开辟高新区，从而发展本国、本地区的高技术及其产业。从世界范围看，高新区作为一种有效促进产学研结合、发展高新技术产业的载体，已成为经济结构高级化进程中的普遍现象。尽管世界各国的高新区在产业发展周期、产业结构、发展模式等方面存在差异，但发展成熟的高新区均具有明显的产业特色，其产业发展战略的探索与形成过程中，主导产业的选择、产业集群的建设、功能定位与发展模式的确定等，都成为其形成产业发展战略的关键要素。

（一）主导产业选择

主导产业是指发展速度快，能迅速引入技术创新，对一定阶段的技术进步和产业结构转型升级具有重大的、关键性的导向作用和推动作用，对经济增长具有很强的带动性和扩散性的产业。[①] 高新区建设初衷即是通过高新技术产业的引领和示范作用，提升国家或地区的产业竞争力。因此，主导产业的选择对高新区的发展尤为重要。主导产业的培育和发展通常被看作是产业结构升级和实现经济飞跃的关键而得到普遍重视，典型的理论分析范式包括罗斯托的"主导部门理论"、筱原三代的"平动态比较费用

---

① 丁凯，鲁亚运，原峰．区域主导产业选择理论研究综述 ［J］．当代经济，2014（4）：134－136.

论"、艾伯特·赫希曼的"基准理论"以及"比较优势基准"等。① 就其产生的基础与本质而言，主导产业的形成既可以是政府有意的行政干预与政策安排，也可以是市场经济自发形成的经济调节机制，两者的主要区别取决于地区的市场经济调节方式及资源约束状况。

1. 市场机制的自我调节

以"硅谷"为例，其主导产业的发展经历了两个阶段，即 20 世纪 50～70 年代形成的以晶体管、半导体产业，以及 20 世纪 70 年代至今形成的网络及电子信息产业。②"硅谷"的主导产业形成具有明显的市场经济自我调节特征，之所以能够在半个世纪的时间内成功地在每一次技术变革的潮流中引领世界技术创新的前沿，重要的原因是当地集中了如斯坦福大学、加州大学伯克利分校等世界一流的大学及研究结构，以及拥有英特尔、惠普、苹果等高新技术公司，形成了紧密的产学研区域创新网络。通过区域内大学及科研机构与公司的深度合作，即保证了科学研究的前沿性，同时使研究成果顺利地实现产业化，形成技术与市场的双赢。

二战后，随着美国高等教育的蓬勃发展，"硅谷"在创办初期的产业战略实施依靠三项措施：①成立斯坦福研究院，鼓励大学教师创办企业或去企业兼职；②举办荣誉合作项目，向企业开放课堂，允许当地公司工程师、企业管理人员在不离开企业的情况下到斯坦福大学进修；③建立斯坦福工业园区，吸引大批拥有核心竞争力的公司和众多优秀人才前来施展才华。硅谷在完成初期的资本积累以后，由于其持续的创新能力与经济的快速发展，引起了大量技术企业的快速集聚，许多国际上知名的大企业如 IBM、甲骨文等，纷纷在此将工程、智力资本投入到硅谷。

20 世纪 70 年代末，"硅谷"在经历了一个长期的高速增长后，晶体管、半导体产业在日本和欧洲产品的竞争下市场份额萎缩使其进入了危机时期。但"硅谷"却迅速从半导体存储器的经济衰退中恢复过来，率先进

---

① 李新，王敏晰. 区域主导产业选择理论研究述评［J］. 工业技术经济，2007（7）：9－11.

② 刘友金. 硅谷技术创新集群演进及其阶段性特征研究［J］. 经济社会体制比较，2006（3）：83－87.

入网络经济时代。正是思科、网景、雅虎等一批"硅谷"的计算机网络的硬件和软件公司引领了世界高新技术产业发展潮流，使"硅谷"很快又成为世界高新技术和信息技术产业的中心。这一阶段产业创新战略的基本特征是：①技术创新集群各方面的功能已发育完善，配套的功能齐全，企业创新倾向更加突出；②企业之间的横向与纵向协作关系不断地建立和完善，创新网络更加完善，产业链条更加发达，整个技术创新集群发育成了一个网络型的价值链群；③企业进入和企业衍生的速度减缓，经济内在联系更加高度互动。

尽管凯恩斯主义强调政府对宏观经济的干预作用，但大部分美国经济学家仍认为，在产业的形成与发展中，应由市场机制发挥充分的自我调节作用。① 市场竞争和供求关系足以促进具有竞争能力的产业的发展，产业结构的协调可以通过市场机制来实现，因而没有必要制定产业规划和选择某些产业加以扶持。以"硅谷"为例，其主导产业的形成实质上是一种市场经济的资源配置过程，产业基础来自大学及科研机构的专业优势，研究成果满足了企业的市场化需求，最终形成共赢博弈。即使在发展初期，市场机制未能起作用的某些新兴的高技术产业，政府也没有必要去强烈支持其发展。因为如果这些产业真正能为其他产业带来好处，那么其他产业也必须为此支付费用，这就会给高技术产业带来利润，使其得到发展。因此，政府在选择优先发展或有前途的产业方面的能力是有限的，市场的力量和选择更具权威性。在选择投资领域方面，企业家具有更高的技能，市场的优势在于，无须人为地强制寻找最佳产业以及最佳产业发展道路，而采用创造一种产业自我调整基本经济环境的办法，或者是根据经济自然发展过程中出现的问题采用相应的补救措施，正是因为这些特性使得"硅谷"的主导产业的发展成为一种市场机制的自我调节的结果。②

---

① 张维迎. 企业的企业家——契约理论［M］. 上海：上海人民出版社、上海三联书店，1995.

② 何诚颖. 美、英、日三国主导产业选择比较研究［J］. 学术研究，1996（5）：40 - 43.

2. 政府主导的产业选择

在某些市场调节机制尚不完善的国家或地区，主导产业选择往往是一种政府"干预"的结果。政府基于区域经济发展的战略需要，根据本地区的经济资源禀赋和经济发展水平，运用政策手段引导资源在产业间的配置，并最终形成具有竞争优势的产业。高新区最基本的功能是发展高新技术产业，这使它区别于一般的经济区域或城市化地区，具有很高的集聚功能、融合功能、扩散功能、辐射功能、创新功能、培育示范功能等。选择并培育区域主导产业，长期以来也是中国区域经济发展和产业结构调整的主要内容之一。在世界高新区的发展历史中，始建于1968年的日本筑波科学城具有明显的政府主导"痕迹"，并堪称世界知名高新区的典范。

筑波科学城完全由日本中央政府资助，以基础科研为主，属于国家级研究中心。其产业战略的目标是以科技创新推动产业发展，形成日本国家级科研和教育基地。日本政府将其定位为信息、研究、交流的核心功能，顺畅地连通科学研究、技术创新、成果转化、商业化生产之间的纽带，使其与产业与城市发展建立更密切的联系。

与"硅谷"不同，筑波科学城是由政府规划和建设而成的计划城市，其资金由政府承担。而硅谷则主要是通过风险投资创业而形成的，并创造了完全市场化的金融系统，被认为是政府规划痕迹最少的高科技园区，但政府在国防部的订单、政府的委托研究、扩展用地、公共投资的投入等方面也发挥了重要的扶持作用。在组织管理上，筑波有政府的行政管理，权力比较集中，而硅谷在组织管理上，政府的介入则没有如此严密。筑波的城市建设重点在于基础研究，其技术成果主要来自国立研究和教育机构，而硅谷则一开始就以高新技术和新产业为目标，注重应用技术的创新和培养下一批企业家。

20世纪90年代初，日本政府将筑波科学城20多年来的发展成效与几乎同一时期迅速发展起来的美国硅谷，乃至中国台湾新竹等科学园进行了对比，发现了科学城在诸多方面的运行效果并不理想，从而制定了新筑波计划，推动科学城的腾飞。新的产业战略从科研投入、资金支出、政府职能、基础设施、机构人员、法律政策、城市规划等七个层面入手，使得科学城的各项资源得以逐步优化。

总之，推动高新技术园区发展的原始动力包括市场和政府两种力量，市场自发形成的具有强大的自组织力量，可以实现自我调整，政府仅居于次要地位。以政府为核心形成的高新区最初的创新主体一般都是国家或地方的科研机构，从运行效果来看，因缺少自组织力量，即便能够达到定位初衷，也未必能够将科研成果切实转换为生产力。这时政府必须更加注重民间创新主体的引入，更加注重科研成果的市场化转换问题。所以，政府必须根据发展阶段和条件的改变，对高新区的发展定位适时作出调整，以促进园区自主发展力量的形成。①

（二）产业集群建设

1. 产业集群与高新区

产业集群是指在某一特定区域下的一个特别领域，存在着一群相互关联的公司、供应商，关联产业和专门化的制度和协会。② 产业集群不仅降低交易成本、提高效率，而且改进激励方式，创造出信息、专业化制度、声誉等集体财富。更重要的是，集群能够改善创新的条件，加速生产率的成长，也更有利于新企业的形成。相对于单个企业，产业集群具有较强的整体优势，因此产业集群的出现是各国产业发展过程中的普遍现象。发达国家的一些具有国际竞争优势的产业都是以集群的形式出现的，例如，美国的汽车制造业、瑞士的钟表业、法国的葡萄酒产业、意大利的时装、家具等产业集群，德国的化工、机械制造等产业集群，日本的家电及电子信息产业集群等，可见产业集群是构成发达国家产业竞争力的核心要素。

基于保罗·克鲁格曼的循环因果积累理论，产业集群效应分为经济效应和社会效应。从经济学角度看，为了节约运输和能源成本，共同利用地方配套基础设施和组合资源优势，企业就会形成地理上的"扎堆"现象，

---

① 白雪洁，庞瑞芝，王迎军. 论日本筑波科学城的再创发展对我国高新区的启示［J］. 中国科技论坛，2008（9）：135－139.

② （美）迈克尔·波特. 国家竞争优势［M］. 李明轩，邱如美译. 北京：华夏出版社，2002.

谋取获得外部经济效应、上下游产业的联系。由于认识的限制和互补品的需求，企业在地理上相邻及面对面的接触，促进信息和知识快速传播，降低搜索信息成本和交易成本，形成集体学习与合作的氛围并共同承担风险。企业之间在集聚过程中加强了合作与交流，从而产生群体效应。从区域经济学角度讲，产业集群的社会效应有两个方面：一是有利于形成区域核心竞争力，形成的特色产业集群使园区具有独一无二的优势；二是产生乘数效应，竞争优势使企业迁入率大于迁出率，吸引大量优秀人才、资金、信息和技术，带动区域经济发展。①

从国际经验来看，高新区具有较强的产业优势、创新资源优势和政策优势，形成一定规模的经济效应，在上述因素的推动下，可以较好地促进人力、财务、信息、创新和技术等多种类型经济要素的流入与流出，这就决定了高新区对于产业集群的形成和区域经济的发展具有重要作用。② 经济发展的实践也证明，高新区与产业集群之间存在着相辅相成、密不可分的关系：高新区可以为产业集群的发展积累条件和创造优势；产业集群的发展可以提高高新区的影响力与竞争力，进而促进高新区的发展。

"硅谷"作为世界上最成功的以及知识经济的发源地，聚集了高达8000多家电子科技公司和软件公司，其中全球前100家科技公司20%在此投资。与此对应，印度的班加罗尔科技园被誉为"印度硅谷"，集中了大量的高新技术产业，随着制造业和生产性服务业的迅速发展带动了诸如零售、银行、建筑、教育和医疗等生活性服务业的逐渐成熟，被视为发展中国家高新区建设的典范。

班加罗尔科技园在创办之初便确定信息产业的发展方向，产业战略特征是充分利用本国软件人力资源的优势，以软件服务、软件出口为主，以低成本、高质量使园区成为世界的软件加工基地。一方面，在园区建设具有世界水平的软件开发配套环境，让国外跨国公司与园区内软件企业合作

---

① 黄凌翔，许蓝月. 基于产业集群理论的国家高新区发展新路径探究 [J]. 商业时代，2014（10）：119－120.

② 王戒辉. 产业集群与高新区互动发展研究——以南宁高新区为例 [J]. 改革与战略，2013（8）：91－93.

在印度建立软件开发中心，推进软件企业的国际化进程；另一方面，鼓励园区软件企业在海外，尤其在"硅谷"设立分支机构，把许多开发人员派送到用户身边以提供开发和服务，在班加罗尔和硅谷之间建立起桥梁或网络，并通过卫星通信使美国和印度两地的开发人员全天候协同工作，从而增强企业在国际市场的竞争能力。

班加罗尔科技园的软件产业集群形成了一种围绕知识聚集资本、围绕技术组织生产要素的系统。在这个系统内，中央及地方政府、风险资本家、专业技术人员和研究机构、外围服务机构，为企业提供了机制保证与环境条件。而处于核心地位的企业不断地创造发明，推出新技术，从而推动整个产业集群的更新与升级。

班加罗尔科技园的经验表明，发展产业集群的结果与手段是相辅相成的，产业集群的发展与壮大同文化交流、社会网络、教育体系、企业制度等外部因素息息相关，这些外部因素在影响产业发展的同时也构成了产业发展的比较优势。对于发展中国家的借鉴意义是，实现本国的产业比较优势，首先要对自身的产业特色进行战略定位，一方面要注重和发挥国家或地区因历史而形成的文化上的比较优势，如社会网络、文化传统、技术基础等无形资源；另一方面要注重开放的市场环境建设，如完善现代企业制度，注重本国企业和跨国公司的合作，政府要从产业战略层面为产业发展营造良好的发展空间与制度环境，推动产业集聚以及中小型企业集群核心竞争力的形成。[1]

2. 不同类型高新区的产业集群特征

事实上，许多高新区的发展是建立在高新技术产业集群的基础上的，在高新区设立之前，就已存在着一些原来就具有高新技术产业基础的经济区域，如"中关村"、"硅谷"等。产业集聚构建了信息、知识、技术、人才、资金等要素或资源储备的平台。众多相同和相似的高新技术企业及其相关支持系统在空间上的聚集，形成了相关技术的共享和各类人才资源的高密度聚集，为信息、技术、知识和人才的储备提供了保障和源源不断的

---

① 陈平. 印度班加罗尔信息产业集群研究［J］. 商业研究，2007（11）：125 – 128.

来源，为人力资本的积累和资金市场的拓展创造了条件。这就为高新区的进一步发展做好了资源上的充分储备。总之，由于产业集群中相互联系的相关产业的存在，为居于其中的企业获得投入要素提供了一个便利的专业化供应源，这种供应源的存在可以使企业迅速地获得所需的配置并进行整合。

按照高新区的产生与发展背景，世界范围内的高新区可分为两类，即一类以大学及科研机构为核心创办的科学园或技术城，如"硅谷"、英国剑桥科技园、日本筑波科学城等，以研究与开发为主，包括产品试生产或研究开发性生产，也存在同时进行产品生产的情况；另一类以高新技术企业为核心，主要从事高新技术产品的制造与加工的高新技术加工区，通过与高技术产业的联系逐渐改善地区工业结构，积累资金，培育研究与开发能力，强化科学教育与工业合作系统，如中国台湾地区的新竹工业园、中国苏州工业园等。不同功能类型的高新区发展基础、发展水平、发展趋势不同，也表现出产业聚集的差异。

（1）科学园的产业集群。

科学园区一般设在智力资源密集区，紧靠大学园区和科研院所，因而科学园区的产业发展主要受其技术研发来源的影响，有明显的主导产业，而且产学研联系紧密，产业技术含量和附加值高。除"硅谷"外，代表性的科学园还包括英国剑桥科技园、日本筑波科学城等。

剑桥科技园的产业战略某种程度上受"硅谷"的启发，以大学科技园为突破口，激发科研机构的创新、创业活动，经过几十年的发展，剑桥科学园已经成为剑桥高技术集聚区域成功的重要标志，并走出了一条有别于"硅谷"的道路。其产业战略的特色体现在利用物理、计算机和生物科学等领域的学科优势作为推动高新技术产业发展的原动力，通过广泛的产学研联系积极进行科技成果转化，实现产业价值链高端化与产业竞争优势的保持。剑桥科学园内一部分公司直接从剑桥大学各院系衍生出来，其他迁入或在剑桥创办的公司也和剑桥大学有着千丝万缕的联系，它们利用大学的有利环境，如学术环境、良好的仪器设备环境和高素质的人力资源环境，为科学园的发展提供了丰富的智力支持。剑桥科技园的产业战略强调以创新能力形成产业链上游的研发优势，对产业链的生产与下游环节很少涉及。园区内的公司大多数在计算机软硬件、科学仪器、电信、研究与开发和科学咨询、生命科学等领域。园区内的公司所从事的往往是从研究到设计再到开发等研发活动，即使生产，也是从事小规模的高附加值的产品的生产活动。在剑桥科技园，不存在由公司本身承担的大规模的生产活动，即使有，这类活动也是分包给外地的公司来生产。以创新领先，凭智力入股，立足于基础科研、教学是剑桥科技园科技成果转化中非常显著的特征。①

（2）高新技术加工区的产业集群。高新技术加工区的形成是高科技公司在区内的投资或形成嵌入推动型产业后，以乘数效应带动整个区域的发展。因而，在高新技术加工区的发展过程中，高新技术公司对该区域的产业结构选择起着主导作用，容易形成以高新技术公司为核心的企业群体。②高技术加工区主要进行高技术标准化产品的装配，最早来源于发达国家内一些研究与开发能力有限和技术工人不足的地区，以后迅速扩散到新工业化国家和众多的发展中国家，代表性的如中国台湾地区的新竹工业园、中国苏州工业园等。

中国台湾的新竹科学工业园被誉为"台湾硅谷"，在创建之初就确定了科学化、学院化、国际化的建园方针，并确定园区重点研发集成电路、电脑及外围设备、通信、光电、精密仪器机械、生物工程等6大高新技术产业集群。整个园区建设大体上分三阶段完成：第一阶段，引进发展技术密集型工业所需的整套技术、科技人员及管理经验为主；第二阶段，以扩展在国际市场上的竞争力为目标，使科学工业园本身具有设计、制造自动机具的能力，以补充基础材料和零部件的供应，同时，引导高校和科研机构对发展高技术产业所需要的项目进行重点突破，加速科技成果产业化；第三阶段，以带动、促进企业家踊跃投资高新技术产业为目标。中国台湾的新竹园内拥有"台湾清华大学"、"中华工学院"、"台湾交通大学"等

---

① 范硕．英国"剑桥现象"及其形成机理研究［D］．吉林大学博士学位论文，2010：160 - 170.

② 潘光辉．从高新技术产业集群的视角看高新区的发展［J］．企业经济，2006（7）：55 - 57.

众多高校和工业技术研究院、太空计划室、毫微米组件实验室、精密仪器发展中心、同步辐射研究中心、高速电脑中心、芯片系统设计制作中心等著名的科研机构。这些高校和科研机构不仅为园区提供了充沛、优秀的人力资源，还直接参与了新竹园区高新技术企业的研究开发，在新竹园区技术创新、人才培育、应用技术的发展与推广以及技术支持等方面起到了重要的作用。

与"硅谷"的产学研都在园区内紧密进行不同，新竹科技园因为在创办之初就招揽了大批在海外留学和工作的台湾人回台创业，这些由海外华人创办的公司为新竹和"硅谷"的联系起到很大的作用。从美国回来的创业人员，受过良好的高技术训练、有着丰富的经营理念和创新理念，同时也加强了新竹科技园和硅谷的紧密联系，形成了一个全球战略联盟网络。有着"硅谷"背景的工程师和企业家成为联系新竹科技园和"硅谷"的纽带，他们的美国教育背景和个人联系促进了"硅谷"和新竹之间的技术、知识和市场信息的快速流动，同时也带动资本的双向流动。新竹和"硅谷"之间形成了良好的合作网络。"硅谷"的众多企业家集中精力进行创业、新产品设计和研发，而新竹的企业家则进行科技产品的生产和产业化，新竹的这种定位与硅谷衔接，形成两个不同的区域分工。"硅谷"进行产品研发，新竹则进行产品的产业化，这已经成为一种模式。这种发展模式，使新竹和"硅谷"之间形成独特的区域创新网络。新竹工业园的创办成为台湾地区从出口导向阶段转向科技导向阶段的一个重要标志，成功实现了工业升级和产业调整的目标。①

苏州工业园是中国和新加坡两国政府共同兴办的国际经济技术合作项目。通过学习国内外开发区的成功经验，它不仅仅是一种商业性投资开发行为和一般意义上的投资项目，而且也是中新两国之间的一种长期、全新的合作形式，是一种国际经济合作新模式的首次尝试。园区以发展高技术含量、高附加值的制造业为目标，重点发展和培育电子信息、精密机械、生物制药和新材料等四大产业和产业集群，并制定了用地、人才和税收等

---

① 李晔，王舜. 台湾新竹科学工业园区的发展模式及启示［J］. 科学管理研究，2006（6）：118 – 120.

多项优惠政策。由于地处苏南腹地，具有便于产业辐射的区位优势，可实现区域范围内产业纵向一体化和横向一体化产业发展战略，形成连锁带动、流动发展态势，促进电子信息、先进制造业等支柱产业群体的崛起。苏州工业园区培育和发展以微电子为核心的电子信息产业，衍生出一批新兴产业并渗透到传统产业中去，在江苏众多的各类开发区中确立领先地位。其产业战略强调区域产业融合与产业协同，通过建立分工协作体系，强化具有配套优势的专业化生产，在提升自身产业层次和创新能力的同时，通过区域产业协同，改变周边地区的工业技术落后、规模不经济的现状。苏州工业园的这种产业发展战略有利于扭转区域内各开发区产业雷同的倾向，按比较优势发展各自具有潜力的产业，交叉辐射，互相渗透，促进区域经济的全面发展。近年，苏州工业园在转型发展方面的产业战略集中体现在：一是面向全球产业布局，推进产业优化升级，在电子信息、机械制造等方面形成了具有一定竞争力的产业集群；二是强化人才、技术溢出效应，致力提升创新能力，坚持把科技创新作为区域发展的核心战略，更加注重技术溢出、人才溢出，推进协同创新，着力建设以企业为主体、市场为导向、政产学研紧密结合的区域科技创新体系。[①]

（三）功能定位与发展模式

1. 区域功能定位

在中国，各类高新区已成为产业集聚、技术创新的主要载体，发挥着带动全国产业结构升级、提高国家综合实力的作用，是政府集中有限资源实行的非均衡增长战略，即试图以高新技术产业推动新型工业化建设进而带动全国的经济发展。由于发展的阶段性和地区间的差异，中国高新区的建设并没有完全效仿发达国家的成长路径，初期以产业聚集为主建设产业区或工业区，其后随着发展条件的逐步改善和成熟，不断在产业区建设框架内注入科技园区内涵。[②] 这种发展模式导致各类高新区由于区位环境、

---

① 严效民，胡汉辉. 基于平台理论的区域产业发展平台分析——以苏州工业园区为例 [J]. 科学学与科学技术管理，2011（11）：118－124.

② 王胜光，程郁，刘会武. 高新区创新中国——对20年国家高新区发展的总结评价及对未来发展的思考 [J]. 中国科学院院刊，2012（6）：678－696.

资源禀赋等差异产生发展的不平衡性，因产业层级、价值创造、内部结构等区别造成对新型工业化建设的不同效果。以国家级高新区为例，其创新活力、产业竞争力以及可持续发展能力等方面表现出显著的不均衡性，竞争力的总体分布上东部沿海城市优于内陆城市、经济发达地区优于欠发达地区。因此，为了增强区域协作能力和竞争能力，应克服区域经济发展中的产业雷同、分工合作不密切的缺点，注意与所依托城市的性质和发展方向相适应，与周边城乡以及各开发区的联动发展、优势互补，促进区域之间生产要素的流通和重组①。如果将高新区打造成新型工业化建设的增长极，那么不同发展水平的高新区将担负差异化的发展任务与功能定位。

例如，西安国家级高新区的区域功能定位是在全球范围内成为重要的研发基地和创新型服务业基地，形成通信、光伏、软件与服务外包等具有较强竞争力的产业集群，成为世界一流科技园区；在全国范围内，发展成为一流的研发、通信、光伏、电子元器件、软件与服务外包产业基地；在中西部地区，应成为最大的总部基地、科技创新中心和高新技术产业基地；发展成为服务全省、全市的创新型服务业平台和产业优化升级、辐射扩散、梯级转移的源泉。②

北京中关村自主创新示范区的功能定位是建设成为具有全球影响力的科技创新中心，以下一代互联网、移动互联网和新一代移动通信、卫星应用、生物和健康、节能环保，以及轨道交通等六大产业集群以及集成电路、新材料、高端装备与通用航空、新能源和新能源汽车等四大潜力产业集群为代表的高新技术产业集群和高端发展的现代服务业，构建"一区多园"各具特色的发展格局，成为中国跨行政区的高端产业功能区。③

---

① 曹敏娜，王兴平．高新技术产业开发区的功能定位研究——以南京高新区为例［J］．人文地理，2003（4）：37-42.

② 西安国家级高新区概况［EB/OL］．http：//www.xdz.com.cn/gxzx/gxgk.htm

③ 中关村自主创新示范区概况［EB/OL］．http：//www.zgc.gov.cn/sfqgk/56261.htm

2. 产业功能定位

高新区的产业功能定位是指高新区以何种产业结构及主导产业分布构成核心优势，形成对区域的产业的带动与经济辐射效应。在高新区的产业功能定位的选择上，应主要关注两方面的问题：一是考虑本地区的产业基础，包括区域发展　基础能力、原有产业的延伸发展能力、新产业发展支持能力和产业技术创新能力等要素。特别是对一些产业基础相对落后的地区，产业功能定位应集中在原有产业的结构调整与产业转型上，通过旧产业延伸发展和新产业的引入发展城市的持续发展；二是考虑区域分工与跨区域的产业融合，产业定位要有一定的前瞻性，但不能盲目追求技术先进性，避免区域间产业结构趋同、资源分散、恶性竞争等问题。根据区域现有产业基础，重点发展和布局特色产业集群。在发展特色产业集群时，应综合考虑引进消化吸收再创新，具有集成创新需要产业项目。对高新产业聚集度的评估，不能仅以企业的数量多少、规模大小等作为标准，而应以形成集群的产业链的关联度的强弱作为标志。

例如，上海张江国家自主创新示范区的产业功能定位是以生物医药、电子信息、文化创意、航空航天、先进装备制造、汽车及零部件等七大战略性新兴产业集群和文化科技融合产业集群为特色，建设成为世界一流高新区，成为具有全球影响力的科技创新中心、高端人才集聚中心、科技金融中心、技术交易中心、高新技术产业发展基地和政府管理创新示范区。[①]

天津滨海高新区的产业功能定位是围绕国家发展战略性新兴产业计划，结合高新区产业基础和资源优势，重点培育新能源、新一代信息技术产业、生物医药和航空航天产业，积极发展现代服务业，将高新区培育成为中国发展战略性新兴产业的核心承载区。[②]

3. 社会功能定位

高新区的发展，社会义化环境的作用不容忽视，它是区域内的行为主

[①]　上海张江国家自主创新示范区概 ［EB/OL］. http：//www. sh－hitech. gov. cn/website/introduction/content. html

[②]　天津滨海高新技术产业开发区国民经济和社会发展第十二个五年规划纲要［EB/OL］. http：//www. thip. gov. cn/zwgk/system/2012/09/28/010001267_ 01. shtml

体（大学、科研院所、企业、地方政府、中介组织等）之间在长期正式或非正式的合作与交流的基础上所形成的相对稳定的创新与创业氛围，[①] 即区域协同创新系统。世界各国的高新区发展至今，已从单纯的高新技术成果加工区或科技园，转变成一个集知识创造并由知识溢出所驱动的科技经济体，是一个集科技、经济、社会人文、资源环境和谐发展的现代高科技社区或现代知识经济社区。高新区是区域创新系统的中心，同时也是响应和引领世界经济变化的高地。正是由于社区对知识型人才和创新要素的凝聚和承载功能，科技园区成为了各类创新协作的地点。而创新活动主体的联合和参与又能够促进社区内部能量的开发和利用，使社区成为不断孕育各种创新活动的母体，真正实现科技园区以创新为驱动的内生式发展。比如，稠密的创新网络和促进隐性知识传播的社区文化环境，赋予了硅谷不断自我创新的能力，使其能够通过创造变化成为全球科技革命和经济结构转型的先驱者和引领者。英国剑桥大学科技园逐步由大学主导转变为大学、企业、政府、非政府组织以及社区一体化的运作模式。日本的筑波科学城在经历了政府支持下的协会与地区工商联合会共同管理之后，最终也走向了城区与科技园区整合一体化的发展方向。新加坡在吸取和总结科技园区发展经验的基础上，提出了"第三代园区"的规划理念，以打造包含校园、住宅、商业、教育、休闲公园等综合配套设施的社区环境为基础，着力开发社会资本和构建网络化的社会人文环境，将玮壹科技园建成为一个"创造视角冲击和激发灵感的理想社区"。可见，建立和发展创新社区，有意识地塑造园区的社会形态，已经成为新时期高新区建设的重要的社会功能定位。[②]

　　例如，广州高新区和核心园区之一广州科学城按照"一业为主（高新技术产业）、综合发展"建设高新技术产业的示范基地，是集产、研、商、住于一体的新型城区，根据环境特点，实施"一城四区"的布局，西区以

---

①　王辑慈，王可．区域创新环境和企业根植性——兼论我国高新技术企业开发区的发展［J］．地理研究，1999（4）：358－360.

②　程郁．高新区与未来知识经济的社会形态［J］．中国科学院院刊，2010（5）：490－496.

科技展、商务和产业为主，北区以科技教育和高级住宅为主，南区以中试和产业为主，东区为现代农业示范区。因此，科学城的投资领域更为广阔，除发展高新技术及其产业外，还要建设与之配套的基础、服务等设施。如一般住宅区、高级别墅区、金融贸易区，以及宾馆、酒店、学校等设施。①

东莞松山湖高新区坚持"融山、水、园为一体"、"科技共山水一色"等彰显生态特色的规划理念，努力优化城市生态环境，实现人与自然的和谐共处，经济社会与资源环境的协调发展。园区按照功能布局，从北向南依次划分为北部区、中心区、台湾高科技园和南部区四大片区：北部区是高科技产业、研发平台聚集区；中部区是教育、研发、生物技术、新能源新材料、IC 设计产业聚集及高新技术创业区；台湾高科技园是台湾高端产业项目主题园区；南部区是研发总部、金融服务、文化创意、生物技术产业区。②

三、高新区引领新型工业化的产业发展战略

（一）主导产业选择

美国经济学家罗斯托③在 1960 年首次提出了主导产业的概念，认为应选择扩散效应最大的产业或产业群作为国家或地区的主导产业，重点扶持，加速发展，从而带动其他产业发展和社会进步，并提出了主导产业应当具备三个基本条件：一是具有高创新能力；二是具有持续高速增长的增长率；三是具有很强的带动能力。同时，提出主导产业扩散及带动三效应原理，即通过主导产业的发展能产生新的产业部门或经济活动的前向效应、能刺激并带动生产要素投入部门发展的后向效应以及能对当地经济社会起辐射作用的旁侧效应。罗斯托的主导产业的概念得到了学术界的认

---

① 广州国家级高新区概况［EB/OL］. http://www.guangzhou.gov.cn/zhuanti/2002/qyss/index1.html#2

② 东莞松山湖国家级高新区概况［EB/OL］. http://www.ssl.gov.cn/publicfiles/business/htmlfiles/dgssl/s10550/index.htm

③（美）罗斯托. 经济增长的阶段［M］. 郭熙保，王松茂译. 北京：中国社会科学出版社，2001.

同，为后续大量展开的区域主导产业和产业主导产业的研究提供了理论基础。高新区作为高新技术产业集聚区，其特殊的功能定位及发展目标决定高新区主导产业将有其特定内涵。①

1. 主导产业选择的基本原则

（1）政府主导的产业选择。市场的自我调节与政府主导是区域主导产业选择的两种模式，市场经济调节能力及资源约束状况是实践上述两种模式的选择基准。发达国家成熟的市场经济环境与夯实的产业基础形成了其高新区发展的充分条件，主要通过市场的自我调节实现主导产业的选择。但中国依然处于经济模式和市场机制转型的发展阶段，造成了与发达国家的本质区别，一方面旧的经济模式、知识体系和管理方式已经不能够适应和满足知识经济时代的需求；另一方面新的经济模式、知识体系和管理方式尚处于自身体系的建构阶段，同时并存着三种经济模式，即计划经济模式、计划＋市场经济模式和市场经济模式。② 因此，经济模式的复杂性造成了在各产业门类的市场自我调节机制的不均衡性，例如，一部分高新技术行业、战略性新兴产业仍然表现着明显的国有垄断，同时，完全市场机制运作的产业门类又表现出规模小，整体竞争力不足等现象。因此，政府在资源配置上仍将发挥着主导作用，从国内高新区建设的经验来看，政府主导下的产业选择也是一种中国特色的经验积累。

（2）明确主导产业选择的约束条件。按照政府主导的产业选择模式，主导产业的选择是政府在一定阶段、一定条件下进行的。为了避免政府决策的"主观性"，保证决策的"理性"和科学性，需要在产业选择过程中考虑特定阶段、特定条件下的各种约束条件，"因地制宜"的评价与选择主导产业。约束条件主要表现在：一是区域经济的发展阶段以及与之相关的需求结构变动趋势和产业结构演进的一般趋势；二是区域要素禀赋状况和政府政策空间等。

---

① 张月花，薛伟贤. 高新区建设主导产业选择研究综述［J］. 2011（21）：73－76.

② 廖建桥. 中国式绩效管理：特点、问题及发展方向［J］. 管理学报，2013（6）：781－788.

（3）主导产业选择的目标导向。主导产业选择应该有明确的目标导向，符合高新区的产业功能定位。一方面需要促进区域产业结构高级化；另一方面实现区域经济动态比较优势。为实现上述目标，主导产业的选择基准既要达到产业结构高级化功能，即对内带动产业结构高级化，同时实现优势升级化对外推动比较优势升级转换。例如，结构高级化功能要求主导产业的高创新率、高关联度；优势升级化功能要求主导产业的高创新率和高生产率上升率等。①

（4）符合主导产业的本质特征。主导产业是与区域经济发展的不同阶段相联系的，在某一特定的历史时期内，对区域经济的发展起着显著带动作用的关键部门。一是高创新率或创新吸收率，即能迅速开展技术创新或制度创新，因此主导产业应具有高创新率或创新吸收率；二是高增长率，即具有高生产率上升率和需求收入弹性；三是高带动力，即具有很强的"扩散效应"，能带动其他产业部门的发展。

（5）主导产业选择的前瞻性。区域主导产业选择不仅要考虑选择的必要性，即产业所应具备的性质、功能等，而且要考虑对产业进行培育、发展的前瞻性。一是与区域经济发展所处的阶段、区域产业结构演变的一般趋势，以及产业生产率提升和需求收入弹性等相匹配；二是符合区域要素禀赋状况及变动趋势、区域需求结构变动趋势以及产业的规模经济性等基本特征；三是基于区域产业政策空间的大小和待选产业规模经济性等因素的产业培育成本与收益的比较；四是产业功能发挥的空间大小，如产业创新率、产业关联度和产业规模经济性等。

2. 主导产业评价与选择基准

按照上述原则，借鉴经典的主导产业理论分析范式，如"罗斯托的主导部门理论"、"筱原三代平动态比较费用论"、"艾伯特·赫希曼基准理论"以及"比较优势基准"等，可以从产业主导、区域创新优势、产业发展三个维度设计主导产业的评价与选择基准（见下页图3－1）。其中，产业主导维度主要体现的是高新区主导产业区域产业系统的一部分，必须具

① 陈刚. 区域主导产业选择的含义、原则与基准［J］. 重庆社会科学，2003
（6）：50－54.

有主导产业的一般属性基准，包括产业关联基准、增长潜力基准、比较优势基准，该维度是高新区主导产业选择的基础。区域创新优势维度体现的是高新区的资源禀赋、基础设施、产业生态环境、社会网络及对高新技术产品和服务的不断需求等利于高新技术产业化的区域创新环境，包括产业创新基准、技术进步基准、外贸基准。产业发展维度主要体现的是高新技术产业具有投资大、风险高的特点，且具有随技术、市场资源等因素发生重大变动而不断更替的特征，因此高新区主导产业的选择、发展要实现经济与社会环境相协调发展的目标原则，带动当地的产业经济可持续发展，重点选择产业化风险较小，良好的创新创业环境，以及能耗小、污染少、不会造成过度集中环境问题的产业优先发展，包括产业风险基准、创业环境基准、可持续发展基准。

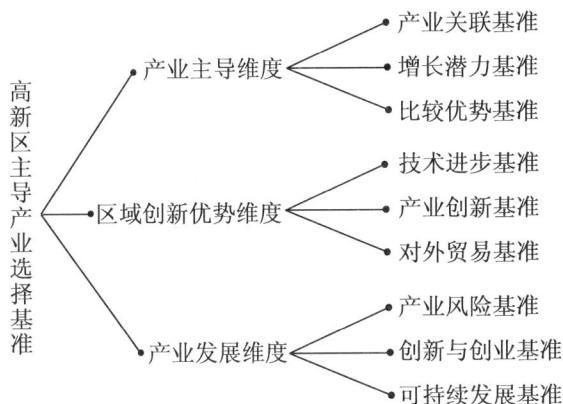

图 3 - 1　高新区主导产业选择基准

（二）产业集聚与发展产业集聚

1. 围绕主导产业集聚发展产业集群

产业集聚是产业集群形成与发展的内在要求和重要基础，产业集群是产业集聚的重要方式。依托优势产业和特色产业是产业集聚的重要路径。高新区在选择了具有重要支撑作用和特色突出的优势产业或主导产业后，应继续引进和引导配套产业，围绕主导产业加快集聚。这种集聚关键是围绕主导产业发展方向和发展重点集聚，提高产业集中度和综合配套能力，调整产品结构,加强品牌培育,增强主导产业集群的核心竞争力。

(1)核心企业集聚与引进集聚相结合。高新区应充分借助经济国际化强势,进一步围绕主导产业的核心企业,加速上下游配套企业的引进与集聚;吸引国内外大企业、研发中心、工程中心与培训中心等入驻,以形成新的集聚,壮大产业集群,改善高新区产业结构,增强区域经济实力。

(2)加强专业化集聚发展专业园区。专业化集聚是形成优势产业集群的必然过程。高新区的专业园区建设已成为一种普遍模式,如中关村、广州高新区、上海高新区等。专业园区建设需要推动产业上下游企业、同环节的企业向专业园集聚,扩大规模,增强实力,更好地实现不同企业对信息、公共技术平台、市场和人才等高端要素的资源共享,强化辐射效应,提升集群水平。专业化集聚有利于高端产业的形成和发展,高新区应重点培育和发展高端产业。其配套服务业可以放在周边区域,与周边区域建立为专业园提供配套服务的合作机制。

(3)促进形成产业联盟加快产业集聚。产业联盟是产业集聚的新的组织形式,是产业集群式发展的重要基础,是推进产业升级和规模发展的重要工具。不少高新区在这方面已经做得很成功,颇受其益,如中关村成立了中国 TD – SCDMA 产业联盟,之后,闪联、手机产业联盟、长风软件联盟、中关村 SOC 促进中心、下一代互联网产业联盟等相继诞生。① 一个技术产业联盟,往往涵盖了相关产业链各环节的主要企业,产业要素的集聚从横向到纵向形成合力,从而促进产业链的发展和成熟。

2. 优化产业链发展高端化的特色产业集群

产业链是产业集群发展的主脉。中国高新区已由要素聚集阶段,进入到产业主导阶段,即通过对各种生产要素的重新整合,形成了稳定的主导产业和具有上、中、下游结构特征的产业链。而当今产业集群的特色化、高端化发展必然要求作为产业集群发展基础的产业和产业链向特色化、高端化发展。因此,必须优化和提升产业链,发展高端产业,强力打造高端化的特色产业集群。

---

① 卢生芹. 高新区产业集群成长路径选择的几点思考 [J]. 2007 (6):94 – 97.

（1）把握高端产业链发展高端产业。高端产业以研发为主，低端产业以加工为主，在高端产业基础上才能形成优势产业集群或向产业集群的高端化方向发展。作为高新技术产业密集的高新区，在产业定位上应把握高端环节，而高端环节因基于要素资源领先的优势，所以应首先加强对现有要素资源的整合；同时，还应强力吸纳外部资源，逐步实现高端要素的优化配置和内部整合，实现产业集群的高端化发展。

（2）依靠主导产业发展特色产业集群。注重特色和个性发展是一切产业发展的共同规律，有意识地吸引和培育具有各自优势和特色的产业是发展特色产业集群的需要。各高新区都具有自身的优势和特色，所以首先应集中扩散和提升现有特色，增强核心竞争力，创造更大的经济效益。其次，结合地区资源优势，强化产业特色。再次，把握制造业和服务业融合趋势，开创业态新路。

（3）延伸与提升特色产业链。一是应重点加快延伸和提升具有自主知识产权的核心技术产业链，特别是属于高端技术的产权技术；二是延伸和提升品牌产业的产业链；三是延伸和提升具有特色的专业园或产业基地的产业链；四是延伸和提升具有特色的重点发展领域与项目的产业链，进一步加强分工协作，本地结网，优化特色产业链；五是延伸和提升优势技术与名优产品产业链。

（4）政府在发展产业集群中的导向和扶持。特色产业集群的形成和发展需要政府的推动和扶持。一是理念和规划的指导作用不容忽视，地方政府和高新区管委会应进一步加强以特色集群理论指导产业发展，制定有特色的优势产业集群发展规划；二是通过政府整合各类资源，重新培植生产要素，走内涵式发展道路，引导高新区由粗放的扩张竞争转移到突出特色、提升产业整体竞争力上来，形成有自身特色和竞争优势的产业集群；三是地方政府和高新区管委会在重大项目的安排上要有意识地与产业链，尤其是特色产业链的形成与发展有机结合；四是在组织产业链招商和产业集群招商时，既要加强统筹与协调，还应把引进与高新区现有产业具有前后联系的外资作为主攻点，特别是国际知名大企业的引进，充分利用现有产业的价值链吸引外资，弥补高新区产业集群在核心技术和核心链条上的"缺位"；五是培育和引进高端企业、高端产业嵌入产业链，形成高端产业链，并嵌入产业集群中，推动产业集群向创新集群转变；六是重视集群式引进，以迅速壮大高新区的产业集群。

3. 以自主创新使产业集群向创新集群转变

产业创新是促进产业升级的根本途径，高层次定位自主创新才能保障产业创新的高效性。高水平的自主创新能力及相应的创新机制，是产业取之不尽用之不竭的内生发展动力。所以，要整合创新资源，创新机制体制，提高自主创新能力，加速产业集群向创新集群的转变。

（1）整合创新资源建立"产学研"机制。"硅谷"、剑桥科技园、新竹工业园的实践证明，一些具有科技创新能力的产业集群，是以科技创新系统为基础的。世界上很多成功的产业集群都是通过集群与科技创新的互动发展起来的。所以，要整合创新资源，建立产业集群的科技创新平台，建立"产学研"机制，以形成具有较强创新能力的科技创新网络。

（2）建立技术转移机制。在大力扶持本土自主创新的同时，还要面向全球配置资源，通过国际合作大力引进国内外大企业特别是跨国公司的研发中心，通过引进技术的消化、吸收和再创新，进一步提高自主创新能力。大力实施高端人才引进政策，为提升自主创新能力提供充足的人力资源保障。

（3）专业园向创新园的转变。一般来说，专业园无论从所集聚的企业数量、人才质量，还是从研发水平和产值等情况来看，特别是在自主知识产权的拥有和产学研合作体系的基础等方面，与创新集群形成和发展密切相关的重要条件相比更具优势。因此，首先把专业园重点建设成为创新园是完全可能和可行的。为加速创新园的建设，重点需要做到：①为创新园的创建，搭建高端人力资源支撑平台；②实行资金倾斜政策，加大对专业园的投入。

4. 建设产业集群的产业生态环境

真正意义上的产业集群是一个产业生态系统，它是集群内部各要素之间，通过人际网络关系、价值链关系和竞争合作关系构成的特殊的产业生态系统。系统的生态取决于网络的规模、广度和深度。为此，密切集群内成员之间的关联，加强之间的竞争与合作及互动与互补，是由产业集聚向产业集群进化的关键所在。

（1）引导企业合作加强产业关联。产业集群是工业化过程中的普遍现象，在所有发达的经济体中，都可以明显地看到各种产业集群。产业集群为经济增长，为企业、政府和其他机构的角色定位乃至构建企业与政府、企业与企业、企业与其他机构等方面的关系，都提供了一种新的思考方式。产业集群突破了企业和单一产业的边界，一切都处于相互竞争和相互合作的关系之中，仅靠一个企业单打独斗是没有出路的。产业集群就是要促使集群成员之间的关联、互动、竞合，达到共享、共创、共赢。

（2）建立合作机制形成产业生态。加强高新区的统筹规划，促进基础设施的共建、共享。充分发挥市场机制的作用，消除生产要素流动的障碍，实现生产要素的自由流动。协调区域内市场竞争的规则，形成统一开放、竞争有序的区域共同市场。引导企业利用和发挥产业集群，企业毗邻而居、产业关联等优势，在更广泛的领域和更高、更深的层次上合作共生。协助企业引进合作伙伴，构筑战略联盟。

（3）建立基于学习与竞合的集群文化。集群文化是产业集群的重要软环境，它对集群科技创新能力和合作互动等有巨大影响，这是产业生态系统中不可缺少的重要部分。以往人们比较注重硬环境建设，这在高新区发展的早期是理所当然的，但发展到集群化阶段，软环境的建设就显得尤为重要。营造基于学习与竞合的集群文化，对于增强产业集群内部的科技创新活力和合作精神至关重要。打造基于学习与竞合的集群文化，倡导集群各行动主体之间相互学习，企业与企业之间既竞争更要合作，共享、共创、共赢，产生较强的联合行动效应。[①]

（三）高新区的功能定位

1. 高新区的生命周期

国内曾有学者参照迈克尔·波特的国家竞争力理论，将高新区生命周

---

① 卢生芹. 高新区产业集群成长路径选择的几点思考 [J] . 2007 (6)：94 – 97.

期分为四个阶段，即要素群集、产业主导、创新突破和财富集聚。① 高新区在发展过程中相邻两个阶段转换时需要具备特定的能力，主要表现为创新在价值形成过程中的推动作用。因此，前两个阶段可以视为外延式增长过程，后两个阶段则突出内涵式增长。中国高新区建设的初期目标是通过政策、资金等要素投入实现科技与产业在区域范围内的集聚与融合，并形成引领和示范效果。但实际情况是，国内经济发展的不均衡造成产业基础落后的地区在发展道路上存在严重的路径依赖。为实现规模经济效应，一些高新区在建设初期承担了经济开发区的功能，依靠低成本的要素投入和政策优势等进行招商引资。经济总量、产业规模、财政收入的迅速扩张，在某种程度上是高新区发展的要素群集与产业主导阶段。在实现了规模扩张之后，高新区应该回归作为高新技术产业开发区的功能，即完成由"一次创业"的外延式发展向"二次创业"的内涵式发展转变。② 总体而言，中国大部分高新区已由要素群集阶段发展到产业主导阶段，基本完成了"一次创业"过程，部分高新区进入以创新突破为主要特征的"二次创业"阶段，并有少部分发展较快、较好的高新区正在向以协同创新、价值链高端和财富集聚为主要特征的内生式发展阶段过渡，这一阶段将是未来高新区努力发展的方向。③ 有学者认为，上述几个阶段存在不同程度的交织现象，反映出各高新区发展阶段的连贯性和不平衡性。

（1）要素群集阶段。这一阶段高新区的主要特征是由于优惠政策的吸引及生产要素进入的低成本，导致人才、技术、资本等要素纷纷涌入，区内企业或由于初创而十分幼小，或因历史的原因还来不及建立、健全现代企业制度，因此区内生产要素很难得到优化配置与组合，土地及自然资源低效率使用，从而使得高新区处于低附加价值产出的境况。此时高新区发展主要由政府的优惠政策等外力驱动，从实践上看，我国一些发展水平偏

---

① 周元，王维才．我国高新区阶段发展的理论框架——兼论高新区"二次创业"的能力评价 [J]．经济地理，2003（7）：452 – 455.

② 同①。

③ 吕政，张克俊．国家高新区阶段转换的界面障碍及破解思路 [J]．中国工业经济，2006（2）：5 – 12.

低的高新区目前尚处于这一阶段。

（2）产业主导阶段。在这一阶段中稳定的主导产业基本形成，并形成了相对完整的产业链，具有较好的产业支撑与配套条件；高新区因此也具有较高附加价值的产出和较强的经济实力，高新区发展动力由单一的政府政策推动转变为政策和企业市场竞争力驱动双重作用。但是，这一阶段的高新区的创新主要依靠外部研究机构，内生的创新能力不足。从实践上看，我国目前大多数发展较好的高新区基本上处于这一阶段。

（3）创新突破阶段。随着高新区内主导产业的发展及产业集群的壮大，园区内创新活动显著增加，大量风险资本的进入、原创性创新的涌现、交叉领域中创新聚集的增长点和创新文化的形成、高速的经济增长率、大量高附加价值的产出和高新区的国际化及绿色环保化趋势等成为创新突破阶段的显著特点，其增值手段主要是价值链的创新环节。目前我国的高新区还难以完全进入这一阶段。从国外经验看，也只有美国的硅谷等少数科技园区可以认为是处于这一阶段。

（4）财富凝聚阶段。随着高新区的进一步发展，高新区内聚集着各种创新资源，主导产业表现显现出高增值能力和高回报率。高新区成为创业和创新中心，同时形成成熟的社会网络和社区环境。在这一发展阶段，高新区内新的创新资源可以有序和有机地结合，使高新区在竞争中形成了价值链高端的竞争优势。这种竞争优势通过强有力的扩张，持续发挥着对区外经济的巨大牵引作用，也使高新区在全新的起点上进入了新一轮的发展循环。

2. 基于生命周期的功能定位

（1）要素群集阶段的基础设施建设。高新区的要素群集阶段，整体功能定位主要集中在对基础设施的建设上。交通设施的建设包括国家高新区内部与外部交通设施的建设，即内部的主、次干道的合理配置与规划布局，配合社会力量对外部的公路、干线航道的建设。排水、供电、供气、供热等保障高新区运作的基本生活设施的建设。网络通信建设是确保区内外部信息流畅的基本保证。基础设施的建设通常由政府牵头完成，其他主体积极配合。这一时期的产业战略应该集中在政府划定发展高新技术产业区域范围内，如何吸引和培养若干个代表性产业，通过较为优惠的政策和创新环境吸引创业者积极加入，实现产业集聚效应，形成产业集群的雏形。通过政策鼓励各种高校和科研机构与行业代表性企业合作，开展各类产学研活动。

（2）产业主导阶段的发展要素聚集。产业主导阶段，整体功能定位主要集中在对发展要素集聚的有效配置上。通过各种措施和政策引导以及企业的不断发展，使各种科技、信息、人才、资金等投入要素不断向高新区内集聚。促进旧产业延伸发展和新产业的引入，形成产业分工专业化和产业价值链向高端化发展。这一时期要素的集聚发展已经形成一定的规模，区域运行机制也能发挥一些作用，并呈现快速发展态势。为了促进产业集群的形成与发展，发挥创新研究功能的高校和科研机构等研究型组织的创新能力成为这一时期的关键因素。在产业战略上，政府要加强创新网络主体之间的网络建设与合作，以政府为管理主体，配合有效的集群运行规则，发挥中介机构的整合作用，协调各主体关系。

（3）创新突破阶段的创新网络建设。创新网络是指在特定范围内多元主体参与的、有多种创新资源流动的、开放的创新系统，是创新活动的一种有效组合运作方式。创新突破阶段的政府应该是创新网络的建设主体，企业是创新网络的创新主体，高校和科研机构是创新网络的创新源，中介机构是创新网络的主要节点，每一个主体都发挥着不同功能。创新网络内部强调创新主体间的共生性，共生的要素包括共生单元、共生模式和共生环境，即可以理解为创新主体、创新模式和网络环境间的共生性。这一时期政府功能不断被强化，企业与高校和科研机构的合作力度加大，集群内的企业具有发展和自律的双重能力，中介机构的协调管理作用也逐步完善，集群就能够把更多注意力集中在市场。但是真正形成集群发展模式，构成区域内主体的网络关系是很困难的，需要持续保持成熟的发展状态就更困难。因此，这一阶段高新区需要企业不断增强自主创新能力的同时，需要政府适当介入集群的管理中来增强中介机构专业的协调服务能力，保持集群的活力。

（4）财富凝聚阶段的体制机制改善。高新区是政府体制和机制创新的实验区，体制和机制创新也成为高新区发展的强大推动力。国家高新区在动态的发展过程中，体制机制是一切创新的保证与保障，政府应当做到不断优化创新，使创新与发展要素得到优化配置，增强创新活力。需要政府发挥主导作用，进行正确的疏导，强化企业、高校和科研机构、中介机构之间的功能耦合，同时政府需要有效发挥政策杠杆作用，协调和平衡某些个体对短期利益追求而形成的矛盾，引导和推动集群新的创新活力，进行体制机制改革，进入发展的下一个上升周期。

第四章
高新区引领新型工业化的技术创新体系

"新型工业化"涉及工业化进程、开放程度、工业发展质量、可持续发展等多个方面，必须全面衡量以高新区引领新型工业化战略的实效，包括考察工业发展水平内部一体化、规模集群化、产业联动性等角度衡量工业规模扩张以及产业转型升级的创新成果。

"技术创新体系"是运用技术和知识向社会提供研发设计、科研设施、创业孵化、技术交易、知识产权、投融资等专业化服务的各类科技服务机构和平台及其人员构成的新型服务体系。加强技术创新体系建设能够有效整合人力、财力、物力、信息等创新资源，降低创新成本，提高创新效率，是增强企业自主创新能力、培育战略性新兴产业和实现传统产业转型升级的有效途径，是实现创新驱动型经济的根本保证，是建设创新型国家的重要内容。

高新区引领新型工业化是一种新的经济发展模式，其设计理念与运营模式主要突出三个关键词：高新、引领、新型工业化。"高新"是现代产业发展的特点和优势，也是高新区产业规模扩张和产业转型、升级的着力点。因此，设计以高新区引领新型工业化的技术创新体系要从动态发展的角度，以外延式规模发展和内涵式质量提升为主要方向，确定其技术创新体系的战略目标。"引领"是以高新区引领新型工业化战略的核心，是高新区如何发挥战略性先导作用，如何成功实现推动新型工业化战略目标的关键。技术创新体系的运营模式要从高新区产业自身现状以及产业间的互补性出发，从自身规模扩张起始，落脚到产业互动性和产学研结合的特质，确定以高新区引领新型工业化战略的可行性和前瞻性。

一、国外高新区技术创新体系建设的特点及趋势

（一）美国硅谷：产学研创新集群系统的运营成果[①][②]

1. 独一无二的产学研创新集群系统

在硅谷，一个企业不论其规模大小，如果所研发或者销售的技术和产品水平不能在世界上占据前三位，就会被市场淘汰或被创业家自动淘汰。因此，高端科技创业成为硅谷公司生存和发展的永恒动力，也成为每个在硅谷的科技工作者的最高奋斗目标。硅谷正是以每天数十项推动世界科技发展的技术和成果确立了其世界上领先科技创新区域的巨人地位，同时也为国家和个人带来了巨大的风险回报。

硅谷独一无二的产学研创新集群系统具备三大缺一不可的要素：①政府订单。美国联邦政府、州政府、地方政府，每年对外采购的金额高达两万亿美元，相当于每年下订单超过50多万次。主要包括两大类：一是服务性采购；二是产品类采购。硅谷产学创新集群的成长曾得益于大量的政府订单和投资。②"营养基"。研究型大学不仅成为这些硅谷产学创新集群形成的强有力的初始触媒剂，而且也是促使它们持续成长的最重要的营养——新型人才的摇篮。硅谷企业的成功得益于促使高技术创始公司爆炸性成长的关键人物。③政策环境。包括基础设施、吸引技术人才的环境、支持创新的合理体制。事业的成功及一旦成功后所获得的巨大利益是硅谷科技人员的工作动力。硅谷地区成功的科技企业的创业者或投资者的个人资产增长很快，这使得硅谷地区成为美国个人收入最高的地区之一，旧金山及其附近的地区的零售物价和房价也是美国排名第一、第二的地区。

高技术产业化因涉及基础研究、应用研究和生产开发等诸多环节、牵涉到研究型大学和高技术创始公司等隶属于学术界和产业界的不同部门和机构，因而亟待一种有效的体制来整合两方的资源以实现高技术创新的持续进行。硅谷有效整合资源的运行体制，为硅谷的发展提供了有助于知识

---

①　吴林海. 论硅谷的创新模式及对我国技术创新的启示 ［J］. 科技进步与对策，2001（8）：51－52.

②　李建军. 硅谷模式及其产学创新体制 ［D］. 中国人民大学博士论文，2000.

经济成长的基本的社会组织形式。硅谷创新集群系统的目标是促动各个创新主体，如研究型大学和高技术创始公司等之间的相互作用，因此，国家创新系统的核心是在一个地区或者一个国家建设硅谷模式所导引的产学创新体制和社群网络，以培育能够促使高技术创新持续进行的硅谷产学创新集群和社群资本。

2. 以中小企业集群作为技术创新的主体

硅谷的创新优势和竞争优势主要体现在中小企业集群，中小企业集群是技术创新的主体。尽管惠普、网景、英特尔、苹果、太阳微系统等世界领先的大公司在硅谷地区发展中发挥着重要作用，但大部分创新型企业还是小企业。例如，20 世纪 80 年代，硅谷约有 3000 家电子公司，员工人数超过 1000 名的公司只占 2%，85% 的公司的员工少于 50 名。截至 1999 年 3 月，人员不超过 50 人的公司约有 4800 家，占科技公司的 80%。目前，硅谷企业的雇员平均只有 350 人。硅谷的成功离不开成千上万的中小企业，这些中小企业在其存在和发展的过程中相互影响，有的达成合约，有的结成联盟，在竞争与合作中形成企业集群，共同推动了硅谷的创新，提升硅谷的竞争优势。硅谷的大公司不断通过技术剥离或裂变产生新的公司，为产业集群的深入发展注入新的动力，硅谷的成功在于其内形成了一个完整的创新网络系统，正如萨克森宁[1]（1994）在比较波士顿的 128 公路和硅谷的区别时指出，硅谷是一种建立在网络基础上的区域系统，它促进集体学习，并促使专业生产者之间在相关技术组成的综合体中作灵活的调整。

3. 依托大学与科研所聚集大量的高科技人才

大学与科研所是硅谷技术创新体系的重要节点之一，硅谷的成功是其依托的大学与科研院所的作用密不可分的。硅谷内有斯坦福大学、加州大学等多所著名学府、十几所专业院校和几十所技工学校，还有众多企业和研究机构。这些院校和科研所不仅是知识技术人才的重要供给者，而且还直接参与了知识的生产传播和应用，为硅谷的创新发展提供了技术和人才支持，因此被喻为硅谷的发动机。其中，斯坦福大学对硅谷的形成与崛起

---

[1] （美）安纳利·萨克森宁. 地区优势：硅谷和128公路地区的文化与竞争［M］.曹莲，等译. 上海：远东出版社，1999.

起到了举足轻重的作用，硅谷地区 70% 的企业总收入是斯坦福大学的毕业生和教授创办企业创造的，其中包括惠普、思科、雅虎等著名高科技公司。正是硅谷周围优秀大学林立，科研机构集聚，为硅谷注入顶尖学术智能的活力，成为硅谷创新的引擎。硅谷堪称世界上的人才高地，高素质的科技人员是硅谷发展的坚实基础。据统计，2003 年硅谷有 2000 家企业破产，又有 3500 家企业诞生，而硅谷现有的 500 家生物科技企业。预计一年内会有 200 家倒闭，但又有 300 家成长起来。这些衍生出的小公司与总公司或大学有着紧密地联系，具有很大的创造性。企业员工与过去的工程师同事经常交流共同探讨，信息资源共享，不断探索和捕捉市场关键信息和技术。衍生公司之间相互影响，或结成联盟，或达成契约，既共同协作又相互竞争，推动着硅谷不断创新，竞争力不断增强。正像英特尔创始人诺克所说："企业的普遍存在性是确保区域生产系统的最有效方法。"大量创新型企业的聚集及其衍生，构成了硅谷技术创新体系的创新主体，提升了其创新优势和竞争力。①

4. 发达的中介机构及风险投资机构

在硅谷，大部分的高科技风险投资一般是通过风险投资公司完成的。而大部分风险投资公司的资金主要不是靠自有资金，而是靠多种渠道募集，包括向金融机构融资，争取多种基金的投入，以及向私人募集等等。这种风险投资公司实际上是风险投资的经营管理公司，它对真正的投资者有所承诺，它的盈余收益要与背后的投资者共同分享。在美国，银行不能从事投资控股业务。有些银行则要采取与风险投资公司的"地下联盟"，以介入政策"模糊地带"的方式，参与对高科技公司的创业投资，以获取比一般银行更高的利润。风险投资公司都设有科技和经济情报的收集、研究机构，定期对某个领域的技术和产业动向作出投资和经营的决策参考意见。此外，硅谷的服务型企业伴随科技企业而产生，根据市场的发展而调整，数量庞大，门类齐全。发明家有了好的创意或技术，无须本人直接去做企业生产经营的事，从资金筹集、申请执照、战略计划、生产业务、财

---

① 刘春香. 美国硅谷高科技产业集群及其对中国的启示［J］. 工业技术经济，2005（7）：35 - 36，39.

务管理、销售管理、公司上市等程序都有各种专业中介提供流水线式的服务，这极大地降低了创业的门槛，缩短了创业的周期，刺激了创新者的创业欲望，提高了创业的成功率。

表 4-1　　　　　　　　　　硅谷服务型行业的主要类型

行业类型	主要经营主体示例
金融服务类	银行、投资公司、保险公司、租赁公司、证券公司、产权交易市场、各种基金机构等
中介服务类	会计事务所、律师事务所、咨询公司、人才服务机构等
商业服务类	公共交通、邮电、通信、运输、情报信息服务、广告、装潢以及各种供应商、代理、代销商等
生活服务类	如零售、餐饮、旅馆、医院、文化艺术、体育、旅游、休闲、家庭服务、环卫、修配等

总之，硅谷地区内拥有最集中的风险投资机构、一流的行业协会、一流的律师事务所等中介服务机构。这些中介服务机构的存在及其作用的发挥也是硅谷技术创新体系成功的重要因素。

5. 政府的积极推动作用

尽管硅谷是基于市场机制发展起来的技术创新体系，但其成功离不开政府的作用，如早期国防支持和军事采购，大学研究机构投资，都离不开政府的作用但政府的作用是间接性的，以顾客（customer）身份而不是组织者（organizer）身份出现的美国政府，适时的参与，特别是制定良好的游戏规则，通过各种创新政策、产业政策和完善各种法律制度等间接调控手段，建立鼓励合作、鼓励创新和创业精神的体制，为硅谷高科技产业的发展创造了有利的条件。美国政府实施这些政策工具的理论基础主要是：技术创新的源泉是基础科学研究，在推进基础研究方面存在"市场失败"；技术创新过程的不确定性和高风险性可以通过一系列体制来克服，政策工具的目标应是推进体制建设和营造有助于创新实现的社会环境。

6. 开拓进取的社会环境与独特的创新文化

硅谷技术创新体系的发展及其源源不断的创新动力与硅谷独特的激励

机制是分不开的。创业者们的收益回报，最根本的是取决于公司的收益和价值，公司的业绩是公司价值的体现，也是创业者人生价值的体现。硅谷将股权激励作为对科技创新人才的有形激励，将企业文化激励作为一种无形激励，高科技企业从创世之初就明确了科技创新人才的智力投入在未来公司中将以股权形式得到回报，使得他们的命运从一开始就与公司的发展紧密相连。这 ·举措大幅度提升了企业的科技创新能力。从某种意义上来说，硅谷技术创新体系的成功是特定制度与文化的产物，正是特定的文化和制度环境为硅谷企业提供了良好的温度、湿度、土壤、植被等，使硅谷成为创业人和创新者的栖息地（Habitat）。[①]

7. 产学创新体制的可持续性

硅谷激励技术创新的机制主要有三类：①产学互动机制；②风险投资机制；③联合企业机制。由于这三种激励技术创新的正反馈机制的形成，硅谷的技术创新和体制创新缔造了边际不断延伸的、以研究型大学和高技术创始公司为主体的社群网络和创新课程。硅谷的大学已经成为创新者的摇篮。大学不但鼓励科技人员进行技术创新，并且采取了许多鼓励科技人员创立科技企业、参与产学研项目的人才管理与激励政策。这些措施大大提高科技人员的创业积极性，推动科技成果的产业化，保持了创业企业与学校的联系，帮助他们源源不断地从学校这个科技创新源头中摄取新的营养；三是使得教师和科技人员从创业过程中实现知识更新，开阔眼界，进而推动他们的教学和科研工作。以斯坦福大学为例，产学研人员管理政策主要有：

斯坦福工业园巩固了该地区新出现的大学与电子技术公司之间的合作关系以促成双方的长期发展。这些机构和体制创新促进了大学、政府和公司之间的各种合作关系，包括私人关系和组织关系，并使硅谷的社群网络的建立具备了现实可能性。斯坦福大学、加州大学伯克利分校、加利福尼亚旧金山大学与当地高新技术公司之间的互动合作关系是硅谷持续成功的实质之所在。三个世界一流的科学、医学和工程学领域的研究型大学的出

---

① Chong – Moon and Zhongwen Lee，The Silicon Valley Edge. a habitat for innovation and entrepreneurship ［M］. US：Stanford University Press，2000.

现，以及它们对硅谷产业活动积极参与，使硅谷因此建造了世界上最强大的产学创新集群和社群网络。

表 4 - 2　　　　　　斯坦福大学的产学研人员管理政策

政策类型	主要内容
兼职政策	允许教师和研究人员每周有 1 天到公司兼职，从事开发和经营活动
全职政策	允许教师和研究人员有 1～2 年的时间脱离岗位，到硅谷创办科技公司，或到公司兼职，学校保留其职位
科技成果转移政策	教师和研究人员在学校获得的科技成果，由发明者本人负责向公司转移的，学校与其签署许可合同，所获得的知识产权收益，学校只提取其中的 10%～15%；归属学校的应用性成果在 1 年之后仍未向企业转移的，发明者可自主向企业转移，学校不再收取回报

（二）韩国京畿道地区：技术创新扩散和经济增长的发动机[①]

韩国京畿道区域内集聚了大量的具有一定技术水平的制造业、密集的研究机构和高校，这些都为韩国技术创新提供了动力，推动了技术扩散的实现。大量的中小高科技企业具有接受技术的愿望和需求，成为技术扩散的拉动力。京畿道区域内大量的科技中介服务机构成为技术扩散的主要渠道，尤其是 2000 年后韩国技术转移中心的成立，促经了韩国技术交易市场的发展，为京畿道地区的技术扩散注入了新的活力。

1. 区域内企业间联系紧密

在解决技术问题上，企业之间联系是非常重要的。自 20 世纪 80 年代以来，韩国就一直致力于建立企业内部的研究机构。虽然一些大学也参与帮助区域内企业解决技术问题，但实践证明，大学和政府研究机构不是技术创新和技术扩散的主体。在这种背景下，京畿道地区内企业之间的技术信息交流也是借助企业之间的外部联系获得的，企业外部信息获得的一个重要的渠道就是科技中介服务机构。京畿道地区内部产业输入与输出的关

---

① 曾刚. 基于科技中介服务机构的产业密集区技术扩散研究［D］. 华东师范大学博士论文，2006.

联度强，进一步强化了区域内技术扩散。京畿道地区内的制造业企业比较发达，企业之间的信息和知识交换非常紧密。在京畿道地区，制造企业几乎一半的生产技术信息来源于邻近的公司，许多关于生产技术及市场对技术需求的信息都来自周围的企业。区域内50%以上的原材料和零部件供应商在本地，60%以上的产品是销往其他区域的，其中，有12.2%的产品销往国外。在劳动地域分工强化的过程中，企业之间建立了相互依赖的关系。该关系构成了用户和生产者之间的信息交流渠道，知识、信息和技术则通过这种渠道流动扩散。

2. 集聚公共机构和大学的研发力量

京畿道是韩国仅次于首尔的公共机构和大学集聚中心，有217个公共研究机构，占韩国所有公共研究机构的6.5%；有384个大学研究机构，占所有韩国大学研究机构11.5%；公共研究机构数占韩国的16.5%，大学数占韩国全国的14.1%。1998年，京畿道地区的R&D费用支出为80.2亿美元，其中70.3%的R&D费用支出由企业研发机构支出，占韩国所有企业研发机构R&D支出费用的42.2%。由于韩国27.3%的企业研究机构都位于京畿道地区，因此，与其他区域相比，该地区的企业研究机构具有突出的地位。在公共研究机构R&D费用支出方面，京畿道地区也仅次于大田，在大学R&D费用支出方面，次于首尔，其引领作用可见一斑。

京畿道作为首都首尔的周边地区，是韩国技术创新高地。早在1998年，京畿道地区研发人员的人数就达到19.92万人，其中，46.5%的研发人员在地方大学和院校工作，占韩国研发人员的9.2%，仅低于首尔；企业研究机构研发的研究的人员为8.72万人，分别占京畿道地区和全国所有研究人员的43.8%和40.3%，位居第三。水原市不仅是韩国的农业研究中心，也是三星电子等高科技企业汇聚的高科技产业城市。

3. 通过科技中介服务机构强化产业之间的技术联系

在20世纪90年代末，亚洲金融危机以后，一批过去被称为韩国经济支柱或中坚的大企业集团纷纷倒闭、破产或陷入经营危机中。韩国政府开始更加关注中小企业的发展。其实，韩国的中小企业从20世纪80年代之后就已经开展R&D活动，到了90年代这种趋势逐渐得到强化。在这种趋势下，京畿道地区创新主体也发生了变化，由政府支持的大学、科研机构和国有企业向私人企业转变。该地区的产业结构也由劳动密集型向资本密集型和技术密集型方向发展，私人企业对技术需求不断扩大。同时，在市场经济时代，产学研之间联系变得非常重要。韩国政府也认识到大学、研究机构和本地企业知识的形成和扩散可能是将来经济发展主要原动力，而中小企业技术的评估、咨询，技术信息的获得及其技术创新的扩散都将影响未来区域经济乃至国家经济的发展。为此，韩国于2001年建立了韩国技术转移中心，用于加速科技成果产业化和商品化，提高技术竞争力，促进技术跨地域、跨国家和跨行业的扩散。到目前为止，韩国有30%的专利技术通过该中心完成其商业化进程，而且这个比例还在逐年增加。从京畿道地区技术扩散的特点来看，技术转移中心运作模式是新形势下的一种有效市场运作机制，发展潜力很大。

4. 通过商业评估促进公共研究机构向企业进行技术转移

单个技术和单个项目主要是以研究资助和贷款两种形式开发的，长期以来已进行了有效性评估。但是，许多研究仅仅关注在技术本身，如技术的先进性及其实现的可能性，其商业化潜力和经济价值被忽视。在这种情况下，由政府资助的 R&D 活动所研发的技术，其商业化的比例低于25%，低于许多 OECD 国家。一般一项技术被商业化潜力评估主要依靠一些指标来判断，比如，市场前景、技术的发展趋势、准入门槛、收益率和技术被商业化的费用等等。强化商业化潜力价值评估的内容，细化指标，保证客观地评估一项技术是否能商业化，同时注重培养合格的技术评估专家，建立一个有效的评估体系。为了使技术转移系统有效运行，韩国技术转移中心特别注重技术转移专家的资格审核。在韩国，有三种类型的技术转移专家工作在这个领域：第一类是公共和私人技术转移组织（包括 KTTC 在内），根据技术转移促进法，每个组织根据其专业特长负责不同技术领域，或技术商业化过程中的不同阶段；第二类是技术转移代理机构，在中心任何人只要完成了一系列的培训取得合格资格后，就可以注册成为一个技术转移代理机构；最后一类是专业人员，这些专业人员在大学和公共研究机构中的技术授权办公室（Technology License Office，TLO）从事工作。虽然许多比较大的大学和政府资助研究机构已经建立了他们自己的技术授权办公室，但尽管如此有许多技术授权办公室由于缺乏大量的专业技术人员和资金预算而停止了日常的工作。2002 年，为了更有效地运作 TLO，在韩国科学技术部支持下，京畿道地区的大学和研究机构成立了 TLO 公会，其主要目的是促进公共研究机构向企业进行技术转移。

5. 系统化的促进技术扩散和技术商业化的运作机制

技术转移中心的主要任务是有效地促进技术扩散和技术商业化，让技术的持有者能把技术提供给技术的需求者，让技术的需求者能找到技术的提供者，把技术从技术提供者那里扩散到技术需求者那里，使技术在价值空间上流动起来，在技术提供者和技术接受者之间建立起有效的技术对接平台和扩散通道。为此，必须建立一个包含技术设施和支持体系在内的完整系统来保证有效的技术扩散，即保证空间上技术流畅地流动。韩国技术转移中心具有比较完善的支持体系。为了保证技术的顺利扩散，自 20 世纪 90 年代以来，韩国几个政府组织举办了相关的技术展览会和技术交易会来促进技术拥有者、技术购买者和技术发明者之间的交流和沟通，降低技术寻找者和技术提供者的搜寻成本，这对那些没有自己网络关系的个人和中小企业帮助尤其大。

政府研究所在地区技术许可办公室联合体中起着领导作用，这些联合体的主要任务是，识别并提供有发展前景的技术。另外，大学工业技术团由工程学教授领导，其主要职能是向中小企业提供技术援助。2001 年底，韩国科技部出台了名为"技术许可办公室联合体计划"的技术转移新计划，以提高公共研究机构技术许可办公室完成其独特任务的能力。

科技部支持联合体的工作，鼓励它们领导其成员组织，促进技术向私营部进行转移。大学工业技术团是由 57 位全国各地的大学工程教授组成的非营利法人团体，目的是为了帮助中小企业建立对大学研究工作的信任。它既是大学与工业合作的原始模式，也是第一个由教授们自愿参加的"脑库"，其主要的工作是依靠大学里的杰出技术，执行其"为中小企业排忧解难的计划"。同时也执行由商工部资助的"大学技术向私人转移的计划"与"能源与技术评价支持"的计划，并与区域技术转移中心组成系统的区域技术扩散网络。通过与区域技术转移中心合作，使本地的技术提供者和技术需要者之间交流和沟通，实现技术的转移和扩散。同时通过与区域技术转移中心合作实现区域之间的技术扩散，识别本地区内企业的技术需求，和 TLO 公会和其他公共研究机构一起合作促进本地区技术扩散。

6. 国际技术转移网

建立有效的技术商业化系统的主要目的之一是通过网络化和形成合作伙伴关系来促进国际技术转移，扩展合作的范围。其从事的服务包括但不限于举行共同研讨会或提供潜在技术需求者相关信息等，其中，交易谈判是非常重要的。2004 年后，区域技术转移中心开始注重跟踪一些出口到亚洲国家的技术，通过对技术需求者调查和在现场向感兴趣的技术购买者与投资者介绍来进一步加深对技术商业化有效评估的了解。区域技术转移中心有紧密的国际网络联系，其合作伙伴包括中国、俄罗斯、德国和美国等国家和 23 个组织。

7. 专业化的技术转移人才

由于技术转移涉及的领域比较广，需要同时具备一定的基础知识和专业知识。因此，为了保证技术转移成功实施，区域技术转移中心需要不断地提高专业技术转移经纪人的业务水平。因为专业技术转移经纪人的业务水平的高低，对成功实现技术转移有一定的联系，韩国技术转移中心与韩国技术科技情报研究所、韩国智慧财产权鉴价机构、韩国软件振兴院等专业机构一起联合对技术转移经纪人进行了培训。在技术转移、技术鉴定、商业评估和并购等领域开设了基础和高级两种水平的课程。在主要课程的设置上，形成了从技术转移基础概念到技术合同谈判与书写，从技术鉴定的理论到技术评价的实践，从知识产权的保护到技术转移案例的系统化培养方案，注重技术市场化、技术合同谈判和技术评价等方面的培训教育，同时通过更多的实际案例分析进一步提高对理论知识认识和实践操作水平。

8. 建立系统化技术转移体系

韩国以技术转移中心为核心，以 8 个区域技术转移中心为节点形成的网络化的技术扩散体系大大促进了韩国技术的扩散。韩国技术转移中心的成立对韩国技术扩散影响作用越来越显著，而技术扩散是一个系统化的运作体系，需要相关基础设施和支撑体系。

韩国技术转移体系主要以韩国技术转移中心为主，以技术许可办公室联合体、大学工业技术团为辅组成一个系统化的技术转移体系。技术转移中心主要负责为技术的转移和商业化建立国内外支持网络、生成各类数据库、技术评估和技术商业化投资联系。技术许可办公室联合体主要负责识别并提供有发展前景的技术，加强各公共研究机构之间的联系，整合地区科技智力资源，避免技术转移中市场研究和营销工作的重复。

9. 多元化的投融资渠道

签订技术转移合同并没有实现技术的商业化，技术买方还需要继续投资以将得到的技术进行产业化规模生产。这个阶段需要大量的资金，而中小企业由于融资困难，制约了技术产业化的实现。韩国技术转移中心与相关的投融资机构联合，帮助技术买方实现产业化生产。与韩国技术转移中心合作的融资机构有韩国技术信贷担保基金、韩国创业投资协会、韩国创业投资协会、中小企业银行、大宇证券和中小企业振兴公团等，是由韩国政府于1989年组建的非营利性组织，目的在于向新兴的技术型企业提供信贷担保以帮助它们获得发展资金，从而促进技术型的中小企业和风险企业的增长。此外，在韩国各地已设立了10个技术评估中心，其主要职能是为企业的无形资产（技术）提供客观公正的评估。"韩国技术信贷担保基金"（Technology credit Guarantee Fund）对中小企业的技术信用做出评估时，经常通过使用外部机构的技术评估结果来增强其技术评估的可信性，通过引进新的信贷担保系统来分享企业的利润和分担企业的风险。"融资机构＋技术评估中心＋技术转移中心"形成了技术商业投资链，保证了技术商业化的成功实现。

（三）芬兰国家创新体系与图尔库科技园区①②

1. 芬兰国家创新体系概述

芬兰的国家创新体系庞大且功能齐全，复杂却井然有序，工作流程严密高效，自上而下可以分为六个层次：首要政治机构、政策解析与描述机构、政策调制与指导机构、研发创新执行机构、知识与技术转移机构、商

---

① 潘琦：解析芬兰国家创新体系［EB/OL］，复旦商业知识，http：//bk. fudan. edu. cn

② 芬兰图尔库科技园区："孵化器"助推高科技成果商业化［N］经济日报，2011－11－17.

品供应与服务供应机构。芬兰国家技术创新局（Technology Development Centre of Finland，TEKES）局长佩卡·索伊尼（Pekka Soini）在接受 FBK 专访时表示，"芬兰近年来取得的成绩，得益于其高效的创新体系"。这一体系给予初创企业、成长企业充分而灵活的支持，正是促使芬兰经济持续发展、提升的原动力（见图4-1）。

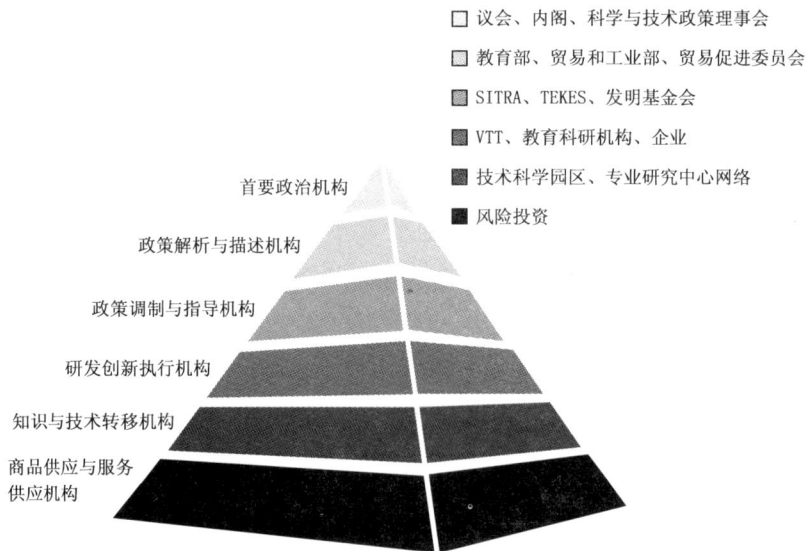

图4-1　芬兰的国家创新体系结构图

第一，首要政治机构。首要政治机构是国家创新体系的领导者，由议会、内阁、科学与技术政策理事会组成，是决定芬兰创新体系研发方向与方式的关键要素。其中芬兰科学与技术策略理事会是战略性行为主体，直接由总理组建，强调高素质大学教育和技术领域研究的必要性、增加国家研发投资的必要性和鼓励开放创新文化的必要性。

第二，政策解析与描述机构。芬兰的政策解析与描述机构是中观调控机构，由教育部、贸易和工业部、贸易促进委员会组成。教育部掌管所有的高校和芬兰科学院（如下一层级的四个研究委员会）；贸易和工业部主要管理国家技术代理机构（如下一层级的 TEKES）与部门内研究机构从事相关的研究。贸促会是芬兰政府和企业共同参股，以商业服务形式向企业提供服务的机构，在促进芬兰企业出口提升方面起着重要作用。

第三，政策调制与指导机构。政策调制与指导机构是市场运作与政府意志的结合。其中，芬兰国家研究发展基金（SITRA）成立于1967年，是芬兰国会监管下的独立性公共基金会，致力于促进技术成果的商业化和种子项目的融资，还参与部分国家科技战略的研究和制订工作。SITRA是芬兰最大的风险投资者，同时也是催生新创意的思想库，对基础研究和教育提供资助，促进国家技术局的指导思想。它对中小企业创新的支持主要采用综合性计划和初创融资服务两种方式进行。此外，SITRA还在国内市场和国际市场上进行风险投资，以促进风险投资市场的发展。

芬兰国家技术创新局（TEKES）创立于1983年，是芬兰投资于研究和开发的主要国立机构，为公共部门和私营企业研发创新项目提供资助及网络支持，鼓励并推动企业和科技团体的合作，以及制造商、供应商、顾客和终端用户之间的合作。以政府为主导、TEKES为核心机构的芬兰技术创新体系克服了科研、开发和应用的脱节，使国家科技事业走在"开放式、多层次、跨领域、实用化"的系统发展轨道上。TEKES聚焦某一特定领域，联合企业、高校和科研机构的力量，实施某项国家技术计划，时间一般在五年左右，推动产业群的形成。TEKES资助了包括诺基亚在内的所有成功的高技术企业。芬兰发明基金会成立于1971年，负责支持和促进芬兰科技发明、保护技术发明、促进科技发展的商品化和促进技术发明在生产中的应用，在技术发明者、大学和研究所与市场和产业之间架起桥梁。

第四，研发创新执行机构。研发创新执行机构是研发执行中坚。其中，芬兰技术研究中心（Technical Research Centre of Finland，VTT）是北欧最大的多学科研究机构，建立于1942年，主要提供研发、测试、产品审批和认证、信息和风险投资服务，帮助客户开发新产品、更新生产方式和服务，开拓新的商业领域。其核心作用是从活跃研究出发，促进科研单位与工业产业相结合，促进科技成果转化，形成一个学术气氛活跃、商业气息浓郁的特殊环境，从而孵化出更多能投入使用的应用性研究成果。VTT上启贸工部、TEKES，下接企业、研究机构、院校，实现从基础研究、应用研究及企业技术研究三大体系的贯穿。教育科研机构具有以技术为中心的明显特点。其中，赫尔辛基技术大学、坦佩雷技术大学和奥卢大学是技术研究和开发的推进器和本地区技术研究与开发的中心。企业是技术创新的重要参与者，也是技术成果的直接受益者。芬兰企业多设有科学研究机构和技术开发部门。芬兰最大的 20 家企业的研发支出的总和是大学的 2 倍。

第五，知识与技术转移机构。知识与技术转移机构是基础研发与应用研发的融合。产学研结合"三位一体"的技术创新机制推动芬兰形成世界上最有效的国家创新体系之一。从 20 世纪 80 年代后期开始，全国性的技术开发区和专业研究中心网络在芬兰逐步建立，提供的服务包括初始分割计划和"孵化器"。众多获得国家技术局承认、通过国家研究开发基金投资的非合同式批准的、为中小新兴企业服务的企业投资有限公司形成了芬兰民间创新资本的主要来源。

第六，商品供应与服务供应机构。商品供应与服务供应机构是科技与资本的融合。包括私营制造和服务公司、公有服务部门——国家企业、商业银行、风险投资商等，主要以建立种子基金和发放启动资金的形式向处于启动阶段并具有创新能力的高技术企业和中小企业投资，并利用项目回报进一步扩大投资规模。

2. 芬兰图尔库科技园区：以"孵化器"助推高科技成果商业化

以图尔库科技园区为例，考察芬兰国家创新体系的运作实效，可以发现国家创新体系对于高科技产业的巨大推动作用。图尔库是芬兰最早的城市，建于 1229 年，曾是芬兰的第一个首都。这里是芬兰的重要工业中心、第二大贸易口岸，也是仅次于赫尔辛基的重要文化和科技中心。1988 年，由政府发起的图尔库科技园有限公司设立，政府占有其中 96% 的股份，功能定位是将科技成果商业化。同年，科技园区第一座建筑落成。目前，图尔库市政府在图尔库科技园区的投入和回报比例为 1∶4.77。

（1）通过"孵化器""孵"出众多高科技企业。图尔库科技园区坐落在芬兰的图尔库市郊，高低错落的建筑群中入驻有 300 多家高科技研发机构，这里是科技成果产业化的"孵化器"，"孵"出的高科技企业 5 年以上存活率高达 85% ~ 90%。园区有两个代表性"孵化器"，凡是加入"孵化器"的企业，房租减免，享受相关的政策。但企业自身要拥有很先进的技术，并且只能在"孵化器"里呆3年，即3年要出成果。园区提供的优质服务，包括为"孵化器"中的企业量身提供专家服务，寻找包括风险投资在内的各种融资渠道，以及开展有关的市场调研。园区还利用参加各种展会的途径，与世界各大企业交流，为区内企业寻找供货商和用户。

（2）依托强大的科研资源。图尔库科技园区的最大优势是毗邻图尔库大学、瑞典语图尔库大学和图尔库经济学院，拥有强大的科研资源，许多教授、博士同时也是研发机构的科研人员。如这里的健康生物技术公司亦是"国家专家中心"的一部分，拥有芬兰生化领域国家层面最高水平的专家，公司向客户提供针对医疗行业的生化科技实施方案。由于生物材料实验周期长，一般要8~9年，这里的图尔库临床生物材料中心实验室，同时也是图尔库大学的一部分，通过现代化的实验基地，致力于将生物活性瓷和可降解高分子材料用于医疗和包装工业。生物材料包括再创造和再建设，目前世界上比较重视再创造，而他们中心则比较重视再建设，因为再建设材料成本低，更为使用者接受。

（3）打造"生物（BIO）图尔库"和"通信（ICT）图尔库"。芬兰有一半的医药产业集中在图尔库，图尔库科技园区根据当地优势，从培育新的经济增长点入手，将生物和通信作为两大重点发展领域，目标是促进科技成果商业化，打造"生物（BIO）图尔库"和"通信（ICT）图尔库"。许多图尔库科技园区入驻企业都拥有现代化的实验室。斯迪克技术公司研发的牙科所用纤维增强材料享有很高的声誉，已在全球30多个国家和地区使用，用于牙齿强化组合桥梁和造冠及加固等，所有产品均获得欧共体和美国食品药品管理局认证，目前该公司的年营业额已经达到130万欧元，年均增长10%。

以园区的波恩阿莱生物材料公司为例，这家公司分别于2004年、2006年和2008年获得了3项专利，经"孵化"后正式设立于2010年。这家私人公司，包括研发、生产、营销、法律事务在内仅有12人，却生产着最高级别的医疗材料——100%人造生物活性骨，用于骨髓炎、头部骨骼受损后的修复等。产品注入填充骨腔后，可在体内生物化解，刺激骨质再生，3~6周就会有新骨骼生成，并逐渐替代注入物。同时，该产品能通过生物材料抑制骨髓炎细菌再生，这在世界上还是首屈一指的产品和技术。目前，公司产品的销路在不断扩大。

图尔库科技园区能够得到芬兰国家技术创新局的拨款以便促进科技成果加速商业化。芬兰国家技术创新局（TEKES）是芬兰重要的技术创新资助与管理机构，设立于 1983 年，特别支持创新的高风险项目，其对研发创新拨款逐年增加，2010 年达到 6.14 亿欧元。由于芬兰的研发主要靠企业，占比超过 70%，TEKES 的支持对象从 20 世纪 90 年代的技术创新逐渐向服务创新和有成长前景的企业创新发展，近年来，还积极与中国政府进行研发、技术、创新合作并鼓励芬兰企业进入中国市场。目前，芬兰工作人口中研发人员占比为世界第一。

二、国内一流高新区的技术创新体系建设及其特点

经过 20 余年的建设与发展，我国高新区已经成为我国创新驱动的重要载体，成为引领科学发展、创新发展和可持续发展的战略先导。在国家政策的正确指引下，我国高新区坚持不懈地营造有利于知识创造、技术创业、企业成长、产业培育的创新创业环境，推动建立了一大批技术转移机构、科技企业孵化器、科技企业加速器、大学科技园、生产力促进机构等科技服务机构；建设了一大批公共信息服务平台、公共技术开发平台、公共技术检测平台；完善了技术市场和产权交易市场；组建了一大批产业技术联盟；建立和形成了政府、企业、社会互动，创新创业主体、创新创业载体、科技中介服务、科技金融相结合的科技创新服务体系。随着科技创新服务体系的不断完善，高新区已成为创新创业的沃土。

（一）中关村国家自主创新示范区：规划技术创新体系建设蓝图[①]

1. 搭建区域协同创新的公共服务平台

中关村国家自主创新示范区围绕产业发展的科技创新需求，搭建区域协同创新的公共服务平台。中关村示范区拥有产业技术联盟数量近 50 家，如 TD‐SCDMA、闪联、生物医药 CRO 联盟等，覆盖了软件、集成电路等

---

① 解佳涛．创新沃土　高新区科技服务体系日趋完善［N］．中国高新技术产业导报，2012‐07‐08．

多个领域。通过实施中关村开放实验室工程，建设开放实验室84家，为1000多家高科技企业提供检测类服务万余项，合作研发项目近千个，产生了数十个重大产业化项目。在信息技术、生物医药、先进制造、新材料、文化创意等多个领域，积极推动创新资源平台、投融资服务平台、人才资源服务平台、知识产权保护平台等公共服务平台的建设。

2. 调动社会组织及专业服务机构的积极性

中关村调动协会（商会）等社会组织及专业服务机构的积极性，发挥专业化服务优势。作为联系政府与企业之间不可或缺的重要纽带和桥梁，中关村的协会（商会）等社会组织服务功能日益增强。截至目前，中关村的协会组织已达42家，拥有近2万家会员企业，与中关村示范区内的近百家创业孵化机构、200多家创投机构、600余家专业服务机构保持着密切联系，呈现出"以企业为主体，市场化、职业化运作"的发展态势。

中关村的社会组织通过整合资源，聚集了超过40家创业孵化机构、100家创投机构、30家银行机构、10家信用评级机构、50家检测类实验室、100家技术类实验室、100家知识产权服务机构、100家市场咨询机构等专业化服务机构，为中关村示范区企业提供产学研结合、标准创制、品牌建设、知识产权保护等专业化服务保障。

3. 建立创业、创新、科技金融、人才、产业化五大服务体系

在总体思路的引领下，中关村将着力建立创业、创新、科技金融、人才、产业化等五大服务体系。如在建立创新服务体系中，中关村提出通过政府引导，建立集成政府公益服务和市场化服务的公共服务平台，为满足产业优化升级、企业技术创新及产学研协同创新需求，以及企业在知识产权保护、标准化等方面需求，提供资源共享、开放的公共服务。在建立产业化服务体系中，中关村将通过组织实施科技成果产业化服务试点示范，进一步探索企业主导的产学研用的服务与合作的新模式；研究建立科技成果评价指标体系，推进科技成果转化及产业化服务评价的规范化、市场化和国际化。

4. 科技服务业"服务北京、辐射全国"

中关村科技服务体系建设以国家在中关村开展的现代服务业综合试点和高新技术服务业基地建设为契机，发挥中关村首都创新资源、人才聚集优势，通过完善科技服务体系，加大科技创新创业公共服务平台建设，强化科技服务机构专业化能力及人才梯队建设，加强科技服务模式和市场化运行机制的探索实践，进一步引导中关村示范区科技服务业朝着专业化、规范化、国际化方向发展，为更有效地服务于首都科技创新创业，推进科技成果转化为现实生产力提供全方位、多层次的科技服务支撑，成为"服务北京、辐射全国"，以科技创新引领战略性新兴产业发展和产业聚集的科技服务体系建设的典型和示范。

（二）天津滨海高新区：创新引领区域发展[①]

滨海高新区在创新创造中破解难题，不断提升高新区自主创新能力、综合竞争能力和可持续发展能力，努力把高新区建设成为全球创新资源的聚集区、高端高质高新产业结构的示范区、自主创新发展的领航区、体制机制创新的先行区，推动高新区发展不断向前。经过多年努力，滨海高新区在区域经济发展中实现了"六个引领"：

一是在对高新技术产业发展上起到了引领作用。作为全市的高新技术产业化基地，滨海高新区初步形成了参与产业高端分工、创新浪潮持续涌现的产业创新集群，在构建高端高质高新产业上发挥着引领作用。滨海高新区广泛聚集国内外创新资源，抢占制高点。科技金融深入推进，创造性推出了科技小巨人集合信托、中小企业私募债、文化创意产业集合信托等举措，收到了良好效果。启动建设星企中心，着手对闲置资源进行整合，为科技型企业的培育发展拓展空间。加快建设未来科技城，促进高端的研发机构、人才团队加速聚集。2012年，滨海高新区先后成为国家863成果转化及交易中心、全国高校成果转化中心和国家科技文化融合示范基地，引进科技型企业近1000家，小巨人企业突破100家，国家高新技术企业数量占全市的34.5%，无论是数量还是质量都继续起到了引领作用。到2015年，滨海新区将培育一批自主创新能力强的战略性新兴产业，重点发展生物医药、航空航天、信息技术、能源环保、新材料和海洋科技等六个战略性新兴产业。初步建成国家重要的产业技术研发中心。营造研发机构聚集

---

① 创新激发力量 滨海高新区领航自主创新可持续发展 [EB/OL]. http：//news. china. com. cn/rollnews/2010 - 04/25/

的环境和条件，形成体现产业研发特色、具有研发聚集优势的技术产出中心，建成国家重要的高新技术成果转化应用中心。

二是在服务意识和服务系统的建立上起到引领作用。政府各职能部门恪尽职守，大服务理念在滨海高新区逐渐深入人心：在重点客户、重点项目服务方面，出现困难即时反应；在重大项目的工商注册、建设施工等审批手续上，服务工作深入细致；在区域营销方面，机场、高速等重点部位树起的标志牌初步形成了一定的宣传态势，一系列文体活动立体展现了高新区的公关形象；在社会稳定方面，努力维护和谐的劳动关系，创造了良好的社会环境。政府部门主动融入发展、服务发展，一个高水平的服务系统、服务氛围正在高新区形成端倪，充分体现了政府服务的快节奏和高效率。

三是在项目的规模上起到引领作用。滨海高新区的实体项目、金融项目、科技项目、服务业项目齐头并进，吸引了卡梅隆中国总部、GE保理、中国有色生产物流基地、中国网上钢材交易市场、应收账款中心等一批标志性项目和总部经济落户高新区。滨海高新区内外资协议额、到位额实现了倍数级增长，合同利用外资突破 10 亿美元，实际完成内联引资额突破 100 亿元。在重大项目的带动下，五大支柱产业蓬勃发展，有力支撑了经济的快速发展。

四是在经济运行、总量扩张上起到引领作用。2012 年，滨海高新区设立了 1.5 亿元专项资金，启动实施经济发展"新十条"，调动了工业产值增长 110 亿元，拉动增幅 15 个百分点，工业总产值实际完成突破了千亿大关，净增一倍以上。按照发展规划，2015 年滨海高新区将实现工业产值 3000 亿元以上、生产总值 1500 亿元、财政收入 100 亿元。

五是在环境建设上起到引领作用。西强、东进、北扩战略全面实施，载体建设、配套建设、环境建设取得了一批重大建设成果，对项目、对发展的承载能力显著增强。蓝白领公寓投入使用，地铁接驳线等公共交通线路开通运营，一批电力、道路等重点建设项目建成投产，充分诠释了"高新效率"。

六是在载体空间上实现了起到引领作用。天津高新区以滨海高新区的国际性创新发展为龙头，以津西知识创新密集区为基础，以南开科技园和武清开发区、北辰科技工业园、塘沽海洋科技工业园等特色功能区为扩展，形成东西互动、区县联动、多点带动的格局。具体体现为四个功能特征：①体制机制创新的先行区，落实滨海新区综合配套改革方案，重点在部市共建机制、产学研合作机制、科技金融创新机制等方面先行先试、率先突破；②全球创新要素的聚集区，成为聚集全球知识创新、技术创新和产业创新要素以及国际交流、对接和合作的平台；③自主创新和创新驱动型发展的引领区，构筑重点领域自主创新的领先优势，在全市经济由资源依赖型、投资驱动型向创新驱动型发展方式的转变中发挥引领作用；④"三高"产业结构的示范区，通过发展高端产业和向产业价值链高端延伸，建成高端高质高新产业结构的示范区。滨海高新区40平方公里的未来科技城拓展区的规划和建设前期准备工作全面展开，与此同时，高新区北部开始扩区，滨海高新区将启动一个幅员超过200平方公里的广阔空间，高新区的面积将实现倍数扩张。

滨海高新区肩负着滨海新区和天津市创新引领的光荣使命，把自主创新作为转变经济发展方式的核心推动力，通过聚焦创新型科技园区与自主创新高地建设，努力使高新区成为聚集各类高端要素和专业要素，形成高新技术产业集群的区域，为滨海新区、天津市经济发展提供了强劲增长引擎。

（三）烟台高新区：全力构建科技创新服务体系①

烟台高新区加快推进创新创业载体平台建设，形成完善的创新服务体系，以吸引更多的海内外科研机构进入烟台高新区。中科院上海药物研究所烟台分所是烟台市筹建的首个国家级医药研发机构，由中科院上海药物研究所、烟台市人民政府、烟台高新区管委、山东国际生物科技园发展有限公司等四方共建。项目位于高新区山东国际生物科技园，主要从事药物新制剂、重大疾病创新药物、海洋药物、生物大分子药物的研究与开发。该科研机构将成为山东半岛蓝色经济区重要的医药产品研发平台，并将提升烟台市的医药产业创新能力。

---

① 鞠川江. 烟台高新区全力构建科技创新服务体系［EB/OL］. http：//www. chinadaily. com. cn/2012－08－28

1. 建设国内一流科技孵化器和创业园区

2012 年，建成各类孵化器 30 万平方米，2015 年总面积将达到 100 万平方米，5 年内力争创建 5 家以上国家级企业孵化器。位于高新区的烟台市大学生创业园，总面积达 3.7 万平方米，内部办公、研发、生活公寓、娱乐健身等设施一应俱全，为创新创业者提供了高端高质的服务配套，构建了一处名副其实的"创业天堂"。据统计，短短 4 个月时间，已有 50 多个项目完成注册。烟台高新区科技 CBD 创业大厦、中俄科技园等综合孵化器拔地而起，生物医药、航空航天、海洋工程、先进制造孵化器等专业孵化器正紧张建设之中。

烟台高新区 90% 以上的企业都已经建立了与高校、科研院所的长期合作关系，这些企业都建成或正在建设高标准、高水平的研发中心、重点实验室，从而大大加快了向研发型、智慧型企业升级的步伐。博源科技材料（烟台）有限公司，主要生产新型环保包装材料及包装印刷品，拥有全球第一条具有自主知识产权技术的 EB 固化新型高速自动化生产线。项目全部建成后，年可实现销售收入 40 亿元。投资 10 亿元的绿叶国际医药科技产业园，主要从事天然药物、化学药品及新制剂的研发、生产，2012 年年底正式投产，项目全部达产后，年可实现销售收入 100 亿元，利税 15 亿元。泰利公司联合清华大学、机械科学研究总院共同打造"胶东汽车技术现代服务平台"，聘请两位中国工程院院士领衔，引进清华大学国家 CIMS 工程技术研究中心和机械科学研究总院国家重点实验室的技术和人才，面向汽车制造数字化、精密化、轻量化发展需求开展关键技术研发服务，在专业领域达到国内领先水平。

2. 吸引国际一流人才

烟台高新区通过引进一批高层次人才、带领一批创新团队、支持一批优势学科、带动一批新兴产业，迅速形成创新能力强、产业链完整、具有竞争力的创新型产业集群。目前，高新区人才引进势头强劲，10 人入选烟台市第二批"双百计划"，占全市 70%，2 人入选省"泰山学者海外特聘专家"，3 人正在推荐申报国家"千人计划"。与此同时，设立了规模 1 亿元的创新扶持专项资金，用于引进国家级科研院所、重点实验室，为招才引智提供载体；优化创新创业环境，加强医疗、教育、文化娱乐、生活居住等服务配套，让人才真正来得了、留得住。

3. 创新科技金融服务体系

烟台高新区积极深化与清华大学、上海中医药大学、同济大学、复旦大学、北京航空航天大学、中科院沈阳自动化所等众多知名高校院所的合作，推动和促成了中科院计算所烟台分所、机械科学研究总院先进制作技术研发中心、国家生物新材料科技园、烟台北航国家大学科技园等一大批合作项目。针对创新型企业资金需求迫切的实际，深入推进科技金融服务平台建设，充分发挥公共财政资金的杠杆作用，在全市率先设立2000万元投资引导基金，形成了首期规模1亿元的烟台蓝色产业投资基金；引进5家创业投资机构，设立科技信贷补偿资金、创业风险投资基金和信用担保公司，拥有了10.8亿元的融资担保能力，初步形成较为完善的科技金融服务体系。

烟台高新区以科技企业孵化器、技术转移机构及生产力促进中心为代表的各类科技服务机构正向高新区集聚，科技服务机构对高新区产业发展的支撑作用日益明显。

三、肇庆高新区技术创新体系建设思路和重点

(一) 建设思路

1. 培育知识创新主体

在高新区创新网络的建设中，知识创新主体的培育是高新区可持续创新能力的基础。高等院校和科研机构是知识创新的主体，在高新区创新网络中有着独特的功能，作为知识创新的重要生产者和供给者，高等院校和科研机构的主要职责是进行创新知识生产，储存大量的技术信息、创新产品（点子）、市场价值。因此，高校和研究机构为高新区持续创新提供知识储备和商业化、工程化的基础，为区域持续创新提供人才保障和智力保障。为服务于高新区经济发展，地方高校重点学科发展应基本满足高新区持续技术创新的知识储备增长的需要，逐步探索重点学科发展的良性机制和模式；重点在具有高新技术产业支撑基础的优势学科领域进行原创性知识生产，进行相关学科知识的加工和传播；塑造对接高新技术产业发展和企业技术创新的名牌专业和研究机构，致力高新技术企业所需要的技术开

发、技术贸易和企业管理人才的培养，为形成可持续的知识创新能力集聚创新人才。同时，要立足于各类科技创新基地的建设和重大科技创新工程（项目）的发展，着力培养国家级、省级科技创新带头人。另外，要主动适应高新技术产业的发展需求进行自主知识创新和突破性技术创新，争创设立更多的国家级重点实验室；丰富重点实验室的学科构成，发展与高新技术产业和战略性先导产业对接的学科领域，侧重相同领域的渐进性技术创新；创新重点实验室建设模式，鼓励重点实验室的校企共建、区域共建，提高有关实验室的开放水平，加强高新区资源整合能力。

2. 培育服务创新主体

中介机构是服务创新的主体，致力于为创新主体提供社会化、专业化的服务，在区域创新网络中发挥着黏结剂和加速器的作用。作为技术扩散媒介，它能够有效沟通技术创新成果的供给与需求，发现技术创新空间，加速创新成果转化，增强创新行为的活力；同时，降低创新成本，化解创新风险，提高整体创新功效。培养高新区服务创新主体，主要从以下几个方面着手：①立足高新技术产业，面向高新区重大共性技术的创新和集成，主要依托于行业、领域科技实力雄厚的高等院校、重点科研机构或科技型企业，推动国家级（行业）工程技术中心的跨越式发展，为提供对科技成果作进一步修改和完善的工程化、中试和设计等方面的专业服务；②加强高新区各级企业技术（研发）中心建设，主要依托区域高新技术产业的国家火炬计划，以提高科技成果的配套性、成熟性和工艺化水平，推动企业技术改造和技术创新的能力，为解决技术创新过程中的各类问题提供信息和处理办法的各种咨询服务；③建设覆盖领域广、服务能力强、层次合理、类型多样的高新区生产力促进体系，加强对生产力促进中心建设的统筹规划，重点进行国家级和省级示范生产力促进中心的创建和地方生产力促进中心的展开布局。根据高新区经济与社会发展的实际需要，优化高新区生产力促进中心的组织结构，为技术创新活动提供场所、设备等硬件的公益性科技工业服务。坚持多元主体共同建设和不同性质分类建设、规模层次发展与空间布局优化相结合，建设各级综合性科技创业（服务）中心，即科技企业孵化器，服务于高新技术产业，主要依托高新区政府、相关高等院校、科研机构和专业科技组织和行业协会，基于自身科技资源优势建设各级专业性科技企业孵化器（包括大学科技园）；有关科技服务公司（企业）面向特定服务对象建设专门性科技创业服务机构，共同推动区域科技成果的商品化、市场化和科技型中小企业的成长，同时，通过高新技术产业化和科技型中小企业创新等计划项目的示范和带动，提高高新区科技企业孵化体系的建设水平和科技型企业的孵化效率。

3. 培育投入创新主体

风险投资机构是投入创新的主体，是高新区创新网络中不可忽视的力量，对于高新区内中小企业的创业与成长以及对产业整体创新能力的提升都起着强大的推动作用。创新资金投入体系中最重要的机构就是风险投资机构，培育风险投资机构，按照国家和地方有关规定，根据地方高新技术企业现状，组建风险投资公司和风险投资基金，并把已有的带有风险投资性质的地方企业改建为规范的风险投资主体。优化风险投资公司的组织形式，为高新技术企业提高更有效的介入及管理，由政府财政出资逐步过渡到企业参资的形式，以提高风险投资资金的运作效率，在发展真正意义上的企业附属的投资公司的同时，把创业投资基金列为未来主要的组织形式，此外，完善风险投资公司内部的运作方式，解决风险不对称和信息不对称所产生的逆向选择问题和道德风险问题；健全风险投资家的评价制度、监督和约束机制、激励机制、评估体系以及建立有效的风险投资对高新技术企业的投资决策系统，减小系统风险，建立风险投资基金，增加高新技术企业所需风险资本的来源，广泛吸引高等院校、科研院所、金融机构和各类企业以及个人等的参与和支持，鼓励、引导和扶持民间资本对高新技术企业进行风险投资；还应积极探索外商进入风险投资领域，建立独资、合作、合资的创业投资公司或参与私募风险投资基金的发起。

4. 培育创新主体网络

高新区创新网络是由企业、高等院校、科研机构、中介机构、风险投资机构和政府等创新主体构成的长期的、相对稳定的关联网络，以增强创新能力，高新区创新网络结构的优异性是由各主体要素的自身的创新和发展以及主体要素之间的交互、协调作用体现出来的，企业是技术创新的主体，在高新区创新网络中居于核心地位，企业主要致力于技术创新成果的产业化和市场化，其创新能力的强弱是制约整个创新网络运行效率的最关键因素，高新区的发展最终要依赖于大量创新型企业的衍生、成长和壮大。因此，培育创新主体，关键是要培育技术创新的主体，高新区的企业发展应努力调整规模结构、增强科技创新意识、提高整体素质，充分体现企业的技术创新主体地位。努力提高高新区企业的素质和层次；推动科研院所转制为科技型企业，并鼓励大学、科研机构的科技人员通过兼职等形式创办科技型中小企业，全面加大龙头民营企业科技创新力度，要积极研制和开发专、精、新、特产品，大胆引进新技术、新品种、新工艺、新设备，提高产品科技含量，提升产品的层次，促进企业的高新技术化。

（二）建设重点

1. 联合共建大学科技园

大学科技园是以具有较强科研实力的大学为依托，将大学的综合智力资源优势与其他社会优势资源相结合，为高等学校科技成果转化、高新技术企业孵化、创新创业人才培养、产学研结合提供支撑的平台和服务的机构。建设和发展大学科技园是党中央、国务院的一项重要战略决策。大学科技园在服务经济社会发展和创新型国家建设中已经取得了显著的成绩。联合共建大学科技园有两层含义：一方面侧重于校企联建，是指在保持高校、科研机构和企业各自拥有原来体制的条件下，为实现科技成果转化利用各自的要素占有优势，分工协作共同实现一项技术创新过程的行为，表现为功能互补的优势；另一方面侧重于校企共建，是指由产学研的三个主体共同出资，建立一个共同独立新实体。它利用高校、科研机构的科技人才优势，企业的设备、资金、市场和生产技术、信息和人才市场。

2. 提高高新区创新网络的创新效益

（1）创新人才市场网络。人才市场是运用市场机制开展人才交流，配置人才资源，为人才供求双方搭建联系和发展的平台，人才在创新网络中的合理流动，有利于实现人才与创新主体、创新资源的最佳组合，增强主体创新能力，因此，高新区要依托高新技术企业、相关高校、科研院所和各类创新基地，定位高新区技术、信息和人才的主要供给和生产方，有效需求和消费方。

（2）建设区域技术、信息和人才流动网络。各类创新主体通过结网与互动，能够广泛搜寻创新空间，相互激发创新灵感，合作进行科技攻关，并能迅速实现科技成果的商品化、产业化和市场化，创新主体间的关联形式（途径）包括技术联系、市场联系和社会联系等，高新区应积极疏通各类创新主体间网络关联的有效路径，通过强化技术联系，拓展市场联系和沟通社会联系。

（3）强化功能链关联。价值链关联、创新链关联和产业链关联等，都属于功能链关联。多种链条纵横交错，有利于构筑高新区的创新主体网络，高新区创新网络的整体功能则取决于整体价值链、创新链和产业链条运作的效率与弹性，价值创造、价值协调、价值增值以及价值分配等一系列价值增值活动。

3. 培育基于区域共同利益的合作意识

创新主体之间的互动是不同创新主体协调发展的重要前提，表现为不同主体之间的相互合作，由于不同创新活动的固有特点，创新主体之间的相互合作可以形成横向互动模式和纵向互动模式。社会联系是不同类别创新主体间建立联系的重要方式，包括地缘文化、人脉网络和区域认同等，区域创新网络强调共同的社会文化基础，各个行为主体在地理和文化上的相似性所形成的关系网络在激发社会资本和强化区域创新能力方面起着重要的作用，高新区创新网络中的企业、高校和科研机构、政府等创新主体之间的知识联结更多的是建立在非正式的、隐性的、关系性的和文化性的知识共享和社会网络嵌入的基础上，这有利于在网络中形成通畅的知识和信息流动渠道，从而产生知识外溢，促进创新成果的高速传播和扩散，因此，建设基于传统地域文化精髓的高新区创新文化，发展基于地域、人缘关系的社会网络，培育基于区域共同利益的合作意识尤为必要。

4. 提高创新主体网络互动效率

网络动力机制是指激励创新主体合作与交流的内在机理，高新区创新网络动力机制的建设应立足加强创新主体对相互合作与交流的认识，通过建立创新主体间的良性互动机制，促进高新区持续创新能力和核心竞争力的形成。一般来说，各类创新主体的互动需求源于网络关联的经济收益和学习收益，但关联各方的信息不对称可能引发交易的不确定性和市场风险，因此，建立利益驱动机制和诚信依托机制，是提高创新主体网络互动效率的关键。

5. 建立利益驱动机制

利益驱动机制是指各创新主体以企业为核心，在高额预期创新利润的驱动下主动结合，并在合理配置资源与分割利益的基础上进行高效率的创新活动，合适的利益机制安排可以加强其知识转移意向，增进知识源对知识受体的信任程度，调动知识转移的积极性；也会加强知识受体吸收知识的意识，提高吸收知识的能力，减少黏滞知识，从而使知识转移过程的顺利进行得到保障，创新是在各行为主体追求创新收益极大化的内在动力下进行的，现实中，创新主体都具有较强的利他动机，它们在进行创新时，对创新收益有一个合理预期，预期收益超过成本时，才会有创新，因此，要引导各类创新主体特别是同类创新主体正确认识竞争与合作的关系及其频繁交流的创新意义，培育合作愿望；要创建高新区创新主体合作的示范工程，引领合作创新创业热情；要提高收益预期，继续完善创新主体合作创业的利益分配机制、资源共享的利益协调机制和风险共担的利益补偿机制等，以保证合作收益的公平、合理分配，建立诚信依托机制。

6. 建设有利于创新的环境条件

高新区创新环境是指保障和激励各类创新主体勇于创新的基础条件和创新氛围，包括创新基础设施环境、社会文化环境、学习环境和政策环境等方面内容。社会文化环境和学习环境是激发创新灵感的沃土和温床，政策环境是区域创新环境的重要支撑，高新区创新环境与高新区创新网络处于不断地调整、适应的发展过程，良好的创新环境就是影响创新产生、扩散的地域性的外在因素，无形中影响着网络主体的创新能力及创新效果，能促使创新网络向更协调、更完善的方向进化。

（1）社会文化环境。先进的社会文化是指具有区域特色的、与创新相联系的习俗、价值观、信念、态度和行为准则的综合，是形成区域持续创新能力和核心竞争力的不可或缺的资源，它是一种潜移默化的可贵的精神力量，其嵌入性直接影响着各行为主体寻求创新的热情以及个体之间相互信任、长期协作关系的建立。实践表明，深藏在有形的结构化网络背后的由当地错综复杂的社会关系形成的社会文化环境，作为一种隐含经验类知识，深深地影响着区域经济的发展，社会文化环境只有提供的价值体系符合创新网络的内在要求时，它才是积极的、进取的，同时，社会文化环境在各种外部环境中处于最深的层次，它还能通过对其他环境因素的影响而间接起作用，因此，要大力创新社会文化环境，从本源上激励高新区创新活动的可持续发展。

（2）学习环境。学习环境是指区域内行为主体在为实现创新目标而开展学习活动的过程中赖以持续下去的条件，其中，条件包括物质条件和非物质条件，物质条件主要指支持学习过程的学习资源，如教室、多媒体等多种辅助工具；非物质条件主要指教育模式、教学策略以及求知欲望、学习观念等支撑要素，优越的学习环境能有效促进行为主体间的交流与合作，使知识、信息、技术等资源各得其所，使创新主体各尽其责、各显其能，更积极、主动地投入到高新区创新体系的建设中去，以强化高新区内交互学习功能，为此，要营造开放、和谐和具有区域特色的学习环境，各创新主体一要强调干中学、学中学，树立工作学习化、学习工作化的意识，形成以学促学的良性循环；二要转化组织形态，由个体学习向组织学习发展，成为学习型组织，尤其要积极融入到全球背景下的组织间学习，开展多种形式、多种层次的培训，包括跨国公司学习、战略联盟方式学习、供应商网络学习和虚拟组织学习等，实现全员学习、全程学习和团体学习，促进各创新主体的成长；三要广泛应用多媒体技术、网络通信技术和虚拟现实技术等，建立和完善各类学习场所，形成一个强大的、富有吸引力的学习场所，引导各创新主体主动参与能够促进自身发展和高新区发展的各种学习活动，从而使高新区内的创新主体普遍地具有良好的自我学习能力，以学习力实现创新力，以创新力形成竞争力。

（3）政策环境。政策环境是指保障、支持和激励区域创新和科技成果转化的各种制度、体制、政策和法规的集成空间，政府作为调控创新的主体，应提供外控作用变量，通过积极的舆论导向、政策宣传、制度安排等措施来构建良好的政策环境，以纠正创新中的系统失效和市场失效，推动创新体系的整合，因此，地方政府要努力营造适合创业、创新的制度、体制和政策环境，建立相关的非正式职能部门为高新技术产业发展提供方便，以刺激创新主体间发生协同效应，规范创新主体的行为，保护创新成果和协调创新主体间的矛盾，保障高新区创新网络的稳定性。

（4）基础设施环境。现代的基础设施是开展区域创新必要的物质技术条件，主要包括科研仪器设备和信息网络设施等。现代集群区域经济发展的创新是一种信息网络激发的创新过程，创新的产生得益于信息的交流，这种交流网络的形成成为区域创新网络生命力的实质和根本，在知识信息时代，以实验室为依托的科研仪器设备仍然是区域创新的必须物质基础，以互联网为代表的知识传递系统已成为推动区域创新的关键性资源，因此，创新基础设施环境，应当注重创新主体之间的互动作用，为各主体间的交流与合作创造条件，要努力活化存量资源，规划进行增量建设，加强科技信息资源的加工生产和科技信息数据库建设，建成布局合理、功能齐全、体系完备、开放共享的科技基础公共平台，提高创新基础设施对高新区创新的持续保障能力。加快高新区信息高速公路的规划，建设宽带信息干道，提高信息传输与转换中心的技术装备水平；以高新区创新网络为基础，保证各类科技创新主体的关联和互动；建立信息传输与转换的地方中心，形成覆盖整个高新区的信息高速公路网络。

第五章
高新区引领新型工业化的制度设计

中国的实践经验表明，高新区已经成为实现地区工业化、促进产业转型升级、协调城市空间布局的重要手段，受到了各级政府的高度重视。然而，随着大多数高新区开始由"外延式发展"向"内生式发展"的阶段转变，[①] 新时期中国高新区的功能定位产生了明显变化。为实现"二次创业"的成功转型，[②] 需要高新区在体制机制、管理模式、产业战略等方面作出动态调整以适应竞争环境的不断变化。高新区的制度设计即管理体制创新，旨在通过为园区内的各种组织提供管理服务及政策支持、营造园区良好的经营与发展环境、促进产业链及产学研协作，以产生积聚效应，取得好的经济效益，并对地区的经济发展产生带动和示范作用。从地域范畴观察，高新区的制度设计与普通行政区的显著区别是强调创新在管理体制上的作用。高新区制度设计的主体不仅仅是政府，可以是政府、企业、大学和科研机构、金融机构、中介机构组成的多元主体，通过政府引导、市场运作、多方支持，为园区内的各类组织提供管理及政策的增值服务，为园区的经济与社会发展提供体制保障。

一、新型工业化对高新区制度建设的要求

（一）外部环境对高新区制度建设的要求

第一，面对全球化竞争，高新技术产业往往是一个国家或地区产业优

---

① 周元，王维才．我国高新区阶段发展的理论框架——兼论高新区"二次创业"的能力评价［J］．经济地理，2003（7）：452－455.

② 科技部．国家高新技术产业开发区技术创新纲要［EB/OL］．http://www.most.gov.cn/fggw/zfwj/zfwj2005/200512/t20051214_54851.html

势的核心构成,高新区承担了高新技术产业的聚集地的功能。随着贸易壁垒、转换成本、行业垄断的逐渐弱化,产业竞争已经突破了国家和地域的界限,区域市场被国际市场代替,各类高新技术企业将直接面向国际市场的竞争。从中国高新区的发展历程看,一部分高新区的成立初衷带有经济特区的性质,被视为中国市场经济的试点。但是,中国的经济体制尚处于转型阶段,计划与市场经济并存的现象在高新区也相当普遍,而全球化竞争的游戏规则是市场经济法则,转型社会的政府应该如何作为以及如何界定政府的权力半径都将在高新区的管理模式及产业战略上影响园区内各种组织的发展,如转型时期不完善的知识产权保护制度及对市场经济要求极高的信用制度等。因此,高新区能否建立适应中国情境的,与全球化竞争的游戏规则相符的管理体制是促进高新区朝着市场化健康发展的关键。

第二,新型工业化是以信息化为推动的,随着以计算机技术、网络技术为代表的知识经济的到来,制度设计者的管理方式和手段也需要与时俱进。面对全球化竞争,突出制度建设与管理效率,必须充分运用先进的技术手段,如电子政务,办公自动化系统等。而中国目前大部分高新区虽然已经建立了完善的信息化管理平台,但运作效率尚需提高,如果不改变政府的政令思路,行政命令审批式的管理方式无法在管理手段和工作方式上体现知识经济效率。面对经济与社会的海量信息,想要以一种低效率的管理模式来推动和改进高新区的发展质量,其后果是可想而知的。值得注意的是,近年来中国大部分高新区都已意识到信息化的重要性,但高新区仍然要充分利用已有的网络资源,加快高新区管理体制的信息化进程。

第三,中国高新区的管理体制同样面临法制化的挑战。中国高新区的行政主体往往是高新区管委会,属于地方政府的一种派出机构,这样就造成了其管理体制本身存在的法制缺陷,如高新区管委会的法律地位不明确,国家和地方政府赋予高新区的扶持政策和管委会的管理职权及运行机制还没有以法规的形式确定,这不但不能适应市场经济的要求,而且不利于推进高新区法制化的进程。此外,高新区的配套法律制度还不完善,如知识产权保护制度等,不能适应全球化竞争的要求。因此,中国高新区要应对全球化的竞争,必须进行管理体制的创新,这一过程充满了机遇与挑战,从高新区发展趋势来看,高新区管理体制将从逐步的、积累式的改革向建立适应转型社会要求和新型工业化发展规律的新体制转变。

(二)"二次创业"对高新区管理体制改革的要求

2001 年中国科技部作出了高新区"二次创业"的阶段性判断,其基本内涵是"五个转变",即从注重招商引资和优惠政策的外延式发展向主要依靠科技创新的内涵式发展转变;从注重硬环境建设向注重优化配置科技资源和提供优质服务的软环境转变;努力实现产品以国内市场为主向大力开拓国际市场转变;推动产业发展规模由小而分散向集中优势发展特色产业和主导产业转变;从逐步的、积累式改革向建立适应社会主义市场经济要求和高新技术产业发展规律的新体制、新机制转变。① 随着"二次创业"的开展,作为中国新型工业化建设重要载体的高新区面临新的发展机遇,需要高新区通过管理体制的改革与创新助力新型工业化的顺利实施。

总体而言,中国大部分高新区已由单纯依靠优惠政策、要素投入的粗犷式发展过渡到以主导产业形成竞争优势的发展阶段,即基本完成了"一次创业"过程,部分高新区进入以创新突破为主要特征的"二次创业"阶段,并有少部分发展较快、较好的高新区正在向以协同创新、价值链高端和高附加值的产品与服务为主要特征的内生式发展阶段过渡,这一阶段将是未来高新区努力发展的方向。② 一些先进高新区之所以能够快速发展壮大,并在区域经济大发展的舞台上扮演着重要角色,其主要成因之一,就是在巩固"一次创业"实践基础上,创造性地发挥高新区创新功能,即协同创新网络、孵化器功能、产学研互动、智力和人才资源整合、金融机构与中介服务功能等。显然,"二次创业"是发挥高新区创新特色的体现,既需要构建系统的协同创新网络,同时因地制宜地进行管理体制改革与创新也是十分必要的,进而适应乃至引导区域经济、科技、社会的快速发展。

---

① 徐冠华. 科技部部长徐冠华谈国家高新区"二次创业"[N]. 中国信息导报,2001 (10):1-6.

② 吕政,张克俊. 国家高新区阶段转换的界面障碍及破解思路 [J]. 中国工业经济,2006 (2):5-12.

（三）高新区体制机制的现实问题需要改革与创新

1. 内外体制差异导致创新成本增加

中国高新区体制源于传统行政体制，制度设计者及服务提供者的观念、意识容易受到传统体制的影响，导致了体制机制功能定位的矛盾性，如管理型体制与服务型体制的冲突，因袭主义与创新精神的冲突等。同时，高新区内外的体制区别导致体制创新成本增加。改革开放后，高新区体制通过30年的探索，建立了体制的比较优势。然而，由于传统体制的巨大惯性，高新区体制对传统体制的扩散效应并未形成，园区外传统体制改革的进展迟缓，因此相对扩大了高新区体制与传统体制之间的差距，高新区体制预期的示范效应无法发挥，另外又导致高新区的体制创新的边际成本递增，高新区体制进一步创新的难度加大。① 高新区体制自创建以来，区内外体制的摩擦始终存在。这种体制性摩擦主要发生在高新区管理机构与地方政府直属部门、高新区管理机构与城区特别是相邻的城区政府之间。

尤其是进入"二次创业"阶段后，很多高新区都面临着规模扩张问题，高新区与相邻地方政府之间资源争夺的矛盾更加"尖锐"，体制摩擦加剧。针对这一问题目前出现了三种解决方案：①将高新区与邻近的城区政府合二为一，实行两块牌子、相互交叉任职；②成立市一级甚至省一级的领导机构，以强化统一领导和工作协调的力度；③对高新区管理机构进行更为充分的授权或赋予更高的党政机构级别。② 第一种方法很大程度上减少了与城区政府之间的摩擦，但削弱了高新区的财政力量；第二方法的弊端在于影响高新区决策效率和行政效率；第三种方法在一定范围内固然有效，但体制外摩擦依然存在。可见这些方法都未能在不降低制度创新预期收益的情况下有效地降低制度的运行成本。体制外摩擦的加剧推高了高新区体制的运行成本，运行成本的提高，推动了高新区向传统体制回归的步伐。

---

① 刘京，仲伟周. 我国高新区体制回归动因及对策研究［J］. 科学学与科学技术管理，2010（3）：16 – 19.

② 同①。

2. 职能配置不到位

从目前情况看，高新区的功能主要有招商引资、研发与生产、国际贸易三项功能，行使市一级经济管理权限和部分行政管理权限，但经济管理职能是其主要职能。作为一个相对独立的经济区域，高新区无法摆脱一系列行政管理职能的履行，即经济社会中的保障职能、城市建设管理职能、社会事业发展职能、社会保障职能、人力资源管理职能等。高新区管委会没有建立区内社会保障体系，科教文卫的发展、对房地产开发、道路交通的建设、商业设施的开发、环境保护、旅游娱乐等活动的管理、行政执法的保障等权力，依然要等上一级地方政府审批。职能配置不到位无疑影响了高新区管委会作用的发挥，制约了高新区的快速发展。此外，高新区管委会的具体经济管理职能设置随意性大，缺乏科学性、规范性，容易导致管理越位与错位。与上级政府对高新区管委会的授权相对应，管委会内部也存在一个权力分配过程，在职能设定不科学的前提下，管委会各部门的权力分配也存在着经济管理、行政执法部门权力过大，社会服务部门权力过小的问题，管委会内部权力分配不均衡。

3. 运行机制不尽完善

"封闭式管理，开放式运行"是理顺高新区管理体制，完善运行机制的一个重要标志。而目前许多高新区作为地方政府的派出机构，并没有真正实行"封闭式"管理，市直有关部门将一些必要的行政管理权限，特别是规划、建设、土地、工商等方面的权力没有真正下放，即管理与行政权限的"双重派出型"。同时，这种"双重派出型"的机构设置造成管理上的双重矛盾，条块分割，难以建立起统一且高效的运行机制。从工作内容来看，决策、执行、监督环节耦合程度不够，三者之间的工作力度和受重视程度单调递减，造成了重决策、轻执行、缺有效监督的现象。从部门协调运行来看，各部门之间的配合力度不够，缺乏主动合作精神，导致"一站式办公"，"一条龙服务"难以高效实施。从运行载体和程序来看，高新区管委会经过多年的发展和演变，目前已形成了相对稳定的管理机构和办事制度，受传统行政惯性的影响，许多高新区管委会有着管理多头、审批主体过多、办事程序复杂等弊端，存在运行机制的功能性障碍。

4. 机构设置不合理

现行高新区管委会的机构设置一般是：管委会—综合局—办事员的管理层次模式。由于综合局的头绪多、事务杂、工作量大、分工不明确，在综合局与办事员之间缺乏一个管理层次。这样就导致了综合局的管理缺乏效率。产生这种弊端的根源在于高新区过度实行了"扁平式管理"、管理层次过于简化。应该承认，高新区实施的是一套"充分发挥市场机制的作用，大力调动民间机构的积极性；小机构，大服务，高效率；封闭式管理，开放式经营；依法施政，透明管理；超自主管理"的全新行政管理体制。而高新区外仍旧实施的是一种传统的管理体制。这两种体制存在一个是否兼容的问题。当二者的兼容度比较高时，高新区与地方政府的协调问题就比较容易解决。但是，这两种管理体制的兼容度并不高，这就必然导致高新区与外部的协调产生许多困难，降低管理体制的运作效率。①

二、国内外高新区的体制机制特征

（一）高新区体制机制的分类与国外经验

高新区的体制机制是指包括政府、大学和科研机构、企业三方的领导体制、内部运行机制、机构设置、管理权限、管理方式、法规制度以及三者相互作用的关系，它是动态与静态有机结合的统一体。②"三螺旋理论"认为决定高新技术产业形成与发展的三大主体是政府、大学和科研机构、企业，③通过高新区协调共同发展高新技术产业，促进地区经济。其中，政府是政策制定者及制度协调者，为创新提供政策支持和基础设施；大学和科研机构与企业开展"产学研"合作，以增加财政税收，发展地区经济；大学和科研机构提供技术和人才资源；企业提供资金并开拓市场，三

---

① 康江峰.我国高新区行政管理体制创新研究［J］.科技管理研究，2005（8）：23－25.

② （美）M.卡斯特尔.世界的高技术园区——21世纪产业综合体的形成［M］.李鹏飞，等译.北京：北京理工大学出版社，1998.

③ Etzkowitz, H., & Leydesdorff, L. The Triple Helix－University－Industry－Government Relations：A Laboratory for Knowledge－Based Economic Development［J］. EASST Review 1995（14）：14－19.

方在共同利益的基础上。由此可见，政府、企业、大学和研究机构三者之间的密切合作，制定统一的目标和切合实际的战略，是高新区形成和发展的基础所在。按照高新区管理主体分类，其体制机制可分为三种模式：

1. 政府管理型管理体制

主要特征是由政府统一规划、建设、管理和经营。这种管理体制的最高决策机构是中央或地方政府的有关部门，具体的管理执行机构是由中央或地方政府组织设立的专门机构，服务机构是以公司或事业机构的形式出现。其体制机制的优势是能为园区的发展提供较为宽松的物质环境和智力环境，但政府的行政干预较强。例如：日本筑波科学城是由首相办公室下设的"科学城推进部"来管理，设置筑波研究机构联络协会，负责管理研究业务，土地开发和公用设施建设项目由住宅和城市开发集团负责，科研和教育机构建设由建设部负责。

日本筑波科学城是日本著名的科学研究和知识中心，也是日本最具国际化特色的都市之一。筑波科学城分为"研究学园区"和"周围开发区"两大部分，全部由日本中央政府资助成立，系国家级研究中心，是一个以基础研究为主的科学城。最早规划的筑波科学城是产（尖端技术产业）、学（工科大学及民间、中央研究所等研究设施）、住（建设舒适的城镇）结合的综合园区，这也是日本建设筑波科学城的三个政策着力点。经过有计划的开发建设，筑波科学城建成了完整的城市基础设施系统和优美的自然生态，集聚了大批科研人员和创新要素，聚集了全国31%的国立研究机构和私人研究所，代表了日本的主流科学发展力量。[①] 筑波科学城的体制特点包括：①政府主导建设。筑波科学城完全是一个政府主导的国家项目。1963年9月，日本内阁会议决定在筑波地区建设"筑波研究学园都市"，提出了要建立集科学技术中枢据点城市、广域自立城市圈的核心城市和生态模范城市于一体的筑波科学城。1968年动工，耗资50亿美元，至1980年，园区的基础设施基本建成，大多数国立实验研究机构的搬迁和重建工作也宣告完成，筑波科学城发挥着作为科技城市的新功能。②体制

---

① 白雪洁，庞瑞芝，王迎军. 论日本筑波科学城的再创发展对我国高新区的启示［J］. 中国科技论坛，2008（9）：135－139.

机制改进。作为完全由政府主导的科学园区，筑波为日本的科技发展作出了巨大的贡献。但不可否认的是，筑波的发展模式存在明显的弊端。首先，筑波以国家级研究机构为主体，并享有政府的财政拨款，园区内缺乏相应的创新激励机制。其次，研究机构、企业、市场没有形成完整的研产学销的链条，研究成果转化率较低。另外，园区的参与主体和运行机制都比较封闭，缺乏与国外先进文化与技术的联系与交流。在国际科技工业园区迅猛发展的背景下，筑波科学城的弊端愈发显现，并严重制约了自身的发展，甚至被一些学者称为"科学乌托邦"。1996年日本制定了《科学技术基本规划》，将筑波科学城定位为信息、研究、交流的核心，并致力于筑波科学城的转型与再发展。在意识到政府失灵和产业规模不足的问题后，日本政府和筑波市逐步改变完全由政府主导的模式，积极引入市场机制。2008年6月，由筑波研究教育机构、民间企业及行政部门组成的"筑波研究学园都市交流协会"，就如何解决筑波研究学园都市面临的问题指出，筑波今后的发展目标是"作为日本最大的知识和人才聚集地，实现城市与自然和田园的和谐，建立低碳社会，发挥先导作用，为解决世界和日本面临的课题作出贡献"①。

2. 大学和科研机构管理型管理体制

由大学和研究机构设立专门机构和人员对大学校园内科学园或孵化器进行管理的体制。这种管理体制目前世界高新区采用的较少。典型的是英国剑桥科学园。它是由剑桥大学的三一学院领导，设两名专职人员进行管理。这种管理体制由于没有政府直接参与，因而消除了来自政府的一些不必要的行政干预，实行自主管理，发展自由度较大，对中小型投资者有较大的吸引力。但是，没有政府的参与和支持，高新区的权威性和协调性就会受到影响，资金保障也会面临问题。英国剑桥科技园位于英国东南部的剑桥郡，是世界上公认的最重要的技术中心之一，有着不可比拟的研发和创新纪录，形成了以大学、新兴公司和大型跨国公司密切协作的极具创新特色的经济形态，并不断吸引着来自世界各国的投资。其体制特点包括：

---

① 杨哲英，张琳．高新技术产业组织模式的演进方向——以日本筑波科学城为例的分析［J］．日本研究，2007（12）：43－47.

①鼓励大学与企业结合。剑桥作为国际著名的大学城，是以浓厚的学术传统著称于世，剑桥大学雄厚的科研实力直接促成了剑桥现象的产生以及剑桥科学园的创建。剑桥大学一直与产业界保持广泛的联系，包括联合培养本科生和研究生，产业界人士到学校办讲座、授课，学生到公司实习、兼职等；教研人员为产业提供咨询服务、讲学或参加企业的专家委员会；设立产业支付薪金和提供研究资金的科研岗位，接受产业委托的科研任务；同大跨国公司或集团合作，建立研究所、实验室等科研机构，剑桥地区1/3的高技术公司的大学生雇员70%来自剑桥大学，一半以上高技术公司与剑桥大学保持联系。剑桥大学通过校企合作和学科交叉，创造出了一个非常好的教育与科研的新机会，增强了剑桥的科研教学实力，并将培养出新一代掌握全面知识、具备多项能力的领导者和创新者，直接为科技园区内的企业输出人才。① ②政府提供各种优惠政策。科技园对中小企业以政策倾斜，真正起到了孵化作用，政府或园区管理部门都给进入园区的高科技公司提供资金、税收、法律等方面的优惠政策。在英国，外资公司与英资公司享受同等投资优惠，且这里的公司税率在欧盟国家中是最低的，由此增强了该地区企业的竞争力。剑桥科技园为企业提供了包括风险投资、中介机构、物流等各方面比较完善的服务。园区政府建立了完善的风险投资体系，为园区企业提供风险投资、风险保险、风险担保业务，并通过传统金融机构的业务拓展和金融创新以及高效完善的证券市场，为高技术产业的发展提供充足的、符合其发展特点的资金，形成由传统金融机构、风险资金市场和证券市场组成的完善的市场经济体系，满足了高新技术产业发展的风险投资需要。②

3. 公司管理型管理体制

采用由各方组成的董事会领导下经理负责的企业管理体制，即以非盈利性的公司作为高新区的开发者和管理者，负责区内的基础设施开发建

---

① 马兰，郭胜伟. 英国硅沼——剑桥科技园的发展与启示 [J]. 科技进步与对策，2004 (4)：46-48.
② 王伟，吴东兴，朱青. 剑桥科技园的投融资环境与模式研究 [J]. 科技管理研究，2013 (3)：115-118.

设，经营区内的各项业务，管理区内的经济活动和提供区内企业所需要的各种服务。公司一般由政府、大学和研究机构、企业以及当地有关人士所组成，负责有关高新区发展的重大决策，一般不干预区内各机构的具体业务，园区日常管理和经营业务由公司经理层负责。这种管理体制下的管理机构既能得到政府及有关部门的大力支持和资助，同时又受到上级和有关部门的领导和监督。这一管理模式最成功的案例当属美国的"硅谷"其特征包括：①依托一流大学。硅谷是随着 20 世纪 60 年代中期以来，微电子技术高速发展而逐步形成的；其特点是以附近一些具有雄厚科研力量的美国一流大学，如斯坦福、加州大学伯克利分校等为依托，以高技术的中小公司群为基础，并拥有思科、英特尔、惠普、苹果等高科技公司，融科研、技术、生产为一体。硅谷能在短短半个世纪取得巨大成功，一些学者将之归功于斯坦福大学的创意、20 世纪 50 年代美国政府国防工业对硅谷的投入和支持、以半导体产业为主的电子产业集群和硅谷独特的环境和文化。有的学者认为创新是硅谷的生命线，创新文化价值观则是硅谷高新科技迅猛发展的思想基础。硅谷的创新体制、创新支持系统、创新文化价值体系，为构建灵活高效的创新机制，聚集创新的科技团队，促进高新技术的迅速发展，营造了良好的社会生态环境。②政府的技术创新制度。美国政府在硅谷发展所提供的最重要的、最基本的资源就是恰当的政策和法律法规体系。为了扶植风险投资，支持小企业特别是高新技术企业的发展，如 1958 年的《小企业投资法》，1979 年的《雇员退休收入保障法》，1982 年的《小企业发展法》规定等。为了促进风险投资业的发展，美国政府采取多种优惠政策，其中包括优惠贷款、政府信用担保、税收优惠、加速折旧等手段。当然，美国政府还制定了许多其他方面的法律，如有关企业制度、政府采购、激励和分配机制、政府监管、信息服务等。③风险投资机制。硅谷的技术创新是以风险投资为生命线的。硅谷拥有成熟的风险投资体系，任何有价值的创意、技术在硅谷都能得到很好的投资和帮助。硅谷的风险投资产业主要是由那些成功的高科技创业者们创办的。在硅谷起步阶段，风险投资相对薄弱，20 世纪 50 年代后期到 60 年代中期主要靠政府方面投资。自 60 年代末期开始，风险投资的作用就在硅谷的发展中逐步起到了主导地位。美国几乎 50% 的风险投资基金都设在硅谷，这就驱动了硅谷技术创新的加速实现。风险投资解决了传统的融资方式内在规定与商业投资、产业高风险之间的矛盾，其成为产业研究与开发的资金来源，使产业有更多的资金用于科技开发，加速了创新速度。同时，风险投资使高科技商品化的时间大大缩短。①

上述三种模式都有其合理性和运作特色，因此，不能简单而孤立地评价各种体制的优劣，而应该联系高新区所处的发展阶段及外部环境条件来分析某一管理体制是否适应并能促进其所在高新区的发展，从而评价该体制的优劣。

（二）国内高新区的管理体制与运行机制的典型做法

1. 中关村自主创新示范区

中关村的发展历程早期类似于硅谷，聚集了众多大专院校、科研机构以及高水平的专业技术人才，有了众多的技术成果积累，政府在其发展过程中，制定了详细的规划，给予了一定的优惠政策，这对中关村发展也起到了一定的推动作用。中关村充分发挥大学、科研院所的科技创新主力军作用和高新技术企业的市场主体地位，大力推进重大研发创新和重大科技成果的产业化，围绕国家战略需求和北京市社会经济发展需要，取得了大量的关键技术突破和创新成果，打造了国内最大、代表中国高新技术发展最高水平的创新型企业群体，初步形成了具有参与国际竞争能力的产业集群。中关村的体制机制特点包括：①行政管理体制。中关村的行政管理体制强调政府的协调管理能力，通过制定产业规划发挥政府在战略性新兴产业发展中的导向作用，强化社会管理和公共服务职能，建设责任政府和服务型政府。政府通过设计科技投入的长效机制，保障公共科技活动的投入，鼓励自主创新，学习国外科技创新的经验，以政府购买科技创新成果和服务的方式，增强企业技术创新的活力。鼓励民间资本投向科技领域，引导企业加大技术创新投入，对公益性科研机构完善相应的综合评价制度和机制。改进政府服务方式，减少行政审批事项，简化和规范行政审批程序，形成企业、社会组织、公众和政府良性互动的公共管理机制。②自主

---

① 丁孝智，周丽等. 现代产业发展服务体系建设研究——基于国内外高新区的分析框架［M］. 北京：企业管理出版社，2012：61–66.

创新的体制机制。经过多年发展，中关村在人才激励、科技金融、技术转移和产业化、科研院所等方面的体制机制改革取得一系列重要突破，成功探索出一系列具有全国示范意义和推广价值的体制机制及支持政策，重大科技成果的转化率大幅提高。自 20 世纪 80 年代初，中关村按照"自筹资金、自由组合、自主经营、自负盈亏"原则，建立了科研人员创办民营科技企业的新机制。90 年代，中关村全面推进制度创新，不断深化企业制度和产权制度的改革，产生了中国第一家不核定经营范围的高新技术企业、第一家实行股权激励制度的国有高新技术企业、第一家有限合伙人制创业投资机构、第一家科技成功占注册资本 100% 的企业、第一家中国自然人与外商合资的企业。中关村在中国率先开展企业产权制度、投融资体制、企业信用、知识产权、鼓励激励、行政管理等方面的改革试点工作，在科技、教育与经济相结合的体制机制改革和建设以企业为主体、市场为导向、产学研相结合的技术创新体系方面探索了有益的经验，为探索中国特色自主创新道路做出了重要贡献，其已经成长为全国最大、最有实力和竞争力的科技园区。③创新服务体系。为发挥大学科技园在促进大学和市场对接、扶持技术转移、科技成果转化和培育创新型企业等方面的桥梁作用，中关村培育各类协会、商会、非公募基金会以及自然科学类民办非企业单位等社会组织管理体制改革，试行民政部门直接注册制度。同时，规范发展专业化的服务组织，发展信用、法律、知识产权、管理和信息咨询、人才服务、资产评估、审计等各类专业服务组织。①

2. 上海张江科技园

上海张江国家级高科技园区于 1992 年成立，经过 20 多年的开发建设，张江高新区创新资源与高层次人才集聚，主导产业呈集群发展，自主创新能力明显提升，形成了"一区十二园"的发展格局，被科技部列为建设"世界一流科技园区"的六个试点高新区之一。2010 年，上海市委、市政府为了更深层次地推动科技园管理体制的改革，按照"做优顶层、强化指导，做实基层、增强活力，虚实结合、分工协调"的改革思路，张江高科

---

① 中关村科技园区管委会 . 2012 中关村指数报告［R］. http：//www. zgc. gov. cn/fzbg/sjbg

技园成立上海市张江高新区管理委员会，作为上海市政府派出机构，依托上海市科委，实施战略统筹，深化各项改革。其管理体制及其运行机制的特点是：①三层管理体制。张江科技园管理体制可分为决策层、管理层和经营服务层三个层次。决策层即张江园区领导小组，负责园区各项方针、政策的制定和协调，处理园区发展建设中的重大问题，制定园区的规划和发展目标。管理层即园区管委会，它既是领导小组的办事机构，又是市政府的派出机构，集中了市政府的部分管理职能，负责组织、实施园区的建设与发展计划，管理园内的高新技术企业。经营服务层即开发区总公司，通过房地产经营、基础设施建设、投资、技术引进、产品推销等方式为园内企业服务。① ②强化公共服务职能。张江科技园通过提高公共服务能力，完善公共服务体系。例如，通过发展共性研发平台，推进"智慧城市"建设，推进产城融合发展，形成文化、城区、产业、创新功能的配套服务机制。通过政府购买服务、专项资金扶持等多种方式，加强对社会服务资源的引导，形成专业化、市场化中介服务平台。此外，张江科技园为提高社会服务的组织能力，发展了一系列产业和技术联盟建设，包括制定上海张江示范区《企业服务平台联盟网络建设方案》，建立高新技术企业服务联盟；组建"一区多园"自主创新联盟，大力发展产业技术创新战略联盟；组建长三角医学科研创新战略联盟，促成长三角地区医学研发、生产和临床应用的紧密结合，为服务长三角、服务长江流域、服务全国的经济社会发展发挥更大作用等。

3. 苏州工业园

1994 年成立的苏州工业园区是中国和新加坡两国政府的重要合作项目，开创了中外经济技术互利合作的新形式。园区围绕"争先率先、聚焦转型、突出创新、改善民生"的工作主线，统筹兼顾，突出重点，经济社会发展呈现"增长较快、转型加速、亮点增多、效益提升、民生改善"的良好态势。经过多年发展，苏州工业园累计建成各类公共技术服务平台 20 多个、国家级创新基地 20 多个，国际科技园、创意产业园、中新生态科技

---

① 以上资料根据上海市张江高科技园区管理委员会．张江在线主页中统计数据整理．http：//www.zhangjiang.net

城、苏州纳米城等创新集群基本形成。苏州工业园管理体制及其运行机制的特点是：①中新合作推进园区体制机制创新。苏州工业园区由中新双方合作开发，主权管理完全由中方负责。园区管委会代表苏州市政府行使管理职能，管委会与苏州一些知名企业联合组建一个投资公司，称作苏州财团。苏州财团与来自北京的一些大公司合资组成中国苏州工业园区股份有限公司，简称中方财团。中方财团与新加坡财团携手组建成中新苏州工业园区开发有限公司，双方出资的比例分别为65%和35%。在具体运作过程中，园区的行政管理由中方全权负责，成片开发由中新合资的开发公司负责，对外招商引资，由中新联合共同负责。园区管委会行使行政管理职能，中新苏州工业园区开发有限公司行使企业管理职能，相互独立、各负其责，真正实现了开发区政企分开和自主经营、自负盈亏的原则。① ②实现园区各项社会职能全面发展。园区比较系统地学习和借鉴新加坡城市管理、经济建设和公共行政管理方面的经验。包括三个层次：一是从总体上规划设计现代化城镇并为之招商。规划设计涉及城市规划建设、公共工程、公用事业、土地和房产、环境保护、小城镇发展、招商引资和工商行政等方面。二是按照建立社会主义市场经济体制的要求管理城镇的经济和社会发展，涉及经济发展战略、高新技术工业发展、劳动管理、公务员管理、财税和国有资产经营、金融、市场中介组织等。三是实现园区各项社会职能全面发展。苏州工业园始终把改善民生作为经济社会发展的根本目标，推动居民收入实现倍增，提高教育、文化、卫生、体育、社会保障等各项社会事业的整体均衡发展水平，坚持全面协调可持续发展方针，统筹推进经济建设、社会建设和党的建设。通过上述几个方面，苏州工业园区借鉴新加坡经验，使之适合于中国国情，在建立新的管理体制和运行机制方面积累了宝贵的经验，作了积极而有益的探索。②

4. 台湾新竹科学园

台湾的新竹科学园区创立于1980年，有"台湾硅谷"的美誉，成为

---

① 叶继红．苏州工业园区的开发管理模式初探［J］．科学学与科学技术管理，2001（7）：38－39．

② 以上内容根据苏州工业园主页中统计数据整理．http：//www.sipac.gov.cn/

世界高科技园区中的一颗新星。新竹科学工业园的管理机构为科学园区管理局，负责园区基础设施规划与建设、运营管理及提供厂商各项服务。新竹科学园是典型的在政府主导下建立起来的科技园区，政府在新竹的建设乃至整个发展过程中起到了突出的作用，它主要从对园区的投入、政策的制定、管理与服务对园区的发展起到了作用。① 台湾政府在新竹园区开始建设时就进行了大量的投入，并对日后园内基础设施的进一步完善提供了支持。此外，政府还对园区的研发进行了投入，比如，政府通过非营利性的工业技术研究院从海外引进技术，并对技术进行消化吸收，再向企业转移。而且园区管理局每年提供了创新产品奖、研发成效奖与制订了创新技术研究发展奖助计划，从而鼓励园区企业进行研究开发新产品及开拓国际市场，以促使高科技产业持续发展。② 台湾政府制定的政策为园区产业外部环境的发展、企业入园发展、吸引人才提供了支持。政府对于园区产业发展的外部环境政策的制定，规范了高科技产业发展的市场空间，使园区具备了发展的顺畅空间，也引导了企业向正确的方向发展。其中对于金融政策的制定更是为中小企业发展提供了不可多得的资金支持。新竹科学园高效的管理与服务为园区企业的高速发展提供了一个良好的平台，它的管理已经形成了三大特色：一切行政管理都以为企业提供高速服务为前提，一切变革都以为投资者提供合理便利为依据，一切管理规章都为有利于园区的发展而制定。而在服务方面，园区管理局主要设置了单一窗口的服务，管理局设立的服务业务广泛，设立了包括与经济部、工业局、国贸局、商业司、投资业务处，内政部营建署、环保署等部门相关的业务，这样凡是园区公司要向政府办的各种手续都可以集中在管理局完成。③

总之，中国高新区经过30多年的发展，已经取得了很大的成效，在园区管理、产业发展、技术创新、软实力建设等方面都探索和积累了一套行之有效的经验，总结、学习和借鉴这些成功经验，对于中国高新区的建设

---

① 吕薇. 高新技术产业政策与实践 [M]. 北京：中国发展出版社，2003.

② 李晔，王舜. 台湾新竹科学工业园区的发展模式及启示 [J]. 科学管理研究，2006（6）：118－120.

③ 同②。

和发展具有十分重要的意义。

三、高新区引领新型工业化的体制机制设计

从全球着眼，中国高新区的发展尚处于后发赶超阶段，支撑中国经济发展的首要推动力量在于创新能力和创新实力的提升，这是中国未来经济发展的根本命题。但就目前中国高新区的发展而言，与世界性的创新"中心区"相比，在创新活力、产业竞争力、经济带动力以及可持续发展能力等诸多方面还有相当大的差距。

（一）创新高新区体制机制的原则与思路

1. 充分发挥社会机构的作用

高等院校、科研院所、企业、基金会等社会机构有很大能量，与市场联系十分紧密，能够借助市场机制的力量开展活动。充分发挥社会机构作用，让它们参与高新区的管理中来，可减少政府负担，有利于政府转换角色、转变职能，减少政府的过度干预，符合市场经济发展的大趋势。

2. 充分利用市场机制的原则

高新区的建设与高科技产业的发展说到底还是要靠市场机制的力量，靠计划、行政和其他手段都不行。这些手段只能是市场机制的一种补充辅助性手段。发挥市场机制作用的关键在于遏制传统体制的回归，避免回到传统体制的老路上去，避免用旧的行政管理体制管理全新的高新区和高科技产业。

3. 多样化原则

中国不同高新区的具体情况差异很大，各自的技术水平、生态环境、产业基础、科技资源、市场机制的作用等要素不大一样。这就决定了中国高新区的行政管理体制不应一刀切，搞单一形式，而应该既有单一型管理模式，也有多元化管理模式；既有政府管理型，也有公司管理型、大学管理型等，允许各高新区自主探索，以形成自己的特色。

4. 鼓励创新的原则

技术创新是高科技产业发展的内在动力，而制度创新则是高新区行政管理体制创新的活力所在。在完善高新区现行管理体制的过程中，要在企业准入、收入分配、绩效考核、科技融资、风险投资等方面大胆改革，积

极探索。

（二）高新区引领新型工业化的体制机制设计

1. 确立符合市场经济规律的管理体制

一方面，按照市场经济要求进一步释放政府权力。省（市）各级政府应进一步加大改革力度，扩大高新区的授权放权范围，通过地方性法规明确高新区的管理职能使高新区真正享有省（市）级经济管理权限，而不是名义上的"有限授权"。而且要将高新区真正作为"科技经济特区"按照社会主义市场经济体制的要求，收缩政府权力半径，将市场能够实现的经济运行功能回归市场。重点是运用经济、法律、行政等手段对高新区实行宏观管理，要制定实施符合本地区实际情况、科学合理、协调、统一的高新技术产业发展规划，把高新区发展纳入地方经济建设的总体规划，成为地方经济发展的龙头和行政管理体制改革的示范区。

另一方面，明确高新区的管理体制。高新技术产业的显著特征是高技术、高投入、高风险、高效益、国际化。要保证高新区管理机构协调运转，高新区的管理体制必须适应高新技术产业发展的规律。因此，高新区管理委员会作为高新区日常管理机构，可以行使省（市）人民政府所授予的土地、基建、工商、税务、财政、劳动人事、外事审批等经济管理权限和行政管理职能，对高新区实行统一管理。同时，理顺管委会与政府有关职能部门的关系，省（市）有关委办局应将有关权限授予管委会，加大管委会权限，增强其权威性，简化办事程序，提高办事效率。通过适当的权力整合，建立适应市场经济和高新技术产业发展的管理体制和运行机制。

2. 发挥高新区体制扩散效应减少不必要摩擦

高新区是中国制度创新的示范区，目前，高新区已经建立起了许多较为规范的、符合市场经济要求的制度。应该发挥高新区体制的扩散效应，向区外推广。这一方面是高新区减少体制外摩擦，抵御体制回归压力的有效手段；另一方面，也是推动中国行政体制改革的迫切需要。从高新区及区外关系的实际状况出发，高新区体制的推广有三种途径可供选择：①整体覆盖。在高新区所在地，选择与高新区关系较为密切的完整行政区域，作为高新区制度扩散的范围。在高新区的总体规划基本保持不变的前提下，扩大高新区管理机构的管辖范围，把所选定的区域纳入其中。②重点推进。目前，许多高新区在区外建立了分区或配套区，即"一园多区"，可以选择它们作为重点推进的对象。这些分区原来就与高新区经济上联系较为密切，在制度上也有不同程度的同化，高新区的新型制度较容易在那里实施。③单项移植。结合高新区和其所在区域的实际情况，选择一些在高新区中发展较为成熟、实际效果较好、整体牵涉面较小又易于采用的单项制度，进行推广实施，再逐步增加这样的单项制度。

3. 加强立法确定高新区行政主体地位

到目前为止，高新区的行政主体地位问题还很不明确。虽然部分省市已经由地方人大通过或以政府令的形式制定出台了关于高新区的地方性法规，其法律地位问题得到了一定程度的解决。但是，大部分高新区仍缺少行政执法的主体资格，不能建立强有力的行政执法体系，使管委会无法在环境建设、减少行政审批、提高办事效率、保护高新技术企业合法权益等方面发挥其应有的作用。各级人大和政府要加强关于高新区立法及政策制定工作：首先，通过制定高新区管理条例，对项目审批、规划建设、土地征用、劳动人事、工商登记及知识产权保护等事关高新区发展大局的诸多方面加以明确，依法调节高新区内行政、事业、企业等各类主体的行政和民事行为，保护各类主体的合法权益；其次，不断完善法律和法规，保护各类社会团体的合法权利和合法行为，支持和鼓励各类企业、大学和科研机构探索在自愿基础上建立高新区的技术性民间组织的尝试，增强企业和行业的自律能力和自我保护能力。通过法律和政策的制定，一方面可以确认高新区其制度供给主体的法定资格，强化其制度创新的内在动力；另一方面通过法律保护高新区各类主体的权益，也可以夯实制度需求的微观基础。

4. 以区域产业分工视野建立开放式管理体系

建立高新技术产业国际化管理体制。省（市）各级政府要赋予高新区管委会的经济科技特权，要加大行政体制改革力度，使工商管理、金融管理、税务管理、外汇管理、外事管理等全方位与国际规则接轨，形成符合国际规范的国际化管理体制，为高新技术企业融入国际科技经济一体化提供条件。建立高新技术产业国际化运行机制。高新技术产业的形成是国际间技术、资金、信息等交换的结果。因此，要通过建立国际化管理体制，形成符合国际惯例的现代化运行机制。遵循高科技产业的发展规律，加强国际间的高科技研究开发与经贸合作。充分利用国外各种资本和创新资源，吸引和促成一批投资规模大、经济效益好的重点项目，共同发展知识经济，使高科技产业走向国际化和实现高效益。

5. 培育和发展社会中介组织

高新区的"二次创业"中，其面临的又一项艰巨任务，就是在建立市场经济秩序的基础上，如何完善具有创新活力的中介服务体系。美国硅谷之所以能够吸纳4万多家软件公司和300多家芯片公司，并在1997年创造4500亿美元的企业市值，其中一个重要的因素就是科学透明的游戏规则和完善的社会中介服务体系。提高政府的中介应用能力，这就是说政府要把一部分职能转移给社会中介组织，同时加强与之沟通，加强对社会中介服务业的综合协调管理，使社会中介组织发挥更大的作用。政府管理要明确界定其范围与职权，现行体制下的一些政府管理职能要取消或削弱，一些政府职能要转经商会或行业协会等社会中介组织，强化商会在企业与政府之间的桥梁作用。在计划经济体制下政府做了本来不该做的事情，随着行政体制改革中政府职能转变到位，中介机构的职能将会充分发挥出来，很多政府管不了，管不好，也不该管的事情将交给中介机构来做。实践证明，由于高新区本身就是市场机制的产物，应吸引更多的中介机构进入高新区来完成其各种市场功能，聚集市场要素。如果社会中介机构不发挥作用，那么政府职能转变就不可能是彻底的。在美国"硅谷"，包括风险投资家、律师、会计师、猎头公司、市场咨询、租赁公司等均扮演着重要的社会中介角色。

由于中国高新区起步较晚，目前，大部分高新区内社会中介机构服务职能较弱。因此，中国高新区应充分发挥社会中介服务组织的支撑、桥梁和纽带作用，要大力发展服务于创新和产业化的社会中介机构组织，加强管理和引导，重点鼓励和发展一批高质量的科技评估、知识产权服务、风险投资服务、科技产权交易、企业管理咨询等社会中介服务机构入驻园区，为园区内的企业的培育和发展创造社会化的服务和保障条件。

6. 加强顶层设计发挥内生式发展优势/整合创新资源推进内生式发展

新阶段高新区的目标任务已经与30年前有很大的不同，单纯依赖国家科技部作为高新区主管部门已有很大的局限性。这种局限一方面由于科技部作为国家科技主管部门的职责与新时期高新区的功能定位并不完全一致；另一方面，高新区的未来发展需要更大范围和更大力度的资源整合和资源配置，而目前仅由科技部下设一个专门机构（科技部火炬高技术开发中心）行使管理，在可以运用的政策杠杆和行政推动力量方面都难以有效满足高新区全方位发展的需求。为此，从国家全局着眼，成立能有效行使中央政府创新推进职能的创新发展促进局，统一布署和协调促进国家创新发展的事务，特别是对国家高新区和国家级经济技术开发区的创新发展应纳入统一管理。这有利于加强顶层的规划导向力度和政策协调力度，在推动产业和区域创新以及推动科技与经济结合等诸多方面，进一步发挥举国体制的优势。①

----

① 王胜光等. 高新区创新中国——对 20 年国家高新区发展的总结评价及对未来发展的思考 [J]. 中国科学院院刊，2012（6）：678－696.

第六章
高新区引领新型工业化的人才资源建设

一、人才资源对推进新型工业化战略的现实意义

（一）人才资源是新型工业化的重要推动力

1. 人才资源对推动信息技术和知识经济具有重要作用

信息技术的发展是21世纪最重要的特征。它以极快的速度进入人类生产生活的各个领域，并迅速与传统产业结合，导致了"网络时代"或"知识经济时代"的产生。信息技术的广泛应用不仅大大加快了工业化进程，也加速了传统产业改造和产业结构升级。信息化给人们的生产和生活方式带来了极大的变革，在这个背景下提出的新型工业化自然将它作为重要内容之一。因此，信息化带动的工业化是新型工业化的首要特征，也是最显著的特征。在信息化的浪潮下，信息和信息技术广泛应用于工业生产中，信息产业成为主导产业，这必然要求大量掌握信息技术的人才。同时，工业化为信息化提供物质、能源、资金、人才，工业经济同样需要大量高素质的技能人才。技能型人才是经过专门的培养，掌握丰富的专业知识，具有较高的操作技能，主要在生产一线从事工作的能手，是推动技术创新和实现科技成果转化不可缺少的重要力量。新型工业化阶段对人才的需求呈现多样化的趋势，大量培养具有创新精神，掌握先进科学技术的人才已刻不容缓。基于我国国情，为适应信息化时代的要求，确定以信息化带动工业化，以工业化促进信息化的新型工业化道路，是现阶段发展国民经济的战略选择，也是我国现代化建设的必经历程。党的十六大报告对于如何实施新型工业化作了精辟的阐述："走新型工业化道路，必须发挥科学技术作为第一生产力的重要作用，注重依靠科技进步和提高劳动者素质，改善经济增长质量和效益。"可见，发展社会经济，坚持新型工业化道路，离

不开人才资源的支持，尤其是对高素质人才的迫切需要。

2. 人才资源水平直接影响新型工业化发展水平

我国传统的工业化是在高度集中统一的计划经济体制下主要由政府运作的，资源的配置必须服从计划，计划的落实主要靠行政手段推动。然而，走新型工业化道路，是在社会主义市场经济体制下运作的，工业化进程中的资源配置必然是以市场规律为基本手段，政府只能通过宏观调控来弥补市场缺位可能造成的损失，充分利用市场机制和政府调控，最大限度地动员国内外资源是新型工业化的必然要求和重要特征。我国是一个人口大国，劳动力资源丰富，如何把人口劣势转变为人口优势，把庞大的劳动力资源转变为人才资源，转变为最有价值的战略性资源，为经济发展服务，是走新型工业化道路必须思考的一个重要问题。在推进新型工业化的进程中，中国正在以令世人瞩目的速度成长为全球制造工厂，大量低廉、优质、样式新颖的劳动密集型产品正源源不断地涌向世界各地的超市和购物中心，成为一个名副其实的"制造业大国"。然而，制造业表面的繁荣难以掩盖背后的隐忧，目前的发展只是凭借资源的过度消耗、丰富的廉价劳动力、庞大的国内市场，而原发性核心技术的缺乏使中国终难实现由制造业大国向制造业强国的历史性跨越，高素质的技术应用型人才的紧缺是制约我国经济发展的瓶颈之一。

现阶段，我国正处于制造业发展的关键时期，随着工业化的不断深入，制造业生产成本方面的优势不断弱化，如果不能加快技术创新，提升制造业的结构和水平，就有可能受到被边缘化的威胁。然而，不管是大力发展高新技术产业，还是稳步发展传统产业，都离不开人才资源的支持。企业如果没有一支具有创新意识、技术精湛、技艺高超的高素质人才队伍，就不可能生产出一流产品而抢占市场。由此，人才资源水平决定了一个地区制造业发展状况，决定了新型工业化的主要推动力量——市场。

3. 高素质的人才资源是新型工业化面对资源和环境约束而走集约发展之路的关键因素

传统工业化往往追求数量的增长，将经济的短暂繁荣或增长看作自己追求的目标，结果付出了惨重的代价。进入 21 世纪，中国将不可避免地遭遇到资源、环境与发展的巨大挑战。人口高峰的来临，资源的超负荷利用，生态环境的日益恶化，工业化、城市化、现代化的急速推进，区域发展不平衡加剧等，都将成为未来发展的瓶颈。

走新型工业化道路，必须以全面发展为目标，不断提高工业化的科技含量，降低资源消耗和环境污染，转变经济增长方式，走基于新型工业化要求的集约、高效发展道路，从而增强经济后劲和可持续发展能力，使经济社会发展与人和自然的和谐发展相统一。

随着经济全球化的不断深化，跨国公司生产经营活动进一步细化，并将成熟技术和过剩生产能力向发展中国家转移，高新技术产品的部分加工组装环节向外扩散，越来越多的跨国公司开始在中国进行投资扩张，中国日益成为跨国公司的"世界加工基地"。但"制造业大国"只是凭借资源的过度消耗、丰富的廉价劳动力发展的劳动密集型产品。要从根本上提高我国制造业研发和制造水平及国际竞争力，实现由"世界加工中心"向真正意义上的"世界制造中心"转化，不能仅仅依靠人力资源规模和价格低廉的优势，而是要适应新型工业化道路的需要，造就一大批掌握现代制造技术、具有较高文化素质和善于解决实际生产技术难题的应用型人才，保持经济增长的旺盛活力。[①] 可以认为，高素质的技术应用型人才是实现技术创新的关键，而技术创新又是转变经济增长方式，走集约、高效发展道路，实现新型工业化的关键因素。

4. 充分发挥人才资源的作用是新型工业化必须坚持的重大战略

美国经济学家舒尔茨的人力资本理论，引起人们对人力资本意义的关注。2007 年 10 月，党的十七大报告明确指出："科学发展观，第一要义是发展，核心是以人为本，基本要求是全面协调可持续发展，根本方法是统筹兼顾。"因此，要"更好实施科教兴国战略、人才强国战略、可持续发展战略"，"必须坚持以人为本，要贯彻尊重劳动、尊重知识、尊重创造的方针，统筹抓好以高层次人才和高技能人才为重点的各类人才队伍建设，建设人力资源强国。"人才问题受到党和国家的高度重视。毫无疑问，当今时代，知识经济日趋加速发展，人才资源已成为经济发展和社会进步最

---

① 陈冬. 新型工业化理论与实证分析〔M〕. 北京：社会科学文献出版社，2006.

富活力的第一资源。不论一个国家还是地区，竞争的关键是人才的竞争，人才优势就是最大的优势，而掌握了高端科学技术及重要领域的高层次人才则是社会发展的重要推动力量。牢固树立人才资源是第一资源的理念，把人才工作摆在更加突出的位置，进一步解放思想、解放人才、解放科技生产力，为保持经济社会健康持续发展，提高区域创新能力。我国是一个人口大国，劳动力资源十分丰富，但人才资源短缺，尤其是高素质人才严重不足，如何把人口劣势转变为人口优势，把庞大的劳动力资源升级为人才资源，转变为最有价值的战略性资源，为经济社会发展服务，是走新型工业化道路必须重点思考的问题。只有储备充足的人才资源，才能推进新型工业化健康持续发展。

（二）人才资源对经济增长具有显著的促进作用

人才资源对新型工业化战略的意义不仅表现在新型工业化的基本特征中，也表现在人才资源对经济增长的促进作用上。一个国家的经济发展是实现新型工业化的强大后盾，没有经济的发展，新型工业化战略就成了一纸空谈。

人力资源与经济增长的关系是现代经济学中的一个经典问题，西方经济学家从古典经济学家到当代经济学家都有过不同程度的论述。威廉·配第提出了"人口的价值"这一概念，说明了劳动者技能与劳动效率的关系。他认为一个国家人口的价值不在于这个国家人口的"自然数量"，而在于它的"社会数量"，要使一个国家的财富得到增加，就必须提高人口的质量。亚当·斯密在其代表作《国富论》中，将人的知识和技能视为固定资本，并且与物质资本一样可以获取利润。斯密意识到由教育或训练程度不同所产生的简单劳动和复杂劳动的区别及其对劳动者工资的影响，并且将教育支出当作固定资本的思想，已经孕育着人力资本的萌芽。19世纪40年代，德国经济学家李斯特也研究了生产中才能的作用，他提出物质资本相对应的精神资本的概念，认为"精神资本"是由智力成果凝聚而成，一个国家和地区生产力的高低，取决于精神资本，"精神资本"已经蕴含着人力资本的思想。马歇尔继承了斯密把受过教育的人比作为高价机器的观点，并且更进一步将教育支出视为一种非常有利可图的投资。

在西方经济学说史上，首先提出人力资本概念的是美国经济学家沃尔什，他第一次计算了教育投资的经济收益。诺贝尔经济学奖获得者舒尔茨是人力资本理论的重要代表人物。在探索"经济增长余量之谜"中，舒尔茨认为传统的经济增长理论中的劳动，只强调劳动的数量而没有考虑到劳动的质量，而后者的提高取决于人力资本投资的增长。因此，人力资本是决定经济增长的一个重要因素。另一位人力资本理论的代表人物是贝克尔，他是人力资本理论基本框架的构造者。他的贡献在于为人力资本理论提供了坚实的微观经济学分析基础，使之数量化、精细化和形式化。贝克尔将人力资本理论发展为以人力资本收入函数确定劳动收入分配关系的一般理论，并使其成为"今日经济学中经验应用最多的理论之一"。

现代经济增长理论作为"使用少量精确定义的经济变量来构造经济增长过程的正规模型"，在经历了以哈罗德－多马模型为代表的资本决定论和以索罗模型为代表的技术决定论之后，又进入了以罗默（P. M. Romer）模型和卢卡斯（R. Lucas）模型为代表的知识积累和人力资本决定论占主导地位的第三个阶段。罗默模型具有代表性的是20世纪90年代引入人力资本后的内生增长模型。在罗默模型中，生产要素除了资本和劳动外，还有人力资本和技术水平两个要素。这里列入的劳动是指非熟练劳动，而人力资本则特指熟练劳动。人力资本用正式教育和在职培训等受教育时间长度来表示，这样就把知识或教育水平在经济增长中的作用考虑进去了。罗默模型较为系统地分析了知识与技术对经济增长的决定性作用。

卢卡斯模型同样是内生经济增长模型，而且是"专业化人力资本积累增长"模式。该模型将舒尔茨的人力资本引入索洛模型中，并具体化为每个人的"专业化人力资本"。卢卡斯认为专业化人力资本是促进经济增长的真正动力。卢卡斯模型揭示了这样一个现象：人力资本增值越快，则部门经济产出越快；人力资本增值越大，则部门经济产出越大。卢卡斯模型的突出贡献在于承认人力资本积累（人力资本增值）是经济得以持续增长的决定性因素和产业发展的真正源泉。卢卡斯在柯布—道格拉斯生产函数（C—D生产函数）的基础上，将人力资本投入量 H 定义为有效劳动投入，代替变量 L 的位置，构建了如下的 C—D 生产函数型的有效劳动模型：

$$Y = AK^{\alpha}H^{\beta}e^{u}$$

其中，Y 为产出变量，K、H（人力资本）为投入要素，A、α、β 均为待估计参数，其中 A 为综合效率常数，α、β 分别为 K 和 H 的产出弹性。

卢卡斯模型引入从业人员的人力资本水平因素，不仅充分考虑了人力资本具有的生产功能特征，而且充分考虑到人力资本对其他非人力资本要素的外部性作用，它真实地反映了产出与要素投入之间的函数关系，为准确判断人力资本在经济增长中的作用提供了科学的分析框架。

可以看出，随着经济学研究的深入，现代经济增长理论已经证明了人力资本对经济增长所起到的决定作用，也为我们进行两者间关系的研究提供了越来越成熟的理论基础和分析工具。现在随着新技术革命的飞速发展，人类社会正在从工业社会迈向以科学技术为主体，以发展高新产业为主要特征的信息社会。在信息社会中，"空间、能源和耕地也并不能决定人类的命运，人类的前途将由人类才智的进化来决定"。然而，世界各国或地区在科学技术发展水平上存在巨大的差距。而这种差距，实际上就是人才资源的差距。据统计，目前世界上主要国家和地区每千名人口中的科学家和工程师数量是：日本 4.7 名、美国 3.8 名、以色列 4.4 名、欧共体 1.9 名、加拿大 2.3 名、亚洲新兴工业国家 1.0 名、俄罗斯 1.0 名、中国 0.4 名、印度、中东、撒哈拉以南的非洲为 0.1 名。由此可见一个国家的强大与否或经济实力的强弱，往往与其人才资源密切相关。作为科学技术的载体，掌握科学技术和专业技术的人才资源，将是人力资源中的精华，是未来社会中最宝贵的财富。

据舒尔茨估算，物力投资增加 4.5 倍，利润相应增加 3.5 倍；而人力资本投资增加 3.5 倍，利润将增加 17.5 倍。发达国家几倍乃至数倍于发展中国家的人才资源密度这一差异，反映在经济指标（此处为人均国民生产总值）上则为数十倍乃至上百倍的差距，显示了国家经济发达程度与其人才资源的密切关联性。

表 6-1　　　　　　　2005 年部分国家经济活动人口教育程度构成

国　别	中等教育（%）	高等教育（%）	人均 GDP（美元）
美　国	20.6	77.8	42076
以色列	21.7	75.6	16987
加拿大	22.0	75.3	32073
新西兰	22.0	70.6	23276
新加坡	29.5	69.6	25176
日　本	27.9	66.4	36486
韩　国	26.8	65.1	14649
马来西亚	30.1	55.1	4701
菲律宾	14.9	48.1	1084
马基斯坦	20.3	36.6	577
中　国	17.7	35.4	1352
孟加拉国	13.7	34.6	418

资料来源：世界银行数据库。

联合国开发计划署在《1996 年度人力资源开发报告》中指出：当今世界国民生产总值，3/4 靠人力资源，1/4 靠资本资源。另据世界银行测算，人力资源这种生产要素增长对经济增长的贡献作用中，发达国家为 49%、发展中国家为 31%。[①] 美国制造业的最新研究显示，具有综合、创新性的人力资源管理的生产线比传统式不协调的方式生产率高 7%。[②]

[①]　世界银行. 1998/1999 年世界发展报告：知识与发展［M］. 北京：中国财政经济出版社，1999.

[②]　Casey Ichniowski, Kathryn Shaw, and Giovanna Prennushi. The Effects of Human Resources Management Practices on Productivity［M］. Cambridge, MA：National Bureau of Economic Research Working Paper NO. 5333，1996.

表 6 - 2　　　　　　　　　　不同国家和地区财富来源构成情况①

国家或地区	占世界总财富（%）	人才资源（%）	自然资源（%）	资本资源（%）
原料出口国或地区	4.6	36	44	20
其他发展中国家和地区	15.9	56	28	16
高收入国家或地区	79.6	67	17	16

　　资料来源：按世界银行 1995 年 9 月的新标准列表，转引自王少军. 人力资源管理与结构分析［M］. 上海：上海交通大学出版社，2005.

　　从经济发展实践考察，人才资源开发与经济增长之间存在互为因果的双重关系，人力资源的水平差异已成为经济增长的贫困陷阱（poverty trap）之一。发达国家和发展中国家间人力资本与经济发展的不同耦合（coupling）运动方式导致了人力资源与经济发展高级循环与低级循环两种截然不同的后果。② 德国、日本、美国、新加坡和韩国经济的迅速发展，主要依靠的是人才资源的开发利用。相反，一些发展中国家，如巴基斯坦、哥伦比亚等国，由于没有重视人才资源的开发，从而阻滞了经济的发展和现代化的进程。③

　　现代人力资本理论认为，人力资本投资可以带来比物质资本投资更丰厚的收益，原因在于人力资本具有由知识的需求效应、收入效应和替代效应所体现出来的知识效应，人力资本对经济增长的作用更持久、更重要。新经济增长理论实际上通过人才资本概念将人才资源与经济增长有机地联系起来，无异于说明人才资源是推动内生性经济增长的引擎，人才资源在社会经济发展中的作用无疑绝不能忽视。人才战略是根本，没有高素质的人才资源，其他一切做法只能是舍本逐末。

　　科技进步、经济社会发展，关键在人，人才资源已成为经济和科技发

---

　　① 王少军. 人力资源管理与结构分析［M］. 上海：上海交通大学出版社，2005.

　　② 李玉江. 区域人力资本研究［M］. 北京：科学出版社，2005.

　　③ Pietro F Peretta, Industrial Development, Technological Change and Long - run［J］. Growth Journal of Development Economics. 1999，（59）：389 - 417.

展的战略性资源，这已成为大家共同接受的理念。人才资源，特别是受到良好教育和具有创新合作能力的高素质人才，对经济增长和科技发展的贡献率不断提高，在某种程度上讲，对经济和高科技发展起着决定性的作用，其重要性也在综合国力的比较和国际竞争中日益显现出来。当今世界，人才日益成为竞争制胜的关键因素。人才素质、结构和规模直接反映出国家科技经济实力的大小强弱，为了增强本国的国际竞争地位，提高科技创新能力，无论发达国家还是新兴工业化国家都在实施人才战略，全球的人才竞争尤其是高层次科技人才竞争日益激烈，他们通过法律、科技政策和经济杠杆等多种手段，在培养开发本国人才的同时积极吸引和利用国外科技人才资源，对促进本国科技进步和经济发展发挥了重要作用。

二、国外高新区人才开发体系建设的主要做法和经验

为了增强本国的国际竞争地位，提高科技创新能力，无论发达国家，还是新兴工业化国家都在实施人才开发战略，各国通过法律、科技政策和经济杠杆等多种手段，在培养开发本国人才的同时积极吸引和利用国外科技人才资源，对促进本国科技进步和经济发展发挥了重要作用。

（一）部分国家人才开发的主要做法

1. 加强人才培养的硬件设施的建设，重点规划投资高层次人才

美国一些高新区在人才资源开发方面以提供充足的科研经费作为重要的物质基础，早在 2000 年，美国政府、企业、高校和基金会在科技研发方面的总投入已达 2646 亿美元，提供先进的硬件设备和技术，创造研究工作的机会。投资建立和更新研究和教学仪器设备，强化继续教育，政府部门、企业、军队、科研机构，选择一批大学建立研究中心，共同研究国家和产业界面临的重点课题。政府各部门设立各种特别培养高层次人才计划，诸如海军设立青年研究员计划，国家科学基金会设立总统青年研究奖。

印度和中国同属于发展中国家，20 世纪 90 年代以来，印度经济快速持续发展，每年都保持了较高的增长速度，除了传统产业农业和基础工业，印度的软件业和金融业等新兴产业在业界具备了世界竞争力。印度政府的做法：

一是重点投资高等教育，重视开发和培养高科技人才资源。每年从印

度本土毕业的高新技术专业的高校优秀毕业生，超过一半以上的学生会和美国企业和公司签订工作合同，美国硅谷大量的印度人就是例证。印度政府对于高等教育的投入远远高于基础教育。印度政府对于高等院校重视传统可以从 20 世纪中叶算起，基础教育现在仍然在世界上处于落后地位，看似矛盾的教育政策，让印度政府把好钢用在刀刃上，接近一半的教育经费投入在高等教育，尤其是研究自然科学的高校最受重视。印度在校大学生毕业后成为高科技产业人才的数量每年增长，并且这些毕业生的能力和素质得到世界的认可和肯定。

二是职业教育助力软件业。印度政府的软件产业在世界很有知名度，世界信息技术革命让印度政府尝到了这块蛋糕的甜度。印度政府从计算机这个世界新兴事物入手，对这门新兴产业在当地发展提供大量支持和帮助。在印度如果想学习有关信息技术相关知识，并通过学习和掌握这些有关计算机知识谋得一份工作，并不是什么难事。一种方式是常规路线，印度学生在基础教育大环境并不优越的情况下，通过激烈残酷的竞争，成为一名高校生，在高等教育院校接受 IT 有关专业的学习和研究，毕业后从事所学专业工作，获得可观的报酬。另一种方式也是印度政府大力扶持和提倡的，如果学生并没有通过层层选拔和考试，不能进入高等院校接受教育，这些学生可以在职业培训机构进行学习，在印度有政府和民间投资的职业培训学校，帮助未能考取高校的学生曲线圆梦，职业教育开发和培养的生源在实际使用中也受到广泛好评。除了印度的欠发达地区和农村，每个人在城市都会找到 IT 相关产业的职业培训院校和机构。每年印度培养出的信息产业人才是中国同样行业的四倍左右。

三是科技园集中高层次人才。印度政府允许科研院所和经济形势接轨，向商业化和市场化积极靠拢。这些院所可以向政府申请注册自己的公司和企业，将院所的科研成果和市场需求匹配，可以专业研究和探索最新科技动态，通过科研成果转化为市场价值，高科技人才也可以从研究成果中获得经济上的奖励和支持。公司利润可以支持科研活动，有宽裕经费支持的科研活动成果也呈正比提高。印度政府引导科研公司到经济欠发达地方找机会和发展，会有减免缴费和税收优惠的政策支持。政府在城市地理区划上规划和设计场地，为科研机构大量进场做好准备。政府的科技发展相关部门和财政部门以及管理单位集体整合资源和实施政策，帮助企业联系高等院校组织，为整个企业群发展提供便利。印度国家政府和地方政府以及民间都提供资本支持服务，这些风险投资的出现帮助科技人员创业过程中渡过资金缺口的难关。

日本资源贫乏，但工业发达，在战后短短20年内，就从战败的废墟上迅速崛起，一跃成为世界排名第二的经济发达国家，它所创造的经济奇迹，主要是由于提倡教育、尊重科学、注重人才的开发与培养造成的，其完备的教育体制和严格的认证制度以及政府、大学和企业的通力配合是其人才建设的基础。日本政府自20世纪90年代以来，提出了"科技兴国"、"知识立国"的口号，出台了培育和造就大批科技人才的一系列计划，在科技人才的培养和使用方面进行一系列制度创新。

2. 为专业人才设立绿色通道

（1）提供多方面的优厚待遇。美国政府积极提倡认同和尊重个人价值，激发每个人的冒险精神和创新精神。适时调整移民和签证制度，只要是专业人才和精英，不限国籍、资历和年龄，优先进入美国工作。逐年增加H－IB等签证的数量。提供高额工资和优厚的物质生活条件，西雅图高层次人才年收入达13万美元，免费提供搬家、电脑，甚至汽车和住宅，为子女提供学费、家属医疗保险。

（2）保护回国人才的权益。因为受限于本国的经济实力和科研水平，大部分印度的人才都选择了去其他国家工作和发展，这些出国工作的人才也基本上留在了当地国家，成为其他国家移民人才。印度政府出台了相关人才资源引进政策和法律法规，保持对世界其他国家印度人才的关注，希望海外的印度人才能够回国工作和发展，为印度经济持续增长多做贡献。

表6－3　　　　　　　　　世界各国的印度人口数

国　别	人数（万）
美　国	168
加拿大	85
英　国	120
南　非	100

国　别	人数（单位：万）
沙特阿拉伯	150
缅　甸	300
马来西亚	170
新加坡	70
毛里求斯	72
阿拉伯联合酋长国	100
特立尼达和多巴哥	50

资料来源：The High Level Committee of India, The Report on India Diaspora, 2001.

20 世纪 80 年代，印度政府出台法律法规主要涉及从印度外出到世界其他国家工作印度人的相关权益。管理印度人外出务工的政府部门颁布了相关政策和法律法规，保护印度公民在世界其他国家就业的基本权利。

政府分管移民事务的部门为在国外生活工作的印度人回国积极创造各种条件和措施。政府积极取得并保持海外印度人的联系，期望通过政府专门出台的配套措施和政策，引进这些取得成绩的海外印度人，将他们的资金、技术和经验带回到印度，政府承诺为他们搭建更加优惠和灵活的商业平台，给予他们更多回国发展的政策支持和帮助。在世界其他国家生活和工作的印度人，如果申请到政府管理和发放的这种身份证明，简称"回印证"，就可以在其之前生活工作所在地和印度之间自由往返，简化了很多出入境手续和等待时间。申访条件对于申请人也并不苛刻，申访人还可以携带自己的直系家属办理。持证人不仅往返印度方便，且可以在印度买卖大宗商品，包括商品房、汽车等商品。持证人回到印度国内时间上十分宽松，申访人的证件有效期超过十年以上，大量的国外印度人受到印度政府推出的回印证的吸引，回到印度寻找发展的机会。

进入 21 世纪后，印度政府在管理移民政策部门基础上挑选了少数精英政府官员成立新的高级职能组织。该组织负责收集有关在国外的印度人的具体生活和工作状况的信息，向政府领导人进行汇报工作，以便印度政府改良移民政策。政府为了这些海外印度人回国办理证件更加便利，主动降低了办理相关证件和手续的所需缴纳金额。印度政府通过举办一年一度的以纪念印度民族英雄甘地的全国庆祝日，广泛联系和邀请世界各国工作和生活的印度人回到自己故土，活动收效十分明显。印度政府鼓励和表彰有突出表现和伟大成就的海外人才，为获奖者举行颁奖典礼，鼓励国外印度人更好地工作。这些获奖者会与政府官员保持长期联系和建立合作关系，将他们的经验和能力带回印度，让印度国内公民向他们学习。

（3）双重国籍吸引海外高层次人才。近年，印度政府采取大胆尝试的政策和措施，允许海外印度人可以通过申请拿到两个国家国籍，通过申请的印度人就会在印度投资、创业和发展。这些印度人除了可以从事经济商业活动，政府甚至开了更优惠的条件，这些双重国籍的印度人可以在政府单位或组织机构工作，当然不包括安全涉密部门和核心部门之类的重要工作。开放双重国籍的政策和工作得到了广大在海外拼搏奋斗的印度人广泛认同和支持，第一批申请得到当地国和印度两国国籍的印度人，回到印度进行投资和创业，为印度经济发展提供了新的动力。对于发展中的印度，双重国籍是吸引海外印度人的重要砝码。

3. 通过开展多领域合作研究、学术活动等形式，大量吸收各类人才

（1）提供高额奖学金吸引国外人才。美国在积极招收和资助外国留学生、高校申请奖学金的机会远高于其他国家。设立大学科研奖学金，在美攻读博士学位的外国留学生有 3/4 可以获得全额奖学金，通过研究机构招聘人才，研究开发实验室招聘或引进国外著名科学家。积极推进教育国际交流，联邦政府与高等院校、私人基金会合作，通过设立研究项目、奖学金、助教金等多种形式招收外国学生。到其他国家设立研究开发机构，在发展中国家设立研究机构，IBM 和惠普等公司在北京中关村和上海设立研发中心，争取和吸引人才。

（2）利用侨汇增强实力。印度每年都会有大量的人才流向世界各国，这些人才大部分工作和服务于发达国家。这些海外印度人每年都会为国内的亲人和朋友汇款，解决他们在国内认识和想帮助的人。这为印度经济做了不小的间接贡献。印度政府官员表示印度人才外流是现阶段的事实，但也并非完全是印度的灾难，这些科技人才在发达国家掌握最先进的科学技术，且会为印度国内的一些人解决生活上的困难。这些人才也可以在未来回到印度工作和发展，直接带动印度经济更好地发展。由图6－1可以看出，在20世纪80年代，整个十年间印度国内接收到世界其他各国印度人的汇款基本保持在一个较高的水平。以1990年为分界线，国家人才政策的开放带来的是人才的外涌，这些人才向印度国内的汇款总额每年高速增长。在20世纪90年代以前，印度侨汇占外汇比重平均每年都在40%以上。90年代后，这个比重每年下降，统计数据截至2006年，侨汇占外汇比重已经降到了20%以下。[①] 这说明随着印度人才外流的每年扩大，侨汇总额不断增长，但是这些海外印度人不仅用汇款的方式帮助印度经济发展，且有些人才回到印度投资创业，印度经济的总量每年增额都超过了侨汇的总量。印度政府这种使用人才方式上的长远和战略眼光，使这些外流人才为印度经济增长做出了重大的贡献。

亿美元

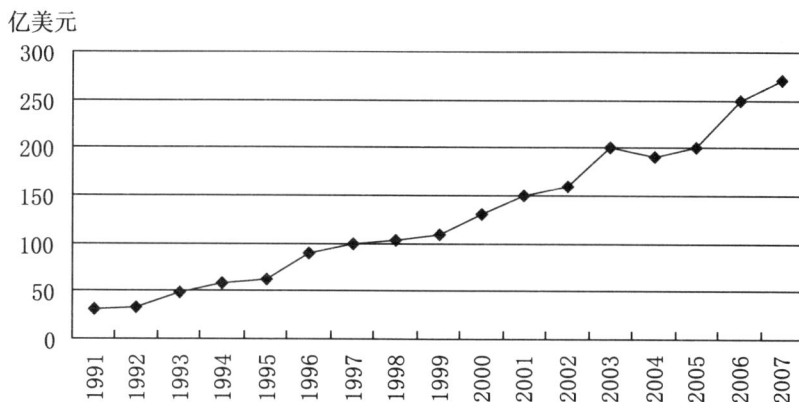

图6－1　印度侨汇增长趋势图

资料来源：Workers' remittances, compensation of employees, and migrant transfers, credit. http：//www. worldbank. org/prospects/inigration and remittances.

---

① Workers' remittances, competition of employees, and migrant transfers, credit. http：//www. worldbank. org/prospect/migration and remittances：Handbook of Statistics on India Economy 2007. Reserve Bank of India, Oct, 1. 2007, http：//www. reservebank. com/.

日本为了应对国际上日趋激烈的"人才争夺战"，积极实施国际化人才战略。吸引了大量的国外优秀人才，使得日本成为因国际人力资源而受益最大的国家之一。日本是一个善于学习其他国家科学技术的国家，他吸收和借鉴发达国家在人才政策方面的有力举措，同时结合本国的情况，以大学为基础加强环境建设；以高校和企业的合作为突破口，进行产、学、研结合；鼓励优秀留学生在日定居，鼓励其就业等措施聚集了大量的国际优秀人才。从日本人口渐趋老龄化等本国国情出发，日本制定了本国吸纳国际人才的长期方针，不断吸引留学生，提高留学生数量，逐渐放宽工作签证限制，以及借助跨国公司的引智能力在全球大量吸收优秀科技人才。20世纪80年代以后，为吸引更多的外国优秀人才，日本政府提出《关于21世纪留学生政策的建议》，确立了在21世纪接受外国留学生大约10万人的计划。为了填补日本劳动力及高级人才的双重短缺，日本对吸引人才的政策和措施变得极为迫切，开始重视留学政策，吸引优秀人才来日留学，并且创造环境使毕业的留学生服务于日本。为了吸引大量留学生，日本放宽了留学和毕业后留日的移民政策，主要为留学生提供语言、文化等方面的培训。2007年，日本提出"亚洲门户构想"①，这项计划主要是对中、韩等亚洲国家留学生进行援助。2008年1月，日本政府又进一步制定"30万留学生政策"，提出选出约30所"重点大学"来接受和培养留学生，选取一些高校进行重点的资金、基础设施以及师资的支持，培育出许多高层次人才。2009年7月，正式通过了《入国管理法》，具体实施从2010开始执行。通过这些留学生计划的制订和实施，从2000年开始，留学生人数开始大幅度增加，到2010年，在日留学生的人数已达到14万多人，其中，占90%的留学生来自亚洲国家。此外，日本政府还为外国学子提供了免费研修计划，为由于大地震而却步的外国学生提供了一个实地考察的机会，为他们赴日学习和生活打开了大门。除此以外，日本政府于2009年设立了文部科学省补助金项目以帮助出国留学生在国外的生活，以

---

① 日本的"亚洲门户构想"的基本观点包括：在环境及安全等方面向亚洲提供日本先进的技术和标准，促进日本金融资产向亚洲地区投资等。另外，确立动画及音乐等具有竞争力的"日本品牌"，对国际金融职能和机场、海港进行强化等。

及入境的短期留学生在日的学习和生活，这一举措促进了本国大学与国外大学的广泛联系，培养了许多跨境的人才。为了加快吸引人才的步伐，日本政府还制定和实施了许多政策措施来提高本国科学技术人才。比较重要的措施集中于改革教育和培训制度以及培养具有独创性的高级技术人才，创造新的产业领域。由于这些措施主要依赖高等教育，所以，日本政府于20世纪末建立了国际化的高等教育基地，政府选择了一部分大学和研究机构为重点，在政策和人、财、物方面都给予了很大的支撑，吸引大批国内学子和国外研究人员，使其成为"教育研究基地"。在2001年，日本设立了综合科学技术会议，综合审议科技计划、政策和人才资金等资源分配方针。2002年，日本政府又推出"21世纪COE计划"[①]，该计划由学术振兴会组织实施，从2002年开始每年对部分博士科研项目进行资助，每个项目资助时间跨度为5年，每年资助金额为1亿~5亿日元，主要目的是提高日本大学的国际竞争力，建立一流的教育科研基地。2007年，日本政府又推出了"世界顶级研究基地形成促进计划"，该计划仍旧是为了打造世界顶级水平的研究基地而构建实施的，继续对其进行长期而稳定的支持，为其创造优良的政策和软硬件环境，吸引世界各国出色的研究人员，建立多个世界顶级水平的教育研究基地。为了在全球广泛的吸引人才，日本还鼓励研究人员进行国际交流，在海外设立或资助研究机构，同时还会设立本国办事处，帮助人们更多了解日本，通过这些方式吸引和网罗人才，吸引更多的高水平科技人才来日研究和工作。

为了方便外国高层次研究人才的进出，日本政府还放宽了外国研究人员申请定居的期限和条件，简化了申请的程序，改革了其出入境制度和签证制度，发放APEC商务旅行卡。据统计，2006年，来日的年轻研究人员中，有60%的研究人员来自亚洲，欧洲和美洲的研究人员分别占25%和15%。据统计，当时有6000多名中国研究人员在日本从事研究工作。除此

---

① COE，即"Center of Excellence"。日本政府积极推动本国高等教育的改革与发展，2001年6月，日本文部科学省发表《大学结构改革方针》，提出国立大学重组合并、国立大学法人化、引入第三者评价等改革措施，并决定从2002年度开始实施"21世纪COE计划"。

之外，还有"外籍特别研究员"和"外籍聘用研究员"，邀请外籍人员赴日进行合作研究或学术交流。日本为了更好地推进国际科技合作，还定期和不定期举办多种类型的学术交流会议，如为了建立顶级研究基地而开办的亚洲研究基地项目，以在其他国家建立研究基地为基础，共同讨论亚非地区一些重要课题为目的的亚非学术平台建设项目；为了构建共同合作研究的网络关系而实施的亚洲科学技术交流战略等。通过邀请外国学者来日参观或短期交流等方式，吸引了众多的科技人才赴日进行研究工作或赴日定居。上述举措，使赴日进行研究和工作的人员大幅度增长，在很大程度上丰富和充实了日本的人才资源。

（二）值得总结的经验

1. 为高级人才资源提供丰厚的物质待遇和充足的研究经费

雄厚的物质基础决定人才开发的成效。美国政府对人才资源发展的资金投入力度远远领先于世界其他国家。在20世纪第一个十年末，美国政府出台了一系列刺激经济和科技发展的措施。对教育产业和人才培养加大投资力度，以2007年为例，全年的投资全部预算接近60亿美元，在人才资源开发方面占15%。政府对课题经费的申请也有专家审理和监督，保证每笔资金的投入都不掺水分。政府对在校学习的学生、对指导教师也有资金支持。企业投资为高校建立专业实验室，聘请高校相关专业的教师到企业对员工进行指导和培训，高校利用企业的资金改善学校的硬件设施，学生通过先进的科研设备研发科技成果。

多方位的合作实现了一举两得的双赢效果。许多留学生在美国高校毕业后，留在美国工作发展，这些留学生留在美国很大原因是美国优厚的物质生活条件，用自己的专业知识找工作，同样的工作时长，美国企业开出的条件会比其他国家企业丰厚，在物质金钱的直接刺激下，美国企业吸引了来自世界各地源源不断的有技能的人才。为了留住和更好的使用人才，一些企业除了一般的激励方法外，还会给员工持股权，员工的考核指标和综合表现越高，得到的份额就会有相应的提高，员工将自身和企业的发展融为一体，不仅不会跳槽，而且会为企业创造更多的价值。

2. 设立多种奖励措施，鼓励创造发明

美国国家科学基金会设立各类奖励，如总统青年科学家奖、工程创造奖、国家技术奖等。一是优越的研究开发创新条件和环境，以 2003 年为例，美国财政年度预算研究发展经费达 1280 亿美元；二是自由流动和择业体制保证人才能够充分发挥自己潜力，住房、医疗、保险等都实现了社会化，劳动力不受户籍、地域限制，在全国范围内自由流动；三是通过优胜劣汰的市场竞争机制选用人才，美国的用人和择业不存在行政干预行为，主要通过劳动力市场来调节；四是因人制宜，量才使用，科研人才搞研究，管理人才从事管理工作；五是依据工作业绩给予相应的提升，有能力很快得到提拔，不必排资论辈；六是跨国公司在外国招聘当地精英，微软、英特尔等国际企业都在其他国家设有科研机构，高薪招聘研究人才，以高薪和股票留住人才；七是以丰厚的经费支持科研项目，2007 年政府研发预算支出达 1372 亿美元。

3. 充分利用市场手段配置人才资源

美国政府在宏观上采取灵活宽松的政策，政府管理精英深谙市场经济对国家发展的推动力，对如何留住人才，激励人才，保障人才，使用人才方面工作，采用市场化的成熟手段。人才资源处在市场竞争的大环境中，适者生存，不适者淘汰。不能胜任工作的员工就会被解聘，表现出色的员工会得到晋升。同样，如果员工对于工作所在单位提供的待遇和环境不满意，感到自己的职业规划和发展受到限制，员工可以选择其他工作，发挥自己的才能。政府通过市场这只"看不见的手"控制经济运行，这样的方法同样运用在人才资源管理方面。尊重市场客观发展规律，政府调节好大环境，具体的工作交给市场处理。

4. 努力打造一支高素质的教师队伍

高等院校是美国人才资源取之不尽的源泉。学校安排和制订了具体详细的开发与培养措施，高度重视教师的职业发展和规划工作。学校还会定期邀请高层次科技人才为这些人员举办培训和学习，组织学术界有影响力的学者为这些年轻人答疑解惑，学校对人才资源培养不惜重金。学校对于教学活动和内容并不干涉，主要致力于创造一个自由的学习和研究环境，为教师和学生们进行学术科研活动提供便利。在教学活动中师生互动，教学相长，学生可以对自己的任课教师进行打分，根据教师的得分高低，学校将此指标纳入教师的考核范围。高素质的教师群体有效保证了教育的质量。学校在打造高层次教师队伍方面的政策是宁缺毋滥，不允许滥竽充数。在学术界有造诣的专家和学者，学校会以优厚的物质条件留住他们。为此，一些高校还积极建设实验室，满足教师开展专业教学和实验要求。学校也鼓励在校教师与社会组织和企业以及其他科研机构开展合作研究，并对那些在合作中取得重要成果的教师给予奖励，提高教师的积极性和能动性。

5. 积极营造创新创业的科研文化环境

美国在经济、科技、生态、社会、文化和军事等各个方面都堪称世界一流，其高校优良的学术氛围、先进的科研环境、优越的工作和生活物质条件也留住了不少优秀人才。近年，美国集中不同学科的工程技术人才，陆续在一批大学中建立起工程研究中心，共同研发国家和产业发展所面临的重大课题，政府各部门也启动了各种培养高层次人才的计划，如美国海军的"青年研究员计划"。美国国家科学基金会设立了"总统青年研究奖"①，目的是将最优秀的人才吸引到国家急需的科学和工程领域中来。

自 20 世纪 60 年代再度修改移民法后，美国联邦政府把大量吸收世界上其他国家和地区的知识资本和科技人才作为一项重要政策，专门制定了《2002 联邦人力资本战略》，提出实施人才战略。在 1998—2001 年间，美国至少发放了 400 万个 H－1B 签证（签发对象为具有高技术水平的外国人力资源），目前此类签证持有人数已经超过 150 万。② 此外，美国还通过实行"绿卡"制度，增加专业人才的签证名额，设立多种奖学金等多种方式，为外国留学生提供进入大学深造的机会，鼓励并吸收他们进行有创造性的劳动。

（四）国内人才资源开发和建设的特点及趋势

1. 加强人才资源能力建设，创新人才培养方式

近年来，中国政府围绕提高人才的学习能力、实践能力和创新能力，分类确立了党政人才、企业经营管理人才、专业技术人才和高技能人才、

---

① 黄长. 国外专业人才培养战略与实施［M］. 北京：社会科学文献出版社，2006.

② 同①。

农村实用人才等的不同培养方式，拓宽培养渠道，如：定期选送各类人才到国内外著名高校、科研机构、大型企业培训；通过重大工程项目、重大科技攻关项目培养人才；充分发挥人才自身和用人单位在培养工作中的主动性、积极性，促进人才的分类培养和个性化培养；改进高层次人才的遴选方式，加大滚动培养力度，提高人才培养的质量；鼓励高等院校、科研机构和企业创办更多的博士后科研流动站、工作站、高新技术研发中心、企业技术中心，实现专业技术人才培养主体的多元化；制订企业经营管理人才培养计划，建立适应经济社会发展趋势和企业特点的多层次、多形式、开发性的培养体系。

2. 大力发展高等教育、职业教育和社会化教育，倡导建设学习型社会

根据经济社会发展的总体目标和经济结构战略性调整的需要，不断提高高等教育的办学层次、水平和质量，深化办学体制改革，进一步优化高等教育结构，提升高等教育综合实力。具体措施包括：加强重点学科建设，优化专业结构；改革和发展职业教育，加强职业技术院校建设；根据产业发展需要，以培养先进制造业、现代服务业技能人才为重点，建设一批富有特色的示范性职业院校，建设一批国家级、省级重点专业。大力推进教育培训的社会化，形成多层次、开放式的终身教育网络；优化整合高校、党校、行政院校、社会主义学院等各种教育培训资源；制定科学规范的教育培训质量评估和监督办法，提高教育培训效益；适应培养高技能人才的需要，建设了一批高质量的制造业、服务业培训基地和实践基地；强化用人单位在人才教育培训中的主体地位，引导用人单位把人才教育培训纳入单位发展规划，鼓励在职学习，完善带薪学习制度；鼓励企业履行职工培训义务，开展多渠道、多形式的职工培训。

3. 注重公务员的人才开发工作，建设学习型的公职人员队伍

中国政府700多万名公务员是构成中国人才资源的重要力量，全国各级党委机关公务员的人才开发工作是一项重要任务。注重公务员的人才开发工作就是以加强党的执政能力建设为核心，加大理论教育、专业培训和实践锻炼力度，提高公职人员贯彻科学发展观的能力、学习创新的能力，全面提高党政机关工作人员整体素质。习近平总书记在2013年中央党校80周年讲话中强调，中国共产党人依靠学习走到今天，也必然要依靠学习走向未来。各级领导干部都要有加强学习的紧迫感。因此，干部要大兴学习之风，坚持学习、学习、再学习，坚持实践、实践、再实践。全党同志特别是各级领导干部都要有加强学习的紧迫感，都要一刻不停地增强本领。这种学习应该是全面的、系统的、富有探索精神的，既要抓住学习重点，也要注意拓展学习领域；既要向书本学习，也要向实践学习；既要向人民群众学习，向专家学者学习，也要向国外有益经验学习。①

4. 培养和开发专业的企业管理人才，全方位提升中国企业经营管理能力

中国企业在世界的商战中还没有争得国际普遍认可的地位。企业人才资源是未来中国企业发展的基石，培养和开发专业的企业人才资源，是中国企业未来在国际竞争中必备的要素。适应提升企业核心竞争力和可持续发展的要求，培养造就和引进一批审时度势、开拓创新、责任感强、懂经营、善管理的现代企业家，培养、引进和打造一批训练有素、具有市场驾驭能力、创新思维能力、现代企业管理能力的职业经理人队伍。

5. 强化实践能力，提升专业技术人才的创新能力

开发和培养专业技术人才是解决现在各行业紧缺人才的措施。围绕新型工业化的项目升级和区划调整需要，大力提高专业技术人才的创新能力，培养和造就一批有影响力的学科带头人。提升技能人才的实践能力，大力提倡高技能人才学习实践相关技术知识，强化接受新生事物的能力，创造性地运用新技术、新工艺、新设备。着重培育一支技能高超、文化知识深厚、前沿技术精湛的高技能人才。社会中的各类人才是社会良好运转的积极条件，对于不同背景、不同能力、不同特长的社会人才，进行有引导性培养和开发，提供社会人才学习和培训场所，组织专业的人士对人员进行定期教育。

---

① 习近平出席中央党校建校 80 周年庆祝大会并发表讲话 ［EB/OL］. http://www. gov. cn/ldhd/2013 – 03/01/

表 6 – 4　　　　　　　　　　国家人才发展主要指标

指标项目	2008 年	2015 年	2020 年
人才资源总量（万人）	11385.00	15625	18025
每万劳动力中研发人员（万人）	24.80	33	43
高技能人才占技能劳动者比例（%）	24.40	27	28
主要劳动年龄人口受过高等教育的比例（%）	9.20	15	20
人力资本投资占国内生产总值比例（%）	10.75	13	15
人才贡献率	18.90	32	35

资料来源：国家中长期人才发展规划纲要（2010—2020 年）［EB/OL］．中央政府门户网站（www. gov. cn. 2010 – 06 – 06）．

6. 鼓励海外华人华侨回国，积极吸引国际化人才

中国政府为引进人才资源工作付出了很大努力，主要从两个人才群体做引进工作。一个人才资源群体指的是在世界其他国家生活工作的中国人，这是一个人才资源群体。另一个人才资源群体指的是其他国家的人才资源，这些人才并不拥中国国籍，来自海外国家。在引进国外人才资源方面，随着 1978 年以来政策改革，每年涌进中国的外国人才越来越多。同时，中国政府也为华侨华人创业团队提供更多的发展机遇和空间，通过典型示范带动作用，推动更多的海外优秀人才回国发展，促进中国科技、经济发展与世界同步。

表 6 – 5　　　　　　　　　　外国人才在中国分布情况

分布主要省市	广东	上海	江苏	北京	辽宁
所占总量比（%）	26.6	18.7	14.3	7.2	6.2
人才国籍	日本	韩国	美国	德国	法国
所占比例（%）	20.0	13.0	10.0	4.0	3.0
专业分类及所占比例（%）	自然科学，84.6			社会科学，15.4	

中国政府为吸引海外中国人才制定了具有针对性的政策。"千人计划""长江学者奖励计划""百人计划"和"国家杰出青年科学基金"就是吸引在世界其他国家的中国人到中国工作发展的代表政策。

表 6-6　　　　　　　　中国政府制定的有关人才引进政策

名称	国家杰出青年科学基金	千人计划	百人计划	长江学者奖励计划
起始时间	1994 年	2008 年	1994 年	1998 年
举办组织	国家特别设立等单位	中组部、人社部	中国科学院	教育部和李嘉诚基金会
申请条件	申请公历年第一天未满 45 周岁；博士学位或副教授以上；取得国内外同行认可的创新成果和成绩；具有中国国籍；在国内受聘单位是唯一工作地点，港澳台除外；每年在内地工作六个月以上	原则上不超过 55 周岁；海外取得博士，在国外院校教授以上；在国外知名企业或金融机构担任要职；吸引海外人才；每年在国内工作六个月以上	年龄 45 周岁以下；博士学位；从事研究达到国际水平；面对国内外人才；每年一般招聘不超过 100 人；一次性启动经费高	自然科学不超过 45 周岁，人文社会科学不超过 55 周岁；博士或教授以上，国外副教授以上；主要在自然学科领域获得国际公认水平成果；面对国内和海外人才；特聘教授每年 20 万，讲座教授每月 3 万；履行聘任合同

实践证明，要想吸引和开发科技人才资源，必须要创新机制，加强人才的投入力度，掌握并利用人才成长的规律，充分利用企业优势，创造良好的人才环境。我们可以吸取国外有益经验，为肇庆高新区的人才资源开发打开新局面。

三、肇庆高新区的人才资源开发战略

在高新区发展壮大的历程中，人才作为支撑其核心竞争力的第一资源，发挥着无可比拟的作用。实践证明，大力开发和充分利用人才资源，大量吸引、聚集和培育一大批高级经营管理人才、高水平研发创新人才、高技能实用人才以及高素质劳动者，充分发挥各类人才的积极性、主动性和创造性，是高新区实现跨越式发展的必由之路。

目前，肇庆高新区进入了引领全市新型工业化发展、全面推动产业转型升级发展的关键时期。人才作为高新区发展的核心竞争力和"第一资源"，对于高新区建设发展至关重要。但是，现阶段高新区人才发展的总体水平仍然偏低，与经济社会快速发展的要求还存在一定的差距，主要体现在：人才总量及创新团队规模偏小，人才发展平台建设水平有待提高；人才结构和布局不尽合理，高层次人才特别是优秀企业家、领军型科技人才、创新团队、技能型人才等严重短缺；人才培育与发展的体制机制障碍仍然存在；工作和生活配套设施仍然有待改善等。

国家级高新区必须担当国家赋予的集聚海内外高层次创新创业人才的重任。在人才全球化的大背景下，肇庆高新区必须以国际化的视野谋划现代工业新城发展的未来。作为珠三角"人才高地"之一，肇庆高新区高层次人才的引进和培养工作是推进高新区人才队伍建设的重中之重，必须进一步完善各类引才政策，从高层次紧缺人才入手，以优秀企业家、科技领军人物、复合型人才、职业经理人等为重点引进对象，以招商引资为契机，以项目为载体引人才；通过推进企业上市，以资金引团队；借高新区二次创业为动力，以科技产业集聚吸引智力集聚。

（一）设计适应新型工业化要求的人才政策，强化科技人才的激励机制

1. 多途径广揽人才，扩大人才总量

首先要根据产业链的上下游，培养、开发和配置不同层次、不同类型的人才，建立人才对产业发展的完整支撑体系。进一步完善政策，多途径引进高新区产业发展急需的专业技术人才。鼓励园区内企业每年通过应届大中专毕业生供需见面洽谈会、毕业生就业招聘会、人才交流大会等多种方式，吸纳更多的优秀大中专毕业生和研究生，扩大引进人才的数量，特别是增加与科研、生产相关的急需科技人员和经营管理人员的数量，使专业技术人员和管理人员的拥有量有较大幅度增加。同时要加快引进市外、省外和国外智力的步伐。继续完善引进高新技术人才的优惠政策，加大政策力度，鼓励高层次人才以多种形式参与高新区的经济建设。

2. 大幅度提高企业优秀人才的经济和社会地位

肇庆高新区要加强舆论宣传，表彰工作典型、重奖杰出人才，展示高新区爱才、惜才、敬才、用才的积极态度，营造尊重知识、尊重人才、尊重创造的良好社会氛围。举办人才资本对接会，促进人才与投资机构频繁交流，邀请民营企业、创投机构、金融机构共同参与，多方位解决人才创业的资金来源；成立新兴产业联盟，鼓励联盟组织金属新材料、电子信息、新能源、生物制药等高峰论坛，形成国际化的文化交流氛围。多渠道、多方式加强园区高层次人才队伍建设工作，开展园区高技术人才技术论坛、企业管理论坛活动。每年组织开展优秀企业人才评选活动，总结、表彰、奖励企业人才的先进典型。积极推荐优秀企业人才进各级人大、政协、工商联和个体私营企业协会，提高企业人才在人大代表、政协委员中的比例。积极推荐优秀企业家和管理专家参与评选省、市劳模和"五一"劳动奖章。

3. 建立健全人才激励机制

人才政策的优劣与否，是高层次人才是否扎根发展的重要因素。为此，肇庆高新区必须在人才吸引、培养、使用、激励等体制机制方面大胆创新、勇于突破，形成一整套鼓励高层次人才创新创业的政策体系，为人才发展营造更加自由宽松的制度环境。

（1）推行多元化的分配制度。进一步深化分配制度改革，把按劳分配与按生产要素分配结合起来，让人才的贡献、绩效与其报酬挂钩，做到"一流人才、一流业绩、一流报酬"，逐步实现分配形式的多元化。建立技术、专利等知识产权入股制度和技术创新人员持股制度，加快智力资本人格化、市场化、产业化和国际化步伐。建立产权激励制度，制定知识、技术、管理、技能等生产要素按贡献参与分配的办法。针对高层次人才、高技能人才，探索建立人才年薪制、协议工资制、项目工资制等多种分配形式。

（2）实施优秀人才奖励制度。坚持物质奖励和精神奖励相结合、短期奖励和长期奖励相结合的原则。既要实行物质奖励，又要关注人才的满意度和成就感等心里需要，实行精神奖励；既要注重短期奖励，又要把人才的利益和企业的长期发展结合起来，奖励股份等，实行长期奖励。实行设立企业人才基金，并由基金给予重奖；对在引进、培养、使用人才方面有突出贡献的人才，给予杰出人才的荣誉称号，努力形成尊重人才，培养人才、鼓励人才的良好氛围。

（3）加快建设多层次人才库。优待和重用各类人才，为人才的成长和作用的充分发挥创造良好环境。进一步拓宽视野，不拘一格选拔人才，把有创新能力的优秀科技人才放到重要的位置去锻炼，大胆使用，使其发挥作用。在加快培养、引进高层次人才、建设"高层人才库"的同时，建立"高技能人才库"，将其纳入人才管理系统，以发挥他们的整体优势，让一切劳动、知识、技术、管理和资本的活力竞相迸发。通过改革人事管理制度，不断改善各类人才的工作、生活等条件，优化人才层次结构，增强凝聚力。

（4）探索嫁接式创业模式。鼓励通过项目合作、课题研究等嫁接式创业模式，引进高层次人才。在项目研发阶段，出台政策鼓励企业自主创新；对获得国家技术发明奖、科技进步奖给予奖励，对企业申请各种专利或软件著作权给予补贴。在科技成果的产业化阶段，鼓励企业申报国家级、省级、市级各类产业化项目并给予资金配套。通过共建科技创新平台、共同实施重大项目等方式，大力支持科技人才创新创业活动，加快企业领军人才、科技创新人才的吸引和聚集。加快科技成果转化基地建设，为成果转化搭建平台和服务，加快实现科技成果的产业化、规模化、效益化。

4. 优化和完善人才评价体系

坚持德才兼备原则，更新经营管理人才评价标准，克服重学历、资历，轻能力、业绩的倾向。逐步建立企业经营管理人才评价机构，探索社会化的职业经理人资质评价制度。完善以业绩为核心和反映综合管理能力等非财务指标相结合的企业经营管理人才评价体系。破除论资排辈观念，打破地域、身份、所有制的界限，贯彻"公开、公平、竞争、择优"的原则，拓宽选才视野，不拘一格选择企业经营管理人才。逐步形成以能力、绩效为取向，以竞争为主要方式的企业经营管理人才选拔制度。以推进企业经营管理者市场化、职业化为重点，坚持市场配置、企业选拔和依法管理相结合，加强经理人的职业化建设，引导民营企业摆脱"家族式"管理模式，对经理人实行董事会聘任制和契约化管理。

（二）围绕重点产业领域，实现高新区人才和产业发展的良性互动

1. 招才引智精准化

面对高新区建设发展的新形势、新任务、新要求，围绕加强人才与产业融合、优化高层次人才发展环境，加大重点科技发展区域、科技创新领域和新兴发展产业对高层次人才和紧缺人才的吸引力，加强高层次人才和紧缺人才在高新区的培育和发展，优化引才、育才、用才环境，加快高新区高新技术产业和重点发展领域高端人才集聚。以新型工业化为动力，通过项目升级、产学研合作等方式，实施龙头企业带动引进、科研载体辐射引进、创业基地孵化引进、招聘服务协助引进、健全网络立体引进等全方位引才战略。人才管理工作着力服务于高新区特色产业、新兴产业和重点领域招才引智，有导向、有选择、有差异地纳贤选才，实行错位竞争。积极培养和引进国内外优秀人才，侧重培养和引进企业领军人物、学术带头人、创新型人才、高级专业技术人才，建立企业人才库，以金属新材料、新能源、电子信息、工程服务和工业设计、物联网等重点产业作为突破口，形成有规模、有实力、高素质的管理人才和专业技术人才群体，最终使得高新区成为人才资源的中心，人才聚集高地。以产业集群引导人才集聚，以人才集聚引领产业发展，确保人才资源优先开发，人才结构优先调整，人才资本优先积累，人才投入优先保证，借此探索一条人才和产业发展良性互动的道路。

2. 体现创业创新和高端引领

实施以领军人才为主导的人才集群发展战略，集中优质资源吸引相关产业高端领军人才，并充分发挥人才领袖引领作用，带动创新人才团队式流入。根据高新区战略性新兴产业的发展方向和领域，结合高新区实际，大力实施科技创业人才计划、科技创业投融资服务计划、园区平台载体建设计划、高端研发机构引进计划、科技支撑服务体系建设计划、战略性新兴产业人才储备、人才服务发展、人才住房保障、人才公共服务等一系列体制机制逐步健全，形成比较完备的引才、育才、用才等体系。重点明确

产业重点及承载载体，细化重点人才的需求类型、分布领域。加快高层次、创新型、领军型、国际化人才的开发培养。抓住人才资源网络重要节点，探索人才引进新模式，加强对各类人才智力资源的整合利用。在此基础上，依托产业集聚优势，以点对点的方式来寻求高层次人才引进上的突破，进一步构建人才结构、技术结构、产业结构、高新区发展方向相互适应的高层次人才引进模式。

3. 探索"人才＋项目＋团队"模式，大力引进领军人才和创新项目

以重大项目为依托，以创新成果为支撑，加大创新团队引进的力度，推动领军人才和青年创新人才培养。坚持以项目研究为基础，培养一批优秀的科技创新人才。以研究方向为引领，优秀中青年带头人为基础，促进创新团队培养。探索"人才＋项目＋团队"的引进模式，建立人才培养与科研项目紧密结合的机制。对于成果突出的中青年人才，进行跟踪关注，加快拔尖人才培养；鼓励中青年人才积极承担国家重大科技计划项目、产业化科技攻关项目、国际重大科技合作项目，借助项目平台重点培养一批高层次创新型科技人才。充分发挥科研平台在高层次人才引进、青年人才培养中的"筑巢引凤"、"孵化器"作用，快速形成良好的产业氛围和产业链，利用各类社会资源合作建设科技企业孵化器，探索"预孵化—孵化—加速—产业化"四位一体的"园中园"发展模式，把高新区建设成新型的智慧和人才高地，吸引和造就一批在各产业领域独树一帜、特色鲜明的领军人才和创新项目。通过培育、引进一批领军人才，建设一批特色鲜明、方向明确、水平一流的创新团队，使高新区在科技创新上引领全市新型工业化进程。

（三）建立人才集群公共服务平台，加强人才服务的软环境建设

1. 建立人才集群公共服务平台

整合政府、企业、大专院校、科研机构和相关中介机构，共同为人才提供良好的成长平台。建立各种行业协会、俱乐部等，方便集群内各类人才交流沟通。定期举办产业发展论坛、项目推介会、主题会议等。建立知识产权转让和交易中心等交流平台，促进各类人才在集群内部成长，并推

动产业不断发展、升级。鼓励和支持人才中介服务机构的发展，重点引进或培育一些专业化、国际化的猎头公司、人事代理公司。

2. 完善人才服务体系

建立集人才、劳动力于一体的高新区人力资源开发和管理专业服务机构，制定高新区人才规模、人才结构、人才素质、人才分布、人才效能、人才环境等发展目标，实施人才引进工程、人才开发工程、人才环境工程、人才优化配置工程、人才工作机制创新工程等，为高新区实现跨越发展提供强有力的人才保障和智力支持。整合政府、企业、大专院校、科研机构和相关中介机构，建立人才集群公共服务平台，共同为人才提供良好的成长通道。引进会计、审计、法律、知识产权等各种社会中介机构，为人才创新创业营造"低成本、高效率、零障碍"的投资环境。加快各种生活配套设施建设，加快各种文化休闲场所的建设，着力打造独具特色的文化项目，营造良好的人文环境。

3. 加强人才市场建设

立足于高新区引领新型工业化发展的新思想、新高度，全面规划高新区人力资源市场的发展方向，全力配套基础设施，深度挖掘人才资源，实现市场在人才资源配置中的基础性作用。要建立完善人才市场，逐步形成包括政府人事部门所属人才市场、社会人才市场中介服务组织等多层次、多功能、覆盖全社会的人才市场体系，实现人才资源社会化、资源配置市场化。完善人才政策信息发布机制，确保各类用人单位和人才个体能够及时获取政策信息。建立人才资源年度统计和定期发布制度。推进人才工作信息化建设，建立高新区人才信息数据库，为用人单位提供人才信息咨询、沟通联络、意向推荐等服务。打造高新区重点产业"智库联盟"，贯通产业链，对接供需双方，充分发挥资源集聚力量，实现多方共赢。

4. 加强软环境建设，营造宽松、和谐氛围

软环境建设对引进高层次人才至关重要。长江学者特聘教授陈哲宇认为，我们在人才吸引方面，存在重待遇轻创新型软环境建设的现象。在吸引人才时，物质是一个重要的方面，因此各国都提供高薪来吸引人才。然而另一个方面，就是研究环境和居住环境。肇庆高新区在吸引人才时，也要改变偏重工资福利等物质待遇的情况，更多关注在宽松、和谐的科研环境建设上。通过实行税收优惠和政策支持和各项改革开放措施，实现软硬环境的局部优化，最大限度地把科技成果转化为现实生产力，促进高新区转变成为集科研、教育和生产于一身的综合性基地。依靠体制创新和科技创新，进一步强化软环境建设，使高新区成为科技创新和产业化发展重要基地，在区域经济发展中发挥辐射和带动作用。

（四）促进优质创业资本与优质知识资本有机结合，形成良性互动机制

1. 实施人力资本优先积累战略

根据国内经济发展新阶段的特点，人才资源开发要大力推进人力资本优先积累战略，加大对科技人才资源开发的投入力度。据有关专家研究，二战以后，发展中国家曾经有过两种不同的经济发展模式：一种是以物力资本优先积累发展经济的模式；另一种是以人力资本优先积累发展经济的模式。两种战略的实施结果显示，以物力资本优先积累的国家和地区，人均 GDP 的平均增长为 3.86%，而以人力资本积累优先的国家和地区则为 4.86%。我国从 20 世纪 80 年代以来，都是实行以物力资本优先积累发展经济的模式（固定资产投资一直保持在教育投资的 20 倍以上）。进入新世纪、新阶段，这一状况有所改变，已经开始向以人力资本优先积累发展经济的模式转变。不断加大对人才资源开发的投资，树立人才资源开发投入是收益最大投入的理念，逐步加大人才培养和引进方面的投入是壮大高新区科技人才队伍、提升人才质量的重要条件。

2. 建设高层次人才集聚的载体

创新高新技术产业规模化的有效途径，培养成长型产业结构，必须建立两种机制：一是科技和资本结合机制；二是经营人才和科技人才结合机制。选择好若干家企业作为博士、硕士研究生社会实践基地和大学毕业生实习基地。加快高新产业园区建设，积极引进国内外知名企业、高新技术和科研机构，鼓励重点骨干企业建立研发机构，鼓励中小企业以参股、合资、合作等方式联合建立专业性的研发机构，加快科技孵化区、技术研发中心与产品设计、检测中心等公共科技服务体系建设，鼓励和支持国内外

著名大学、科研机构、大型企业、知名中介机构来肇庆高新区设立分院、分所、分支机构，为中小企业人才提供大展身手的舞台。

3. 实施"柔性引智"策略

立足服务，转变管理理念，转换服务职能，畅通人才引进渠道，创新人才引进方法，由原来的刚性引智向"柔性引智"的引才方式发展。积极采取团队引进、核心人才带动引进、高新技术项目开发引进等多种方式引进人才。加强与科研部门、高校的合作，从中发现和挖掘人才。"不求所有，但求所用"，鼓励国内外各类优秀人才尤其是高层次经营管理人才采取柔性流动方式开展类似兼职、咨询、讲学、科研和技术合作、投资创办企业。鼓励用人企业以岗位、项目和任务等各种聘用等灵活的用人方式进行引进人才。同时，建立完善以人为本的科学管理模式，为人才培养、引进、评价和使用提供全程服务。建立政府、企业、院校、社会有机衔接、相互配合的人才服务体系，增强服务功能。建立人才引进"绿色通道"，实行"一站式"服务，统筹安排高层次人才引进过程中的户籍变更、社保对接、家属就业、子女入学等方面工作，实现无缝对接。全面提升人才工作的规范化、系统化、法制化和体制化进程。

4. 重视重点骨干人才的开发和培育

以提高现代经营管理水平和企业国际竞争力为核心，以战略企业家和职业经理人为重点，培养造就一批具有全球战略眼光、市场开拓精神、管理创新能力和社会责任感的优秀企业家和一支高水平的企业经营管理人才队伍。适应新型工业化和产业结构优化升级的需要，以提升职业素养和职业技能为核心，以培养技师和高级工为重点，加强职业学校建设，加快建立技能人才实训基地，逐步形成一支门类齐全、技艺精湛的技工人才队伍。加强创新团队内涵建设，协助团队做好中长远规划、运行机制、团队文化等工作，培育服务高新区产业可持续发展的、有基础、有潜力、组织健全、研究方向明确、水平一流的创新团队。

综上所述，人才是高新区经济社会发展的动力源泉，是高新区企业综合发展实力竞争的决定性因素。在激烈的人才竞争中，高新区的人才工作必须紧扣发展需要，围绕高新区引领新型工业化发展进程中产业结构调整、发展方式转变等中心工作，创新人才招聘、培训开发、评价与激励体系，不断采取有效措施做好引才、用才、育才、留才等工作，形成独特的人才竞争优势，将产业和人才作为推动高新区发展的两大根本动力，使得人才、资本、效益的裂变效应释放出巨大能量，形成产业格局与人才布局相互适应，产业政策与人才政策配合实施，产业项目与人才工程共同推进的新发展局面，为高新区的科学发展、创新发展、和谐发展提供强有力的人才保障。

第七章
高新区引领新型工业化的生态文明建设

一、新型工业化发展的生态要求

走新型工业化发展道路不但要转变经济发展方式，同时还要强调将经济发展和生态环境建设的融合。西方老牌工业国家走的是一条"先污染，后治理"的传统工业化道路，中国作为后发工业化国家，在相当长的时间里也基本沿袭了这条路径。但是资源的稀缺性和环境的脆弱性决定了这条传统工业化道路不可能是永续发展的途径。在全球生态环境日趋恶化的今天，富有远见的国家和经济组织都在积极探索新的发展方式。西方发达国家经历了工业化、去工业化、再工业化的演变，淘汰落后产业，改进产业结构，构建了一个以信息技术、生物技术、纳米技术、空间技术等高新技术产业为主体的国民经济体系。我国顺应生态环境变化，积极探索新型工业化道路，统筹经济社会和生态环境同步发展，大力建设生态文明以实现永续发展。

（一）生态文明及其建设

生态文明是一种人与自然、社会三者之间和谐相处，共同繁荣的文明形态，是继农业文明、工业文明之后的新型文明形态，是人类文明发展的必然趋势，这不仅是对长期以来物质文明主导人类社会的反思，更是对人与自然相互关系的总结和升华。我国正处于全面建设小康社会的关键时期，经济发展势头迅猛，但是也暴露出不少生态方面的问题，例如单位能耗过高，荒漠化加剧，环境污染严重等。基于这一重要国情，党的十八大报告中指出生态文明建设与经济建设、政治建设、文化建设和社会建设共同构成中国特色社会主义事业的总体布局。同时，报告中也强调要继续坚定不移地走新型工业化道路。这揭示了新型工业化发展道路和生态文明建设之间的内在联系，要走新型工业化发展道路，就必须建设好生态文明，满足新型工业化的生态要求。

1. 生态文明的概念界定和历史演进

生态文明是指人类在遵循人与自然和谐发展的规律，推进社会、经济和文化发展的过程中所取得的物质、精神与制度成果的总和。亦指以人与自然、人与人和谐共生、全面发展、持续繁荣为基本宗旨的文化伦理形态。[①] 生态文明同样强调发展生产力，提高物质生活水平，但它更强调尊重大自然。与工业文明相比，生态文明所体现的是一种更广泛更具有深远意义的平等，即人与自然的平等、当代人之间的平等、当代人与后代人之间的平等。

生态文明的历史演进经历一个跌宕起伏的复杂过程。最早的人类社会由于改造自然的能力极其低下，往往敬畏和尊重大自然，此时的生态环境保持得非常理想，这种稳定状态一直持续到工业革命。工业革命之后，在近四百年的现代工业文明的进程中，人类对大自然展开了史无前例的掠夺运动，不计后果地开发和利用自然资源，粗放型经济增长方式大行其道。生态环境在这段时期遭到了无情的践踏，于是到了20世纪中后期，在全球范围内爆发一系列的生态环境问题，出现了海平面上升、沙漠化加剧、旱涝灾害频发、能源危机、不可再生资源枯竭等，威胁人类生存和发展的生态问题。针对这一系列的生态恶化问题，1972年6月，联合国在瑞典斯德哥尔摩召开了"人类环境会议"，这是世界各国共同探讨全球生态环境战略的第一次国际会议，会议通过了《人类环境宣言》，从此为全球共同参与保护环境的活动揭开序幕。1992年6月，联合国在巴西里约热内卢召开了"环境与发展大会"，会议把生态环境问题与经济社会发展紧密结合起来，正式提出可持续发展战略，通过了关于环境与发展的《里约宣言》和《21世纪行动议程》，154个国家签署了《气候变化框架公约》，这是人类为摆脱工业文明困境而迈出的至关重要的一步。2002年8月，联合国又在南非约翰内斯堡召开了"可持续发展世界首脑会议"，会议的宗旨是促进

---

① 魏晓双. 中国省域生态文明建设评价研究［D］. 北京林业大学博士论文，2013：5－6.

各国在生态环境与经济发展上采取实际行动，加强交流与合作。这一切的努力和成果充分说明，生态文明建设从国家组织层面上升到国际间的广泛合作，生态环境的保护和合理开发已经成为全世界的共识。

2. 生态文明建设的基本内涵及重要地位

建设生态文明，要在充分考虑资源环境承载力的基础上，正确把握自然规律、尊重自然，以人与自然、环境与经济、人与社会和谐共生为宗旨，建立可持续的产业结构、生产方式、消费模式以增强可持续发展能力。

生态文明建设的内涵极其丰富，主要包括以下几个方面：

第一，生态文明建设是一种人与自然和谐相处的文化价值观。生态文明的核心思想就是要科学地处理人和自然的关系，改变已往把人类凌驾于大自然的错误观念，正确把握大自然的客观规律，树立符合自然生态法则的文化价值观，协调人类社会发展和自然生态环境保护，使人类和生态环境成为和谐共处的有机体。

第二，生态文明建设是一种可持续发展的生产观。遵循生态系统是有限的、有弹性的和不可完全预测的原则，人类的生产活动要集约地利用自然资源，在对资源进行开采运输、制造加工、使用直至废弃的整个生命周期中，应当努力做到资源和能源的消耗最少、对环境的负面影响最小、再生循环利用率最高。

第三，生态文明建设是一种基于长远利益的消费观。提倡合理节制的"有限福祉"生活方式，人们的追求不再是对物质财富的过度享受，而是一种健康绿色的理性享受。既满足自身需要，又不损害生态环境；既满足当代人的需要，又不损害后代人的利益。

建设生态文明，继承了中华民族的优良传统，又反映了人类文明的发展方向。中华文明之所以源远流长，重要原因之一就是中华民族文化具有崇尚自然的传统和天人合一的思想，中华的文化理念里蕴含着深刻的生态智慧，中华的历史传统延续着深刻的生态智慧。同时，建设生态文明也是中华民族伟大复兴的必经之路，是中国全面建设小康社会的重要一环。

良好的生态环境是经济社会可持续发展的重要条件，也是一个民族生存和进步的重要基础。将生态文明建设贯穿于社会主义现代化建设的始终，深入实施可持续发展战略，是推动整个社会走上生产发展、生活富裕、生态良好的文明发展道路的重要支撑，也是中华民族屹立于民族之林的坚实根基。

加快推进生态文明建设，是转变经济发展方式的必然要求和重要着力点。突出生态文明建设的战略地位，加强资源节约和环境保护力度，有利于构建科学合理的产业结构和技术体，有利于形成节约资源、减少污染的生产模式和消费方式，实现经济发展方式的转变，建设资源节约型和生态保护型社会。

3. 中国生态文明建设的探索和实践

在过去的几十年里，中国走的是传统工业化发展道路，以巨大的能源成本和沉痛的环境代价维持了经济的高速增长。规模庞大的能源消耗带来了严重的大气污染，水体污染和土壤污染，使我国的生态环境遭受重创。在科研工作者和有志之士的共同推动下，中国开始了生态文明的积极探索和大胆实践。

2005 年，在中央人口资源环境工作座谈会上，胡锦涛总书记提出要切实加强生态保护和环境建设工作，完善促进生态建设的法律和政策体系，制定全国生态保护规划，在全社会大力进行生态文明教育。2010 年 10 月，党的十七届五中全会提出要把"绿色发展，建设资源节约型、环境友好型社会"和"提高生态文明水平"作为"十二五"时期的重要战略任务。2012 年 7 月 23 日，胡锦涛总书记在省部级主要领导干部专题研讨班上指出，必须把生态文明建设的理念、原则、目标等深刻融入和全面贯穿到我国经济、政治、文化、社会建设的各方面和全过程，着力推进绿色发展、循环发展、低碳发展。2012 年 11 月 8 日，胡锦涛总书记在十八大报告中提出，建设生态文明，是关系人民福祉、关乎民族未来的长远大计。面对资源约束趋紧、环境污染严重、生态系统退化的严峻形势，必须树立尊重自然、顺应自然、保护自然的生态文明理念，把生态文明建设放在突出地位，融入经济建设、政治建设、文化建设、社会建设各方面和全过程，努力建设美丽中国，实现中华民族永续发展。

在党中央的号召下，全国上下展开如火如荼的生态文明建设。1999年，海南省率先制定《海南生态省建设规划纲要》并得到国家批准，海南省为我国第一个生态示范省，提出"坚持科学发展，实现绿色崛起"的发展战略；紧接着国家环保局将黑龙江确定为生态省建设试点省份，黑龙江省结合本省的区位特点，积极探索"生产发展、生活富裕、生态良好"的发展道路；福建、山东、安徽、浙江、陕西、四川等省份也先后纳入生态省建设计划，形成了"全面铺开，梯度发展"的生态省建设布局。2008年，环保部制定发布了《关于推进生态文明建设的指导意见》，明确生态文明建设的指导思想、基本原则，要求建设符合生态文明要求的产业体系、环境安全、文化道德和体制机制，当年5月，全国第一批生态文明建设试点地区获批，分别是深圳市、珠海市、韶关市、北京市密云县、张家港市和浙江省安吉县。直到2013年，先后已有71个市、区、县成功入选生态文明建设试点地区，在全国范围内初步形成梯次推进的生态文明建设格局。东部沿海地区生态文明建设已全面展开，自北向南，山东、江苏、浙江、福建、广东已连成一片；中西部生态文明建设也开始有益的探索和实践。

（二）新型工业化与生态文明建设之间的关系

新型工业化相对于粗放型的传统工业模式而言，不是简单地重视工业增加值，而是要做到"科技含量高、经济效益好、资源消耗低、环境污染少、人力资源优势得到充分发挥"，并实现这几方面的兼顾和统一。生态文明和其他文明相区别，它把保护生态环境作为人类社会发展的一门必修课，重视人类社会与大自然的同步发展。新型工业化和生态文明建设有着千丝万缕的关系，只有厘清了两者之间的关系，才能更好地走新型工业化道路，建设有中国特色生态文明。

1. 新型工业化面对的生态环境约束

生态环境系统是人类社会生存和发展的前提条件和物质基础，大量采用自然资源和开发能源是工业生产的一个鲜明特点。然而生态系统的承载力是有限的，地球上很多自然资源和矿物能源也是不可自然再生的，所以大规模的工业化发展必然受到生态环境条件约束，而且约束性将随着工业的发展越来越强。

一方面，中国新型工业化的发展受到资源供给和需求结构的约束。中国工业技术的原创性弱、模仿性强，构成了资源和环境对工业化的强约束条件。中国多年以来一直模仿西方的工业技术，沿着西方既定的技术路线发展工业。而西方工业技术拥有与之相匹配的能源供应基础，我国的资源禀赋却无法适应，从而导致了工业发展的能源供求约束。中国能源的短缺，是能源利用方式和结构同资源禀赋结构的矛盾的体现，如果中国试图继续实行西方工业发展的技术路线，将不具有现实的可行性，还将严重延缓中国工业化发展的进程。[①]

另一方面，日益恶化的生态环境成为新型工业化发展的不可忽视的约束条件。环境也是一种资源，人们的生产生活都离不开自然环境，环境资源与其他资源有很大的差异，具有显著的特殊性。资源滥用的经济学意义是使用资源的成本高度外部化，环境资源对于经济个体是可以免费或者低价格获得的，价格机制的失效导致环境资源过度使用。[②]日益恶化的生态环境状况，带来了经济发展宏观成本的上升，降低了社会福利，加剧了工业化的负面影响，对工业化进程的约束作用是客观存在的。这一约束条件产生于传统工业时代，其影响却一直持续到今天。

2. 新型工业化与生态文明建设是内在统一的关系

有人认为生态文明和工业化是水火不相容的一对概念，工业化会破坏生态环境。然而新型工业化道路与生态文明建设不但不相矛盾，而且还是内在统一的关系，两者相辅相成，缺一不可。一方面，只有走新型工业化道路，才能建成一个真正的生态文明社会；另一方面，也只有以建设生态文明社会为目标，我国的工业化和现代化才能走上健康的发展道路。从这个意义上说，新型工业化就是以生态文明理念为导向的工业化，是生态文明时代的工业化。[③]两者的内在统一性具体表现在：

（1）新型工业化和生态文明建设的时间同步性。党的十七大报告提出走中国特色社会主义的新型工业化道路，加快转变经济发展方式，树立科学发展观；同时还阐明了生态文明的新理念，提出努力建设生态文明的新任务，构筑了美丽中国的新梦想。新型工业化道路和生态文明建设都是在

① 姚聪莉.资源环境约束下的新型工业化道路研究［D］.西北大学博士论文，2009：62－64.

② 任巍.资源环境短缺与我国经济发展的经济学分析［J］.理论探讨，2006（2）：63—65.

③ 李宏岳.生态文明视野下的新型工业化道路［J］.经济问题探索，2008（7）：155－158.

全面建设小康社会提出来的先进理念，几乎同时出现，同步发展，今后也会在很长一段时间里并驾齐驱，为中国特色社会主义建设提供不竭动力。

（2）新型工业化和生态文明建设的路径相似性。生态文明建设走的是文明发展之路，即坚持"生产发展、生活富裕、生态良好"的绿色发展模式，强调人类社会与生态环境和谐相处。新型工业化道路提出走环境污染少、资源消耗低的工业化发展路径，这要求在实现工业化目标的进程中，摒弃传统的先污染后治理的发展模式，重视子孙后代的生存环境和资源接续。① 由此可见，新型工业化和生态文明建设都是在保护环境和节约资源的前提下发展人类文明，两者的前进方向有着极其相似的轨迹。

（3）新型工业化和生态文明建设的逻辑统一性。新型工业化道路的最终落脚点是生态文明建设，生态文明建设的动力源泉是新型工业化，两者具有严密的逻辑统一性。如果割裂来看，只强调新型工业化而不谈生态文明建设，我们的工业化进程将会失去"指南针"，民族复兴之路也将困难重重；只强调生态文明建设而不谈新型工业化，那么就生态文明的伟大理想就会失去"发动机"，成为一个"乌托邦"。所以，只有坚持两者的逻辑统一性，才能真正地理解新型工业化和生态文明建设的内在联系和作用机制。

3. 新型工业化与生态文明建设协调发展的内涵和现实条件

所谓生态文明建设与新型工业化的协调发展是指在新型工业化与生态文明建设过程中相互促进、良性互动，协同并进，既完成工业化、现代化的任务，又提高生态文明建设水平。② 促进生态文明建设与新型工业化的协调发展就是要尽量克服工业化的消极影响，发挥工业化对促进生产力发展和保护资源环境的积极贡献。目前，中国的新型工业化与生态文明建设已具备一定的现实条件。

（1）生态文明建设与新型工业化的协调发展具有一定的客观条件是生态赤字向生态盈余转变。改革开放以来，我国改革初期的经济发展严重

---

① 高宜新. 生态文明与新型工业化的辩证思考［J］. 绿色经济，2010：96－99.

② 邓翠华. 生态文明建设与新型工业化协调发展探微［J］. 福建行政学院学报，2012（6）：6－11.

"透支"自然资源和生态环境，出现了生态赤字，20世纪90年代中期以来，开始进入生态赤字缩小期。到1995年，我国的绿色GDP就已经高于名义GDP，到2000年达到了107%，2009年又进一步上升为149%。"十一五"期间，我国以能源消费年均6.6%的增速支撑了国民经济年均11.2%的增速，单位GDP能耗下降19.1%，主要污染物的控制均提前超额完成任务，生态状况开始从生态赤字迈向生态盈余的华丽转身。这些虽不能表明我国已经进入全面生态盈余期，但可以肯定的是生态赤字已明显缩小，出现了局部生态盈余的趋势。

（2）生态文明建设与新型工业化协调发展的主观条件是国家高度重视，公众参与度提高。中国的新型工业化和生态文明建设已从学术和实践层面上升到国家发展战略，成为各级政府的执政理念。"十一五"规划首次在考核政府绩效的标准中，将经济发展指标所占比重降至历史最低水平，节能减排及环境保护的相关指标比重提升至历史最高水平。"十二五"规划进一步制定了一系列转向绿色发展、协调发展的具体指标，绿色发展指标比重达到43%。另外，公众环保意识的觉醒，正在逐步改变政府"唱主角"的环境治理模式，不断拓展公众参与环境保护的途径和方法。厦门的PX事件，镇海PX事件就是公众参与推进政府决策、政府与公众协商解决的典范。同时，环保民间组织也得到长足发展，中国环保民间组织总量已达3500余家，这对推进新型工业化和生态文明建设提供了强大的群众基础。

（三）生态文明引领下的新型工业化

生态文明建设不仅是新型工业化的"助推器"，更是新型工业化道路的"指明灯"。我国的新型工业化离不开技术的革新，人才的培养，产业结构的调整，也离不开生态文明建设，生态文明引领下的新型工业化道路才是绿色环保的永续发展之路。

1. 加强环境保护是新型工业化的题中之意

当前，我国正处于加快工业化进程的时期，生态环境问题较为突出，经济社会发展与资源环境约束性之间出现了明显的矛盾。要解决这个问题就要推进新型工业化，把推进新型工业化作为"以保护环境和优化经济发展"的主战场。新型工业化道路是一种"资源消耗低、环境污染少"的经济发展模式，其中对保护生态环境提出了明确的要求，环境保护寓于新型工业化的内涵之中，贯穿新型工业化的始末。所以说，加强环境保护正是新型工业化的题中之意。

以环境保护推进新型工业化，确保工业化与生态文明同步发展。新型工业化致力于摆脱污染严重、资源消耗大、综合效益低的传统工业化道路，推动工业经济由规模型、速度型、粗放型向质量型、效益型、集约型转变。在深入优化生态环境的基础上，努力做到产业结构和工业布局与环境容量、生态承载能力相适应，产业发展计划、增长速度与污染控制目标相协调。把环境保护作为制定国家工业化战略决策的重要任务，充分发挥保护环境对新型工业化进程的正向作用，促进工业发展与环境保护相协调，落实科学发展观，促使新型工业化，早日走上绿色环保之路。

2. 发展循环经济和低碳经济是新型工业化的必由之路

循环发展、低碳发展促进了新型工业化的生态化转向。循环经济按照自然生态系统的模式，把资源开发、生产、运输、经营、消费和废弃的全过程经济和社会活动组成一个"资源—产品—资源再用"的闭环型物质流动过程，使物质和能源得到最合理和充分的利用。循环经济强调 3R 原则，即减量化原则（reduce）、再使用原则（reuse）和再循环原则（recycle）。低碳经济是以减少温室气体排放为目标，构筑低能耗、低污染为基础的经济发展体系，包括低碳能源系统、低碳技术和低碳产业体系。

我国资源和环境容量有限，人均资源占有量小；高速城镇化又增加了生态环境的压力，这一切对经济发展造成的约束构成了我国今后必须面对的"发展窄路"，而循环经济和低碳经济是国际社会推进可持续发展的一种实践模式，它们强调最有效地利用资源和保护环境，做到"生产和消费污染排放最小化，废物资源化和无害化"，以最小的成本获得最大的经济效益和环境效益。从一些发达国家及我国实践来看，发展循环经济和低碳经济符合我国国情，是走新型工业化道路的必由之路。

3. 创新环保技术是新型工业化的重要支撑

科学技术在经济社会发展的进程中扮演着重要的角色，科学技术一旦转化为生产力将极大地提高生产效率，从而推动经济快速发展。技术创新是一个科技、经济一体化的过程，是技术进步与应用创新"双螺旋结构"

共同作用而催生的产物。环保技术的创新和应用可以有效促进生态文明建设，推动新型工业化的进程。一方面，环保技术的进步使得环境保护工作更为顺利地展开，降低环保事业的成本，从而提高环保事业的收益率；另一方面，循环经济和低碳经济的发展依赖于环保技术的进步，环保技术的先进与否直接影响低碳经济发展是否一帆风顺。

环保技术创新还应强调环保技术的应用和推广。首先要把环保技术的理论创新应用到日常生产当中去，理论与实践相结合，将科学技术转换为生产力；然后还要重视环保技术的推广，使得环保技术惠及更多的部门和地区。环保技术创新和应用在环境保护方面的积极意义，及其对循环经济和低碳经济的促进作用，体现了环保技术创新在新型工业化进程中的重要地位，它为新型工业化提供了有力的技术保障，为新型工业化道路打下坚实的地基，从而支撑起中国特色新型工业化这一重要历史使命。

4. 生态文明制度建设是新型工业化的必要保障

制度经济学认为，制度以规范和约束个人行为和规范为基础，其基本功能是降低交易费用、减少外部性和抑制机会主义行为。生态文明同样注重制度的设计与建设，生态文明制度建设是指通过完善生态环境保护制度，正向激励生态环境保护行为，而抑制生态环境破坏的行为。由于生态文明建设与新型工业化之间存在内在统一性，生态文明制度的规范作用可以保障新型工业道路顺利前进，而不偏离"环境友好，资源节约"的工业化路径，所以生态文明制度建设是新型工业化的必要保障。生态环境制度设计要充分考虑我国生态环境的现状，从生态的空间载体格局优化、产业结构的调整、生产与生活方式的转变等多方面进行系统设计，形成集国土资源空间开发保护制度、水资源管理制度、耕地保护制度和森林环境保护制度于一体的生态文明制度体系。

生态补偿机制是生态文明制度建设的重要内容，一个合理、科学的生态补偿机制，可以强有力地支撑生态文明建设和新型工业化。生态补偿机制是以保护生态环境、促进人与自然和谐为目的，是指根据生态系统服务价值、生态保护成本、发展机会成本，综合运用行政和市场手段，调整生态环境保护和建设相关各方之间利益关系的环境经济政策。① 目前我国已经初步形成了生态补偿制度框架，建立了中央森林生态效益补偿基金制度和草原生态补偿制度；形成了矿山环境治理和生态恢复责任制度，设立了矿山地质环境专项资金。据统计，中央财政安排的生态补偿资金总额从2001 年的23 亿元增加到2012 年的约780 亿元，累计支出约2500 亿元。生态补偿制度的建立与生态建设、环境综合治理一起，成为我国新型工业化的强大助力。

二、国内外一流高新区的生态建设标准

（一）高新区生态文明建设概述

高新区是以智力密集为依托，以开发新技术和新产品为目标，促进科研、教育和生产相结合，推动科学技术与经济、社会协调发展的综合性基地。② 高新区作为一种新的产业空间和社会经济现象，是20 世纪"在科技产业化方面最重要的创举"③。20 世纪50 年代，美国创办了世界第一个专门化的科学研究公园——斯坦福研究园，此后，许多国家和地区纷纷效仿，竞相兴办各种类型的高新技术产业园。自1985 年以来，我国参照国外模式，通过成立高新区来发展高新技术产业，截至2012 年，已批准建立了105 个国家级高新区以及数百个地、市、县级高新区，高新技术产业产值占工业总产值的比重已由10 多年前的1% 左右提高到目前的10% 以上，④高新区已经成为我国投资回报率高、创新能力强、发展潜能巨大的新的经济增长点。但是高新技术产业的技术密集程度高和高新区特色产业不断集聚所带来的生态环境问题，也于10 多年来在全球范围内逐渐显露出来，如美国硅谷的地下储罐泄露导致地下水污染、日本有机溶剂废气排放导致大

---

① 唐少明. 生态补偿机制存在的问题及对策 [J]. 中国林业，2012（12）：57.

② 温献民. 高新技术产业园区阶段跨越研究 [D]. 上海交通大学硕士论文，2007.

③ 阎庆国等. 开发区治理 [M]. 北京：中国社会科学出版社，2006.

④ 张攀登. 高新技术产业园生态建设模式研究 [J]. 科技进步与对策，2008，（8）：96—98.

气污染、高技术工作人员亚健康比例较高等问题。① 我国高新区也面临着如有毒有害原材的多重污染、土地资源的供需矛盾加剧、有害污染元素危害人体健康和资源浪费严重等资源环境挑战。为解决上述的生态问题和隐患，高新区的生态文明建设被提到空前的战略地位，以"生态优先、绿色发展"为理念，推进高新区的循环发展和低碳发展，形成节约资源和保护环境的空间格局、产业结构、生产方式，将"生态立区"不断转化为一种发展的内生力，成为高新区继续实现率先发展、科学发展、和谐发展的关键。

1. 高新区生态文明建设的重点和难点

生态文明建设不仅包括资源节约，环境治理、生态保护，而且要求物质文明、政治文明和精神文明达到较高水平，所以它不仅是一项涉及经济、政治、文化、社会、生态的系统工程，也是贯彻落实科学发展观的重要举措。因此，高新区的生态文明建设要以尊重和维护生态环境为出发点，强调人与自然、人与人、经济与社会的协调发展，改变高消耗、重污染的生产方式，形成可持续发展的生态产业体系，改变物质欲望无限膨胀的消费方式，形成促进全面发展的适度消费方式。高新区生态文明建设的重点主要体现在如下三个方面：

（1）全面实施生态工程，逐步形成有利于高新区可持续发展的生态化产业体系。发展循环经济，引进、培育和发展高科技环保技术和项目，增强技术创新能力，发挥环保孵化器作用，加快淘汰高能耗、重污染企业；推广清洁生产工艺，做好废水废气废物的净化处理工作，建立排污许可证制度；实施生态农业、生态养殖、生态林业、生态绿化工程，使全区各地域、各行业、各单位形成可持续发展的生态良性循环。

（2）建立和完善环境监控和预警系统，进一步提高污染源监管水平。建立较为完善的污染源信息自动监控系统，实现污染源（企业）基本信息管理、排污口信息管理、危险化学品信息管理、污染源治理设施信息管理、监察情况汇总信息管理等污染源综合信息管理；对重点污染源实时监

---

① 王瑞贤等．高新技术污染特征分析及控制对策［J］．环境保护，2004（2）：44—47.

控及预警，及时接收污染源现场设备的监测数据，实现查询、统计分析、视频监督等；形成科学的网络运行机制和信息发布机制，适应污染源现场监察与执法的需要和污染源事故防范的需要；完善公共安全应急预案，加强部门协同，配齐必要的应急装备，积极强化应急演练，以进一步提高环境应急能力。

（3）深入开展生态文明教育，创建和谐生态新区。广泛开展包括生态意识教育、生态道德教育、生态法制教育、生态文化教育等多个层面的生态文明宣传教育活动，涉及文史哲学、伦理道德、科学技术、新闻传播等各个领域；按生态文明原则建设文化、教育、医疗、服务等配套设施，建立人与人、人与自然和谐发展的生态社会和绿色居住区；实现消费方式的生态化，逐步形成有利于人类可持续发展的适度消费、绿色消费、节约型消费。

生态文明建设是一场建立人与自然和谐相处的关系的文明革命，涉及人类生产方式、生活方式和价值观念的根本性转变。这场转变不仅要求保护和维持自然界的生态平衡，更重要的是重新塑造人的精神生态和人格生态的平衡。由此可见，生态文明建设中最深刻、最根本、最急需解决的问题是人类自身的观念意识。所以，高新区生态文明建设的难点就是：要求全区人民改变工业文明时代的某些思想观念和生活方式，树立崭新的生态文明的思想观念、文明的生活方式和生态消费方式。这确实是一个艰难的转变过程。

2. 高新区生态文明建设指标体系

高新区的科学发展必须解决经济发展与资源开发、生态环境之间的关系，将"生态文明"的理念引入，更有利于实现高新区社会经济的可持续开发，避免重复一些发达地区"先破坏开发再恢复建设"的老路。为此，建立一套量化高新区生态文明建设的指标体系是对高新区生态文明建设进行准确评价、科学规划、定量考核的有效手段。运用指标体系对高新区生态文明现状进行定量评价，以明确地掌握高新区生态文明建设的协调度与发展度，发现高新区生态文明建设中的不足和缺陷，指明高新区生态文明建设进一步努力的方向和重点，为进行科学的决策提供理论依据。

本书通过调研国内外同类或相似研究的成果，诸如：可持续发展指标体系,①② 国家、省一级、地级市、县一级和生态村的生态文明建设评级指标体系,③④⑤⑥⑦ 生态示范区和环保模范城考核指标体系的相关指标和变量,⑧⑨ 适当吸收如绿色 GDP 考核指标、公众参与水平等热门指标,⑩ 根据生态文明理论和高新技术产业的特点以及高新区的功能,秉持科学性、完整性、目的性、动态性和可操作性的选取构建原则,将高新区生态文明体系逐步简化为生态经济、生态承载力、生态环境、生态意识和生态制度五个方面,根据统计工作的现状,并尽量考虑指标之间的相对独立性,筛选出了 30 个指标构成相对完整的指标体系,能比较全面反映高新区生态文明的水平、效率、潜在力、发展协调度及均衡度等特征。具体指标见表 7-1。

---

① 李柞泳. 可持续发展评价模型与应用 [M]. 北京:科学出版社,2007.

② 叶文虎,全川. 联合国可持续发展指标体系评述 [J]. 中国人口·资源与环境,1997,7 (3):83-87.

③ 范小杉,韩永伟. 中国国家生态文明指标建设探析 [J]. 中国发展,2010,10 (1):22-25.

④ 蒋小平. 河南省生态文明评价指标体系的构建研究 [J]. 河南农业大学学报,2008,42 (1):61-64.

⑤ 王晓欢,王晓峰,秦慧杰. 西安市生态文明建设评价及预测 [J]. 城市环境与城市生态,2010,23 (2):5-8.

⑥ 黄娟等. 江苏生态文明建设指标体系研究 [J]. 环境科学与管理,2011,36 (12):157-161.

⑦ 刘衍君,张保华,曹建荣,陈伟. 省域生态文明评价体系的构建——以山东省为例 [J]. 安徽农业科学,2010,38 (7):3676-3678.

⑧ 吴琼等. 生态城市指标体系与评价方法 [J]. 生态学报,2005,25 (8):2090-2095.

⑨ 魏晓双. 中国省域生态文明建设评价研究 [D]. 北京林业大学博士论文,2013.

⑩ Mirjana G, Olja M I. Definition, characteristics and state of the indicators of sustainable development [J]. Agriculture, Ecosystems and Environment, 2009 (130):67-74.

表 7 – 1 　　　　　　　　　高新区生态文明建设指标体系

准则层	状态层	指标层	单位	属性
生态经济	经济水平	人均 GDP	万元/人	约束性
		绿色 GDP	亿元/人	约束性
		高新技术产业增加值占规模以上工业增加值比重	%	约束性
	企业管理	企业 ISO14000 认证率	%	预期性
		绿色市场认证率	%	预期性
		实施强制性清洁生产企业比例	%	预期性
	循环经济	工业固体废弃物综合利用率	%	约束性
		工业用水重复利用率	%	约束性
		环境保护投资占 GDP 比重	%	约束性
生态承载力	资源消耗	单位 GDP 能耗		约束性
		单位 GDP 水耗		约束性
	污染排放	水污染排放强度：COD	千克/万元	约束性
		水污染排放强度：$NH_3 - N$	千克/万元	约束性
		大气污染排放强度：SO_2	千克/万元	约束性
		大气污染排放强度：CO_2 减排	%/年	约束性
生态质量	环境健康	环境空气质量指数优良天数	天	约束性
		生态功能区水质达标率	%	约束性
		区域环境噪声平均等效声级	db	预期性
	生态保障	林木覆盖率	%	约束性
		生态用地比例	%	预期性
生态意识	生态认知	生态文明宣传教育普及率	%	预期性
		生态教育基地数量	个	预期性
	生态参与	公众对环境保护的满意度	%	预期性
		企业环境信息公开率	%	预期性
		规模以上企业开展环保公益性活动的比例	%	预期性
生态制度	政府决策	生态文明建设占党政实绩考核的比例	%	约束性
		环境信访满意率	%	预期性
		规划环境影响评价执行率	%	预期性
	绿色消费指数	政府无纸化办公率	%	预期性
		节水器具普及率	%	预期性

表7-1中的量化指标分为约束性和预期性两类，预期性指标是指国家期望的发展目标，主要依靠市场主体的自主行为实现；约束性指标是在预期性基础上进一步明确并强化政府责任的指标，是中央政府在公共服务和涉及公众利益领域对地方政府和有关部门提出的工作要求。①

3. 高新区生态文明建设的路径选择

我国高新区经历了10多年的发展，基本完成了初级阶段的主要任务，已经进入成长的关键时期。园区的各项经济指标保持了持续改善，但高新区依靠资金投入和政策优惠的外延式增长已接近极限，很难突破经济增长的规模收益递减。因此应该从长期发展趋势和经济发展的内生动力上对高新区的发展进行新的审视，秉持"绿色、循环、低碳"的生态文明建设理念，践行发展与保护并行、发展与绿色共进。高新区应将原有依靠产业导向的经济发展思路转变为依靠科技进步和创新的发展思路，从培育生态文明意识、优化生态产业体系、构建生态环境和人居环境、制定生态文明制度四大方面规划高新区生态文明建设路径，最终在生态工业示范园区建设的基础上，以建立可持续的产业结构、生产方式、消费模式以及增强可持续发展能力为着眼点。保障和促进高新区发展模式的转型和升级，实现高新区"人与人、人与自然、人与社会"的和谐共生。

（1）培育生态文明意识。围绕"普及生态知识、强化生态意识、建设生态家园"主线，开展多层次、多形式的生态文明科普宣传和媒体传播，着力建设并形成一批以绿色产业、绿色企业、绿色社区为主体的生态文明宣传教育基地，培育公众理性自觉的生态忧患、生态道德、生态责任和生态审美等生态意识，提高公众对地球生态环境的价值取向，使生态文明理念融入广大民众的日常生产生活。

（2）优化生态产业体系。推进产业生态转型和结构升级，加快生态工业示范园区建设，加大对企业孵化平台和科技成果转化平台的扶持，通过体制机制创新、技术工艺革新、产品生态设计改造及新材料新能源等新兴

---

① 叶振国. 扬州生态市建设指标体系研究［D］. 南京农业大学资源与环境学院硕士论文，2005.

产业发展，持续推进企业清洁生产审核、ISO14000 环境质量认证，大力发展工业循环经济，转变经济发展方式，强化节能减排，促进传统优势产业的升级改造。

（3）构建良好的生态环境和人居环境。优化高新区生态空间，完善高新区肾、肺、皮、口、脉的生态基础设施建设，将高新区建设成为生态空间合理、基础设施完备、居住环境优美的区域生产生活载体是高新区生态文明建设的归宿。通过建设自然怡人的绿地景观、方便快捷的绿色交通、完善均等的公共服务、健康优美的宜居家园，全面提升高新区人居环境质量，实现人与自然和谐相处。

（4）制订生态文明制度。强化生态为政的决策准则，形成政府自我约束机制，加强政府的文明行政能力，逐步增强企业的责任意识和关怀义务，通过强化信息公开制度、拓宽信息交流渠道、扩大信息沟通平台等措施，建立完善有关公众参与制度，以生态文明建设为契机，形成政府指导企业、企业自我约束、公众依法监督的高新区生态文明制度体系。

（二）国外高新区生态文明建设的经典案例分析

在以物质资料资金投入为主的工业化经济转向以知识创新为主要特征的知识经济的今天，科技和体制创新成为推动时代发展的主要动力，继美国硅谷和早期科技工业园的成功开发，世界各地掀起了创建高新技术区的热潮，世界各国的高新区千姿百态，名称和内涵也不尽相同。美国加州大学伯克利分校教授 M. 卡斯特尔（Manuel Castells）和 P. 霍尔（Peter Hall）把世界高新技术区的发展模式分为四类：高技术公司产业综合体、科学城、技术园区、日本的高技术城。[①] 中国科学院"高技术开发区"课题组认为，高技术开发区的发展模式有孵化器、科技工业园、高技术地带、科学城和技术城五种类型。[②] 我们比较赞同北京大学的魏心镇、王缉慈对高新技术区的模式划分方式，以功能为标准把高新技术区分为三种类型：科学园、技术城、高技术加工区。科学园来源于美国，典型模式是硅谷；技

---

① 李景新. 中国高新技术产业园区产业集聚发展研究［D］. 武汉大学博士论文，2011：36－37.

② 陈媛媛. 高新技术产业园区概念性设计［D］. 天津大学硕士论文，2007：8－10.

术城来源于日本，典型模式是筑波；高技术加工区主要进行高技术标准化产品的装配，最早来源于发达国家内一些研究与开发能力有限和技术工人不足的州或省，以后迅速扩散到新工业化国家和发展中国家，典型模式是"新竹科学工业园"①。

1. 美国硅谷

现代意义上的硅谷从斯坦福工业园区的建立起步，经历了曲折的发展过程，已成为世界高科技的中心。目前的硅谷是技术多元化的经济，其计算机硬件和存储设备、生物制药、信息服务业、多媒体、网络、商业服务等行业处于世界领先地位。随着经济全球化的进一步推进，硅谷已突破了自我驱动的发展模式，通过吸引全球的资金和人才以及出口技术产品，形成了同全球经济高度互动的经济模式。

生态环境建设是助推硅谷跨越式发展的重要因素之一。硅谷位于美国的阳光地带，三面环山，一面临海，中间是一片谷地，宜人的气候、空旷的地域不断吸引工程师和其他技术人员以及新公司入驻，更有助于吸引已经站稳脚跟的公司前来设点营业。早在 1963 年对硅谷内 53 家公司做的一项调查表明，"气候环境优美"是高达 70% 的公司认为适宜在此设厂经营的原因之一。② 硅谷的绿化面积大于建筑面积，当地的绿化树种繁多，常见针叶树和阔叶树并举，乔灌木错配，本地树种及外地树种都有用，绿化与房建同步进行，当新建房屋内部装修时，即按照绿化设计施工，用吊车移栽大树，树下铺上绿草，花卉和灌木下面则铺上树皮碎片，以减少水分蒸发和保持水土，房建完工，即大树成荫，花开草绿。当地夏天干旱，抗旱保水系统工程建设成为绿化成败的关键措施，全面安装喷浇水设置，建立废水处理系统，利用经过处理的废水来喷浇。硅谷遵循生态优先的原则，在西部沿海一带建立了很多沿海公园，特别是具有千年巨树的红杉公园星罗密布，不但为硅谷提供了良好的生态环境，也为当地居民提供了良好的度假场所。

---

① 魏心镇，王缉慈等. 新的产业空间——高技术产业开发区的发展与布局 [M]. 北京：北京大学出版社，1993.

② 徐锡玲. 美国硅谷绿化见闻 [J]. 广西林业，2005（6）：56–57.

2. 日本筑波科学城

筑波城是日本 1963 年建立的亚洲最大的综合性高科技产业开发区，它以日本国立研究院的高能物理研究所、国立生物资源研究所、环境公害研究所、国家宇宙中心和 46 所高等院校为依托，聚集了 1.5 万名科研人员和千余家企业。筑波科学城北倚日本关东名峰——筑波山，东邻日本第二大淡水湖——霞个浦，南接关东有名的池沼——牛久沼，小贝河、樱河和谷田河穿境而过，山地森林、平地人工林、农田以及公园绿地等占其总面积的 65% 以上，特别水——绿一体的绿色回廊更是名闻遐迩，被誉为"人和绿色共存的田园都市"。

筑波科学城从建设之初就以建立人与自然协调发展的生态型城市为目标，经过 40 多年的建设和发展，筑波科学城现有绿地面积 10318.47 公顷，人均绿地水平达到 59.58 公顷，成为世人所公认的生态型科学城。城市森林是筑波市城市绿地的重要组成部分，也是绿地景观系统的主体。城市森林可划分为山地天然林、平地人工林、研究和教育机构敷地林、公园片林和廊道林带。筑波市山地天然林约占总面积的 19%，平地人工林和自然原野约占总面积的 21%，研究和教育机构敷地以及市街住宅区栽植和绿化面积占 30% 以上。[①]

可以说筑波是一个名副其实的生态城市。在筑波山及周边地区建成了山地自然林保护区，在牛久沼及其周边地区建成了天然河岸林和湿地植被保护区，稻敷台地贝被建成了平地人工林和自然原野，城区是公园片林，公园内栽植的成片状分布树林，研究和教育机构的周边的保护林带、自然保护林道路为敷地林，道路、河流沿线形成了多带式复层结构的绿色廊道。

(三) 国内高新区生态文明建设的典型案例

高新区的出现是中国改革开放进程中一个十分重要的经济社会现象。经过几十年的不平凡发展历程，国家高新区成为土地集约利用、经济高速增长、地区带动能力较强的区域增长极。通过不断完善区内的软硬件环境，创造科技创新和产业化发展的良好条件，高新区迈出"二次创业"的

---

① 刘建军等. 森林掩盖下的科学城 [J]. 中国城市林业，2004 (2) 5：64-65.

步伐。为保护生态环境，探索可持续发展道路，深入贯彻落实科学发展观，高新区积极进行生态文明建设，一些高新区通过实施创新引领战略，努力实现高新区经济发展、生态优良、人居幸福的高度和谐统一，在全国高新区生态文明建设中发挥表率作用。

1. 苏州高新区

苏州高新区作为首批国家级开发区，是苏州城市"一体两翼"发展格局中的重要一翼，20 年来，高新区经济社会发展迅速，以占苏州 2.5% 的土地和 4% 的人口创造了全市近 8% 的经济总量。开发建设之初，苏州高新区清楚地意识到"碧水青山"是可持续发展的根基和保障，坚定地走"生态立区"的发展道路，2008 年成为全国首批国家生态工业示范园区之后，生态文明建设全面启动，目前，高新区建成区域绿化地面积已达 3250 公顷，绿化覆盖率达 46.8%，人均公共绿地 14.8 平方米，全区森林覆盖率约 28.3% ,[①] 在苏州西部造就了一座"生态绿城"，探索出一条有着高新区特色的生态文明发展道路。

生态文明建设以循环经济、生态工业、生态人居"三体合一"的模式运行，秉持"绿色发展"理念，调整优化产业结构，整合优化生态资源，构建新型生态城区。主要发展思路包括以下五点：

（1）大力发展新能源新装备、高铁技术应用、软件与服务外包、生物医药与医疗器械等新兴高新技术产业，主攻总部经济和研发经济，以"三螺旋"的发展模式加速形成从研发到生产、销售、服务完整的特色产业链条。

（2）推进产业结构向生态型转变，压缩并提升工业用地空间，合理配置服务业和公共用地，维护和扩大都市农业与生态保护用地，大力推进高新技术产业和高端加工制造产业的规模化水平，挖掘提升工艺文化等传统产业，积极开发特色旅游业高新区。

（3）大力推广节能减排和资源循环利用工作，高新区每年组织在化工、造纸、机械等重点行业和重点企业中推进清洁生产审核，承担并完成

---

① 苏州高新区生态文明建设的绿色样本［DB/OL］.2013 - 10, 2 号.http：//wm. jschina. com. cn

了 3 个国家级科研项目和多项省级循环经济、环保科技项目，实现了科技成果产业化，建成了五大资源综合利用工程。

（4）探索生态文化资源的产业化和资本化，把生态文化休闲产业作为服务业发展的重要内容，培育新的战略增长点。

（5）以生态优先理念构筑"绿色新城区"，遵循与现代"山水城市"理念相契合的原则，走集约、智能、绿色、低碳的新型城镇化道路，建设新型农业发展区，加强原生态资源保护，加快实施区域水环境建设，打造特色生态景观和绿色生态小镇，不断完善交通格局，形成由有轨电车、公交车和公共自行车构成的高新区"绿色交通网"。

2. 珠海高新区

珠海高新区 1992 年经国家科技部批准成立，是国家首批创建的高新技术开发区，由南屏科技工业园、三灶科技工业园、新青科技工业园、白蕉科技工业园和科技创新海岸组成，区内环境优美，科技教育、历史人文资源优势明显。高新区主园区已形成以名牌大学为依托、以软件研发企业为主体、集产学研于一体的高科技产业走廊。但在推进城市现代化建设过程中，伴随着工业发展和工程建设，大量资源消耗和废弃物排放影响着高新区的生态环境。为实现可持续发展目标，珠海高新区以科学发展为主题，以加快转变经济发展方式为主线，展开生态文明建设。

珠海高新区紧紧围绕市委、市政府提出的在珠三角地区争创"人均首位、生态一流、文化繁荣、法治优良、社会公平"五大目标，以"引领转型升级、建设幸福唐家"为主旋律，认真落实市委、市政府关于生态建设"四个百分百"行动方案要求，以创建国家生态工业示范园区为抓手，高起点部署产业发展新格局，积极优化生态环境，大力整治辖区内河涌、排洪渠，全面推进绿色发展。首先，珠海高新区已形成了以集成电路、软件研发企业为主体，以政产学研合作为创新机制，聚信息技术企业为集群的高科技产业走廊，努力发展电子信息业、精密仪器及先进制造业、生态文化创意产业，使其成为珠海高新区主导产业。其次，积极创建国家生态工业示范园区，通过 ISO14001 认证审核，成立创建国家生态工业示范园区工作机构领导小组，获得环境管理体系认证证书，编制生态工业园区建设规划和技术报告。最后，积极开展排洪渠整治工程，创造整洁、舒适、和谐的人居环境。开展"先治污，后治水"的整治行动，改善河涌水环境质量，消除河涌黑臭，采用河涌原位生态修复技术，通过清理河涌渠底淤泥并投放底质净化剂、投加增氧剂及安装曝气设备、加高效复合菌剂和微生物治理、在河涌两岸种植水生植物等方法。恢复河涌自我生态修复和生态保护能力，并完成渠堤、护坡的修复工作。

3. 西安高新区

西安高新区是经国务院批准建立的首批国家级高新区之一，位于西安市的南郊，至今已发展成为一个初具规模的现代化科技园区，初步形成了电子信息、新材料、新能源和机电一体化技术为主的高技术企业群体。西安高新区承担了西安市 80% 的国家火炬计划项目，已创造了 10 项世界先进水平的高科技成果。近年来西安高新区正处于以提高自主创新能力为中心，促进经济又好又快发展的新阶段，开展生态文明建设对于缓解开发区资源和环境的双重约束、转变经济发展方式、提高资源和能源利用效率具有重要的现实意义。成立 20 年来，西安高新区共建成各类绿地 641.68 万平方米，建成区绿地率 38.15%，绿化覆盖率达到 41%，人均公共绿地面积 15.62 平方米，形成了以组团绿地、公园绿地、道路绿地为内容的综合绿化系统。[①]

西安高新区的生态文明建设以高质量、高效益、低污染、生态化、低碳化为目标，以构建工业生态网络、优化循环经济功能、强化生态工业技术研发和向低碳经济转型为途径，主要建设措施包括如下两方面：

（1）积极推动清洁生产，发展循环经济。在企业层次推行清洁生产，实行资源减量、再用和循环，推行水的原位再生和梯级利用，提高资源利用效率，减少污染物排放；在企业间和行业间，通过引进关键补链项目，构建和完善生态工业链，形成物质、能量的循环代谢网络；在区域层次，推行中水回用，发展废物回收和再生利用，建立符合生态工业园区建设要求的环境管理机制。在社区、学校、医院等场所推行节能减排，通过宣传教育，提高公众生态工业意识。

---

① 绿荫遍地科技城生态文明宜居地［DB/OL］.2011 - 12 - 29，http：//www. xi-bi. com. cn

（2）大力开展城市园林绿化建设，将高起点、高标准作为高新区绿化建设的首要目标，坚持"以环境吸引人，以环境促发展"的方针，以整体规划为前提，结合市政配套、四城联创、提升改造等工程，运用创新精神，在道路绿化中遵循"一路一品、一区一景"的设计理念，并将绿化逐渐向空中发展，借助世园会召开的良好机遇，提升绿化标准，提高养护效果和质量，实现长效管理，把高新区打造成为一座绿色、生态、文明宜居之城，使高新区的综合竞争力不断提升。

4. 成都高新区

成都高新区筹建于 1988 年，是国务院首批的国家高新技术产业开发区。成立以来，在国家、省、市的关心和支持下，成都高新区秉持"发展高科技、实现产业化"的宗旨，统筹推进经济社会持续快速健康发展，在产业发展、科技创新、招商引资、新城建设、改善民生等方面，均取得了长足进步。2011 年在全省率先迈入"千亿工业园区"行列。区内重新认定的高新技术企业达到 515 家，占成都市的 52%；聚集世界 500 强企业及国际知名企业 120 余家。最近几年，在科技部举行的综合评比中，成都高新区连续保持第四名、中西部第一位。①

在取得瞩目的经济成绩的同时，高新区在生态环境方面更加注重对绿地和水体的建设保护，做到"生态、文态、业态"三态合一，重视高新区休闲旅游、休闲度假、会议会展功能的发挥。截至 2012 年，生态文明建设项目主要包括：①打造绿色"天府新区"，以"山水环绕、城乡统筹、生态田园、集约发展、智能低碳"为理念打破传统"摊大饼"的发展模式，形成多中心、组团式布局，通过打造绿地系统、生态服务区、生态廊道，构建"一区两楔八带"的城市与自然有机融合的崭新的城市形态。②以创建国家环保模范城市、中国最佳旅游城市、全国文明城市为契机，高新区以治气治水为治理重点，建设污水处理厂，全区污水管网覆盖率达 98% 以上；以燃煤污染、扬尘污染和机动车尾气污染为整治重点，开展大气环境综合整治，区域环境质量得到全面提升。③推进生态工业建设，在企业内部注重清洁生产，对于企业产生的废弃物优先考虑企业内部循环利用，对

---

① 成都高新技术产业开发 ［DB/OL］. http://baike. baidu. com

于无法循环利用的废弃物按国家有关标准进行治理；在企业之间建立生态工业链，根据各个小区域的生态工业链的特点及需求，将若干个小的生态工业链联结起来，由此组成一个大型的、复杂的生态工业链，加长生态工业链的长度，提高整个园区内的物质和能量的利用率。

三、肇庆高新区生态文明建设的影响机制及制度设计

（一）肇庆高新区的生态环境影响机制

肇庆高新区地处北江和绥江交汇处，山川秀美，是省内自然生态环境保护良好的工业园区。肇庆高新区按照建设国际化、花园式、生态型工业园区的要求，进行高起点规划、高标准建设，树立了"青山碧水镶翡翠，绿网蓝脉映明珠"的高新技术工业园区形象。并在全省产业转移园中首个同时获得 ISO14000 环境管理体系国内、国外双认证，被认定为省第一批循环经济工业园区，获国家三部委批准同意创建国家生态工业示范园区。肇庆高新区的生态环境具有其深刻的影响机制，高新区的产业结构、规划布局、产权制度是影响生态建设的关键因素。

1. 产业结构与生态环境

生态文明建设与产业结构调整之间关系密切，两者之间相互渗透、相互促进，是建设目标与实现手段之间的关系，也是指导思想与建设内容的关系。产业结构的调整方向，需要在生态文明理念的指导下进行，否则就会出现产业结构盲目调整、方向偏离的情况。[①] 生态文明的共生理念与协同理念认为，人与自然、人与社会都应该和谐共生。将这种理念贯彻于产业结构建设与调整过程，产业部门内部、产业部门之间通过物质、能量与信息流的交换协同共生，相互促进，使得产业结构转向协调化、高效化与结构软化的发展方向，最终建立生态化的绿色产业结构。

肇庆高新区想要建设成为生态文明高新区，就要优化产业结构，坚持走以高新技术产业为先导、先进制造业为主体、第三产业和社会公共事业相配套的产业发展路子。继续以新型工业化为核心，以招商引资为突破

---

① 李红薇. 生态文明建设的产业结构研究——以中新生态城建设为例［D］. 天津理工大学硕士论文，2010：31－34.

口,以园区建设为载体,大力推动产业结构调整。依托自身优势,肇庆高新区着力培育支柱产业,培育生态环保企业。全面加速和提升"双转移"工作,推动"产业转移"和"劳动力转移"两大战略齐头并进,承接一批科技型、生态环保型产业的转移,并且积极推动"双转移"向"双提升"转变,提高产业层次,促进生态文明高新区的快速发展。

2. 规划布局与生态环境

高新区的规划布局与生态环境是局部与整体的关系。首先,规划布局离不开生态环境大系统,生态环境是规划布局的大背景,规划布局是局部,它是对生态环境整体进行功能划分,并定位每一个局部的功能和地位;其次,各部分以有序、合理、优化的结构形成有机整体,就会产生部分所没有的新的功能,因此科学合理的规划布局可以实现生态环境的效率最大化。高新技术开发区的规划与布局与一般工业区、居住区存在明显的功能差异,一个完善的高新技术开发区是具有教育培训、科研开发、规模生产、市场运作等主要功能。将高新区不同的功能按照合理的次序进行排列,在生态环境系统的统领下,形成科学的规划布局,获取额外的生态效益。

实现区域的可持续发展是区域生态规划的重要目标,通过引入生态规划的理论与方法,可以在区域范围内对生态资源的保护与有效利用进行统筹规划,实现区域发展与生态环境保护的统筹协调,确保区域城镇及产业发展的生态负荷控制在生态环境承载力范围内,保障区域生态安全。[①] 高新区的规划布局是实现生态文明的一张重要蓝图,其基本内容包括生态资源的保护、生态景观的构建、基础设施的完善。肇庆高新区应把生态规划纳入园区总体规划,以经济和生态同步协调为原则,按照不同的区域功能区划分园区地块,制定并实施合乎生态文明要求的工业园区规划、绿地规划和居住区规划,加快形成有利于高新区可持续发展的生态布局。

---

① 张泉,叶兴平. 城市生态规划研究动态与展望 [J] 城市规划,2009 (7):51-58.

3. 产权制度与生态环境

生态环境资源是一种公共资源，"公地悲剧"理论一直被视为分析生态环境资源产权制度的重要模型，"公地悲剧"的实质是生态环境资源的产权界定不清，缺乏明确的产权主体，对其使用的进入权与使用权未加限制，导致公有财产沦为无主财产，引发了生态环境资源的过度使用，以至于生态环境遭到一定程度的破坏。这是生态文明必须面对的一个重要问题，而建立合理的资源环境产权制度是解决这个问题的有效途径。资源环境产权一般是指行为主体对某一资源环境占有、使用、处分及收益等各项权利的集合。生态资源利用效率低下根源在于生态资源过度"公权"化，因此，提高其利用效率的途径就在于"公权"和"私权"的合理安排。

在高新技术产业开发区的生态产权制度设计中，既要引入竞争性、激励性的生态产权机制，建立起市场化的生态环境公共产权制度，又要打破传统生态资源运行范式，按生态资源公共性和外部性的特征，将生态资源的使用权和经营权合理划分，明确使用权和经营权各自的权能，建立科学的生态产权制度体系，实现生态环境资源的合理配置，解决生态环境外部不经济性问题。高新区应当引入非国有性质的企业参与生态产权的经营和竞争，形成主体多元化、交易市场化的生态资源经营制度和生态产权混合型管理模式，实现生态环境的有效保护，促进生态文明的建设。

（二）肇庆高新区生态环境建设的制度设计

在处理人与自然的关系的过程中，人类占有主导地位，人的行为决定着人与自然的关系是否和谐，人的行为又受到人与人之间关系的支配和影响。由于不同的个体之间、个体与社会之间的利益关系难以达到始终一致，个体的行为给自身带来利益的同时，也可能会给其他个体的利益带来受益或受损的影响，对社会整体带来的影响也是双重的。因此，生态文明的制度设计要求个体的行为必须在不损害其他个体和社会利益的前提下，共同保护生态环境，否则就必须承担相应的赔偿责任。

肇庆高新区作为国家级高新区，聚集了大量的高新产业，汇集了一批优秀的科技人才，应当力争上游，勇于摸索，在生态文明建设方面，走在全国的前列，创新生态文明制度设计。结合肇庆高新区的实际情况和发展定位，应有以下几条建设思路：

1. 建立肇庆高新区生态环境控制体系

第一，要转变高新区的总体发展观，建立符合生态文明要求的干部考评制度，将生态环境建设和保护成果作为一项重要政绩，这对高新区的生态环境有着基础性的保障作用。成立专门的生态建设领导小组，由高新区管委会主要领导担任组长、相关技术人员和管理人员担任组员，发挥组织领导的管理作用，调动专业人才的参与积极性，形成"权责明确，技术过硬"的领导体系。构建包含资源消耗、环境损害、生态效益等多维度的综合评价指标体系，并确立体现生态文明要求的目标体系、考核办法和奖惩机制。

第二，应该建立企业的生态准入制度，严把环保准入关，从源头开始治理。高新区管委会和企业代表应一起行动，给新进企业按其生态表现打分，正分值为生态合格企业，当生态表现的负分值达到一定程度时，就取消其落户园区的准入资格。尽管这项措施会导致一些高创收的企业被拒之门外，但是从长远利益的角度出发，这项措施存在强劲的后期优势，是一种可持续发展的科学措施。

第三，建立完善的生态环境监控制度。对重大工程建设项目、重要科学技术立项及成果推广实行生态环境监控制度，对有可能对高新区的生态环境造成不可控负面影响的项目实行一票否决制，这是对生态环境的有效控制具有直接作用的途径和方式。这种审查应当是全方位、全过程覆盖的，从工程和项目的前期评审、中期考核和后期检查，生态环境方面的审查应贯穿始终。

第四，还有积极发挥生态环境法制的规范作用。坚决从严实施《环境保护法》，并结合肇庆高新区的现状，出台更细致、更具体的生态环境规章制度，通过对大气污染、水体污染、绿地破坏防治的完善，形成系统的生态环境保护法规体系。做好普法宣传工作，将生态环境法规深入到园区企业的管理层当中，使园区企业的管理层强化有关生态建设的法律意识。

2. 建立肇庆高新区绿色 GDP 核算制度

绿色 GDP 核算是指在原有的国民经济核算体系的基础上，将资源环境因素纳入其中，通过核算描述资源环境与经济之间的关系，提供系统的核算数据，为可持续发展的分析、决策和评价提供依据。传统 GDP 核算的缺陷主要体现在它的计算过程中并没有考虑经济生产活动对资源环境的消耗规模，在一定程度上过高地估计了一个区域经济活动的成就，而绿色 GDP 能够比较真实客观地反映包括国内生产总值在内的一系列经济指标，可避免人们对经济形势的盲目乐观，时刻给人们敲响警钟。世界银行推出了绿色 GDP 国民经济核算体系，在现行的 GDP 中对环境资源进行核算，从中扣除环境成本和对环境资源的保护费用，同时考虑外部影响，包括外部经济性和外部不经济性，依此来衡量扣除自然资源损失后的真正的国民财富。

肇庆高新区在推进生态文明建设的过程中，也应改变原来只注重经济效益的传统 GDP 核算制度，建立属于自己的绿色 GDP 核算制度。肇庆高新区的绿色 GDP 核算制度设计主要从自然资源核算和自然环境核算两个方面入手。对自然资源的核算估价首先需要充分考虑自然资源的使用价值特性，自然资源的使用价值包括整体有用性、空间固定性、用途多样性、持续有用性、负效益性等特征；然后运用机会成本法对自然资源进行核算，这种方法是以自然资源的稀缺性和选择机会多样性为前提，按照经济决策中最优方案中的潜在收益计算现实中存在的那部分资源浪费和损失。对于自然环境的核算可以采用恢复成本法。所谓"恢复成本"就是指环境质量下降后，为恢复环境质量所需要的成本。这种方法将经济活动所造成的环境质量恶化的恢复成本，作为使用自然环境的成本估价，可以有效地核算环境污染对水资源，森林资源，土地资源，绿地资源的破坏程度。将自然资源和自然环境的核算作为今后高新区 GDP 核算的重要内容，从而创新高新区 GDP 核算制度，落实绿色 GDP 核算制度，引导肇庆高新区走向生态文明之路。

3. 健全肇庆高新区生态环境产权制度

健全生态环境产权制度是肇庆高新区建设生态文明的另一项重要制度设计。肇庆高新区本质上仍是一个工业园区，园区内的企业或多或少都存在一定的排污现象，因此，建立肇庆高新区的排污交易制度、生态环境收益权制度，以及环境资源产权保护制度就非常具有现实意义。

排污权交易制度是肇庆高新区生态环境产权制度的主要内容。排污权的本质是环境容量资源使用权，是环境利用者依法对环境容量资源使用的权利。通过排污权的分配和交易，可以促使环境资源使用权在环境资源使用者之间的合理流动和有效使用。想要构建肇庆高新区的排污权交易制度，首先要做的工作是确定园区企业排污的总量和排污权初始配置。排污的总量控制，是根据肇庆高新区经济发展的速度和环境保护的要求，对园区的环境污染排放确定一个排污目标总量；在排污总量确定的基础上，再将排污权向各个经济主体进行初始分配。然后就是要建设排污权交易市场，界定排污交易的主体和客体，建立排污交易市场的供求结构。一般来说，排污交易的主体是高新区内所有企业，而客体就是初始分配的排污权；从而排污权的供给者便是在生产过程中拥有富裕排污权的企业，排污权的需求者是初始排污指标不足以满足生产要求的企业。通过排污交易制度的调节作用，排污权实际转化为一种无形资产，企业将会衡量排污量的增加带来的损失，也会看到出售排污权所带来的收入，所以这便使得企业不得不重视自己的生产环节的排污量，并更倾向于减少企业的排污量。

生态环境收益权制度是肇庆高新区生态文明产权制度的重要激励机制。生态环境收益权是指环境资源产权拥有者通过环境资源产权运作所获得收益的权利。虽然自然环境是一种公共资源，但实际上，高新区内不同的企业和社会团体对自然环境的贡献是不一样的，因此在安排生态环境收益权时，一个最基本的方法就是看一个企业或社会团体对自然环境是否有贡献以及贡献的大小。根据"谁是贡献者，谁获取收益"的原则，将收益权配置给对自然环境有所贡献的企业和社会团体，并根据贡献的多少决定配置的份额。对于生态环境收益权的实现方式，可通过专项扶持基金来给予补偿支付，高新区管委会应设立生态文明奖励基金，对有生态环境贡献的企业和社会团体进行表彰和奖励，调动园区企业参与生态文明建设的积极性。合理的生态环境收益权制度，可以对生态环境贡献者产生激励作用，促使生态环境贡献者增加环境资源供给、有效地保护生态环境。

环境资源产权保护制度是肇庆高新区生态文明产权制度的重要保障。环境资源产权保护制度是对各类环境资源产权的取得程序的一种规范，是关于其行使原则、方法及其保护范围的法律保护体系。由于环境资源产权的界定、配置和交易赋予了不同的环境产权主体不同的环境行使权利，导致不同主体受各自的利益驱动，而展开激烈的竞争，并引起一定的矛盾冲突。因此，必须要有相应的环境产权保护制度，来保障产权界定、配置和交易的合理性。只有通过产权保护制度提供的充分保护，才能有效降低交易费用，有效地保护各种环境资源产权主体的利益，充分发挥生态文明产权制度的积极作用。

第八章
高新区引领新型工业化的文化软环境

所谓软环境，就是在经济发展中相对于地理条件、资源状况、基础设施、基础条件等"硬件"而言的思想观念、文化氛围、体制机制、政策法规及政府行政能力和态度等。高新区文化软环境也是相对园区硬环境而言的一个概念，它是指物质条件以外的诸如园区投融资环境、产学研合作以及人才等制度安排、思想观念、舆论导向、行为准则等外部因素和条件的总和。在高新区现有的环境下，这些因素又集中体现在高新区经营管理的体制机制上。

实践证明，高新区要发展成功，必须具备一些基本要素，如依托大学和科研机构，良好的基础设施和配套服务，密集的风险投资基金，密集的高素质科技人才等。但是，这些条件基本上都是属于硬环境方面的建设，仅有这些是完全不够的，由此并不能完全克隆出所谓的"硅谷"。大多数国家和地区在建设高新区的时候都只拷贝了某些硬环境设施，而忽略了其成功的非物质因素，即软环境建设。而正因为如此，众多仿效者都很难取得成功甚至走向衰败。软环境的因素主要是深深根植于高新区的土壤之中的，具有不可移植、不易模仿性，但是可以通过诸多途径加以培育。没有文化软环境作为支撑，就不可能有大量的创新创业行为。文化软环境建设本身就是社会和经济发展的目标之一。不仅如此，经济的发展、社会的进步又得益于文化软环境的建设。文化软环境对于一个国家或地区在世界经济或区域经济竞争中能否脱颖而出起着决定性作用。

一、国外高新区文化软环境建设的特点和趋势

（一）硅谷：以创新文化领跑全球①②

钱颖一在系统地研究了美国硅谷的创新成就以及动因后认为，"不少人把硅谷的成功归因于'硅谷文化'，但'文化'一词太虚泛了。它可以把人们尚不理解的因素都装在里面。然而，有一点大家都同意，那就是硅谷文化的重要成分是创新与创业文化"③。

创新型文化软环境的形成是其充满国际竞争力的一个极为重要的因素。事实上，硅谷就是一个建立在创新型文化软环境基础上的创业区域。创新型文化软环境是指一个区域内参加新技术发展和扩散的企业、大学及研究机构、中介服务机构以及政府组成的为创新、储备、使用和转让知识、技能和新产品相互作用的网络系统。④ 如果用一个简单的公式表达硅谷的主要成功经验，那就是"研究型大学＋灵活的产业体系＋充裕的风险投资资金＋创业文化＋创新制度"⑤。

1. 灵活的产业创新文化

硅谷的创业者没有受传统行业的限制，许多创业者积极地与竞争对手交叉使用各自的专利，使技术进步的成果得以迅速传播，确保产业链作为一个整体得以发展进步。硅谷的产业体系基于地区网络，活跃的地区文化及广泛的社会关系网络是硅谷保持活力的根源。硅谷的开拓者们建立了一个针对硅谷的地区环境，具有专业技术网络和营销网络的产业体系。硅谷

① 安纳利·萨克森宁. 地区优势：硅谷和128公路地区的文化与竞争［M］. 上海：远东出版社，1999.
② 罗良忠，史占中. 硅谷与128公路——美国高科技高新区发展模式借鉴与启示［J］. 研究与发展管理，2003（12）.
罗良忠，史占中. 美国硅谷模式对我国高科技高新区发展的启示［J］. 山西财经大学学报，2003（4）.
③ 钱颖一，肖梦. 走出误区：经济学家论说硅谷模式［M］. 北京：中国经济出版社，2000.
④ 丁焕峰. 论区域创新系统［J］. 科研管理，2001（11）：1－8.
⑤ 周丽. 聚焦创业：基于创业过程的焦点问题研究［M］. 北京：新华出版社，2008.

地区网络的存在很大程度上要归功于该地区作为电子产品生产者的地位。多年的实践表明，硅谷发展的推动力不是由于某一项技术或某一种产品，而是由于各个系统组成部分之间的相互竞争和密切联系。在产业组织上，硅谷半导体和计算机行业新企业力图建立适合个人创新的组织形式，实行高度分散的组织形式，保证企业的核心竞争力和市场反应灵敏度。商业协会同样在硅谷分散的产业体系中扮演着关键的整合角色。生产协会积极与州政府配合为地区发展解决环境、土地使用和运输问题。许多硅谷的开拓者认为，标准的制定过程与标准本身同样重要，因为它有助于促进供应商和最终用户之间进一步了解和建立密切的工作关系。[①]

2. 鼓励承担风险、宽容失败的创业文化

硅谷拥有成熟的风险投资体系，任何有价值的创意、技术在硅谷都能得到很好的投资和帮助。硅谷的风险投资企业主要是由那些成功的高科技创业者们创办的。硅谷成立之初，大部分创业者都是受过专门教育的青年工程师，他们抛开了原有的社会环境，来到这个充满挑战的地区创业，相对于别处的创业者而言，他们更愿意接受风险和试验。一旦失败，还可以从头再来，因为他们认为自己本来就一无所有。

3. 自由的人才流动文化

优秀人员在企业间的流动成为硅谷的一种生活方式，也成为硅谷正式共享的一种方式和途径。早在 20 世纪 50 年代，斯坦福大学就通过合作计划对当地的公司开放其课堂。斯坦福大学鼓励电子企业中的工程师们直接或通过专门的电视教学网注册，学习研究生课程，这一网络也将斯坦福的课程带入了企业的课堂中。这一计划强化了企业和斯坦福大学之间的联系，并且有助于工程师们学习最新的技术，参与大学实验室的技术研发，同时协助大学进行企业实验，建立产学研之间的专业联系。[②] 斯坦福大学以及实验室的研究成果得到了充分利用。硅谷的开拓者们大多有这样的认

---

① （日）青木昌彦 . 硅谷模式的信息与治理结构［J］. 比较制度分析，2000（1）：18－27.

② 祝东伟 . 国外产学研合作典型模式的研究与启示［J］. 中国科技产业，2006（12）：78－80.

识，即行业及企业间的联系和先进的技术所起的作用要大于单个公司或行业的作用，一个人对职业的忠诚要远远大于对所在公司的忠诚，公司只是进行工作的载体。

4. 创新人才的激励文化

人才是企业创新的源泉，但人才资源本身并不能直接带来财富，关键还在于将人才资源转化为技术资源，最后产生财富，达到对人才资源的高效利用，使资源发挥效用。这就不仅要求给予人才一个施展才华的空间和环境，而且需要一个有效的人才激励机制，促使人才资源转化为新技术、新发明和新理念。硅谷正是有这样一种环境能把人才资源转换为创新能力，由此成为新技术的发源地。这种环境可以简单的描述为：优越的工作条件＋工作自主权＋生活条件＋股票期权。在硅谷的一些大公司中，从事产品开发的工作人员拥有最好的办公环境，包括独立的工作间、休息间和自助式吧台，可以消除疲劳，以最佳的状态进行工作。工作环境优越，也具有相当的自由。为了最大限度地调动员工的工作积极性和个人潜力，硅谷采用了股票期权制，以股票期权为特征的分配制度提供了有效的长期激励机制。股票期权的关键是采取一种将关键人物与公司发展前景紧紧绑在一起的风险分担、收益分享的新型机制，将雇员的利益与公司的利益紧密结合在一起，极大地调动了员工的热情。根据纽约大学经济学教授爱德华·沃尔夫的统计，基于股票期权这一激励机制，从1989—1998年的10年时间，硅谷先后诞生了众多百万富翁。股票期权的实施，从某种意义上说，是对美国硅谷创新人才的创新行为的一种有力肯定，激励着他们一次又一次地投入到新的创新活动当中，使美国硅谷充满了创新的活力和氛围。

5. 开放的、科学的、现代的职业发展文化

硅谷在发展过程中，逐渐形成一种开放、科学、现代的文化氛围。宽容失败、欢迎合作、追求冒险、支持改革、任人唯贤、痴迷创意、注重相互学习、强调知识共享的地区文化，不仅使硅谷人以创新为己任，把创新当作一种兴趣、一种职业，不断追求自我价值的实现，孕育出一家又一家的高技术的新公司，创造出一个又一个的高科技，而且通过各公司技术人员的交流、学习，使他们各自拥有的技术资源可以在各公司间形成共享，使知识、信息和技术能够快速传播，促成新的技术创新。同时，通过协同、合作和群体的力量完成单独依靠个人力量所无法完成的复杂的技术创新。正是由于这种开放的文化氛围的支持成就了硅谷在技术创新上的迅猛发展和突破。

6. 完善的知识产权的保护体系

知识产权保护制度对创新的激励，不仅在于有效地解决技术创新溢出效应的外部性问题，通过授予创新者一定时期的垄断权，将外部性内部化，使私人收益率与社会收益率趋于一致，更重要的在于这一套制度为技术创新提供了新的机会。美国前总统林肯曾称之为"专利制度为天才之火添加利益之油"。在完善的知识产权制度下，利益机制会驱动拥有知识产权的人通过转让部分或全部权利获得最大化收益，这同时也是一个传播、扩散技术创新成果的发展过程。知识产权的保护作用可在后人的研究道路上设置警示牌和加油站，既可避免重复开发，也可使后人在前人的基础上不断创新，从而形成一种良性的创新机制。毫无疑问，知识产权保护制度对于硅谷经济发展的意义是重大的。美国知识产权保护制度的保护和激励使硅谷人的创新精神得到了发扬光大。

总之，硅谷成功的很大一部分原因就在于其在产业发展的软环境建设方面取得的巨大成就。硅谷的创新动力和美国在创新力等方面的全球领导力息息相关。硅谷创造的技术和产品不但迅速在美国产生了巨大的经济效益，也通过占领全球市场而为美国带来了更多的价值和发展动力。一个商业生态系统如同自然生态系统一样，其发生发展有着必然的内在驱动力，同时也是在许多偶然因素影响下逐渐形成。以硅谷来看，其诞生有很多因素，最重要的是依托于美国这样一个世界人才、技术、金融等中心。从作为孵化基地的硅谷地区来说，除了以斯坦福大学为中心的学府人才与技术因素作为创新集聚中心，还有一个重要的因素，就是北加州气候宜人，移民聚集，这群人更具有开拓、冒险和创新的精神，这种精神和当地大学的校园文化天然融合。内在的精神和外在的引导相结合，使这里的人才和技术爆发出巨大的能量，这才是硅谷得以成功的真正原因。

（二）剑桥科技园：欧洲硅谷的文化特色①

1971 年，剑桥大学率先建立了英国第一个科技园——剑桥科技园。剑桥科技园是模仿硅谷模式建立起来的，但它却走出了一条有别于硅谷模式的道路。早在 1987 年，众多高技术小公司分布在各个领域，近 500 家高新技术企业，为 4000 多人提供了就业机会，年产值以数亿英镑计。20 世纪 90 年代后，IT 行业促生了新的经济增长点，科研实力雄厚的剑桥科技园又得到了飞速发展，催生出一大批富有活力的小型科技企业。这个以剑桥大学为中心，以物理、计算机和电子领域的领先技术而闻名的剑桥科技园，正成为与美国硅谷比肩的"欧洲硅谷"。英国内阁长官参观剑桥园区后发出赞叹：在企业文化建设方面剑桥已经赶上或者超过了美国。

1. 剑桥科技园文化：人才为本，创新为荣，顽强竞争

（1）人才为本。剑桥科技园以可靠的前景、具有诱惑力的挑战和高薪，吸引了欧洲一流的科技人才。他们中的很多人就在英国最富有古典建筑气息的剑桥大学周围地区安家落户，成为园区忠实的一分子。剑桥大学为园区输送了一流的人才，每年都有大量毕业生就职于园区内企业。剑桥科技园拥有大量最优秀的科学家和熟练的技术人员，为园区内科技企业的成功提供了至关重要的管理人才和创业科学家。极具凝聚力的企业文化给予员工强烈的归属感，人才的稳定和充足使科技园得以长期保持一支强大队伍。

（2）创新为荣。剑桥科学园因其尖端的航空航天技术，高技术工程，电信，信息通信技术，生物工程技术和制药公司而闻名于世。该地区的研发资金投入量占英国研发投资总额的 26%。英国东南部的区域优势为剑桥科技园创造了良好的技术、经济、商业的发展平台。剑桥科学园已经成为世界上公认的最重要的技术中心之一。在生物技术方面，剑桥郡以剑桥大学和成片的高科技生物技术机构及公司闻名于世。在过去的 3 年中有 536 家信息技术公司和 202 家生物科学公司在此投资了 8.29 亿英镑的资金，世界上医学和化学诺贝尔奖得主中有 20% 以上来自剑桥地区。在 IT 技术方面，园区主要集中了计算机硬件和软件、科学仪器、通信业领域的高技术

---

① 剑桥科技园看小企业如何"长大"［N］. 南京日报，2013 - 3 - 14.

企业，一些电子信息产业跨国公司也纷纷在剑桥科技园设立分支机构或研究中心，剑桥科技园已成为名副其实的英国电子信息产业高技术中心，成为推动英国和欧盟电子信息产业成长的重要引擎之一。在新技术领域，纳米技术、无线技术（如超宽带）、3G 移动电话技术即将成为科技园区内的一个主要的发展领域。

（3）顽强竞争。剑桥科技园的发展证明，英国的小公司也一样能发展成为世界性的大公司。剑桥科技园最初的定位，一开始就非常理智。它没有美国硅谷那样的地位和多元化科技移民的背景，它不是"新经济的中心地带"，而是世界新经济网络的一个"节点"。即使在欧洲，科技园区之间的竞争也非常激烈。奥地利有语音识别技术特区，瑞士有机械电子科技区，芬兰是世界性的无线技术中心。但是与这些竞争对手比起来，剑桥科技园表现出顽强的竞争力。

2. 完善的风险投资体系

园区政府建立了完善的风险投资体系，并通过传统金融机构的业务拓展和金融创新以及高效完善的证券市场，为高技术产业的发展提供充足的、符合其发展特点的资金，形成由传统金融机构、风险资金市场和证券市场组成的完善的市场经济体系，令创业者如鱼得水，满足了高新技术产业发展的风险投资需要。

3. 提供一流的服务

剑桥科技园有英国最好的物流服务、专业的风险投资机构以及欧洲最好的会计事务所和产业律师，世界金融中心伦敦为中小企业的上市融资提供了方便。当地政府进一步扶助了科技园区，政府和园区共同举办的"剑桥企业家高峰会谈"已经成为整个欧洲科技界一年一度的盛事。

4. 强化硬件设施建设

园区配套设施完善，极大地帮助了小企业发展，也改变了普通人心中科技园区的形象——科技园区不是高科技商人聚会的场所，而是汇集各路创业高手的创业热土。园区内交通便利、通信网络发达，剑桥郡离伦敦市中心 60 英里远，驱车大约 1 个小时，剑桥园区以欧洲商业经济中心伦敦为跳板，广泛建立了与欧洲和世界的联系。整个园区美丽清洁，生活便利，文化、教育、娱乐设施齐备，具有良好的生产、居住条件。

5. 孵化中小企业

在成立之初，科技园区发现很多中小企业渴望扶植的需求，在政策上有所倾斜。园区对中小企业以政策倾斜，起到了孵化作用，给予进入园区的高科技公司提供资金、税收、法律等方面的优惠政策。在英国，外资公司与英资公司享受同等投资优惠，即外资公司在英国可以基本享受国民待遇，可以获得同样的项目资金援助，并且英国的公司税率在欧盟国家中是最低的，增强了该地区企业的竞争力。科技园区哺育出一大批富有活力的小型科技企业，它们活跃在前沿科技的各个领域，从生物科技到设备制造，从网络软件到打印系统。这些小企业极其专注于各自的擅长领域，其核心业务非常明确，它们不是每样东西都去制造。尽管科技园区内企业都不大，雇员超过100人的寥寥无几，但是这些小企业非常善于使用极少的资源，把某件受到市场欢迎的产品非常大规模地制造。

6. 将企业建设成为知识密集型的学习型组织

剑桥科技园的科技企业灵活地与本地区、海外的其他科技企业、同行结成联盟或者开展战略性合作，也经常向中心高校的科研部门取经，大量具有商业创意、市场价值的商机应运而生。科技园区宽松的政策，灵活的人事制度，也刺激创业企业如雨后春笋般涌现，出现了一大批健康发展的"小科技企业"、"小小科技企业"，甚至某些规模不大的中型企业内部也出现了基本的子母公司结构。

7. 建设以剑桥大学为中心的高科技"卫星城"

近两年来，剑桥科技园的经济组织成长出现了新动向。前几年出现的小企业经过市场筛选，有些站稳了脚跟，逐步做大，开始在全球市场有了一定影响。园区也集中一大批大型跨国公司的研究基地和研究所，如诺基亚、日立、甲骨文、施乐公司、斯坦福研究所、微软等，园区迎来了新的发展时期。剑桥科技园进入新一轮扩张期，未来将以剑桥大学为中心，建立一个"卫星城"高科技中心，园区与周围的一些城镇相互联系，从而大大拓展园区的影响力。

（三）印度班加罗尔软件园：亚洲的"硅谷文化"①②

印度班加罗尔（Bengaluru）是印度最著名的软件园基地，吸引了海内外400多家著名信息技术公司，世界500强有65家落户这里，年出口软件超过印度全国一半左右，堪称"印度硅谷"。印度软件产业与经济改革密切相关。1991年，印度政府在班加罗尔正式设立国家级软件技术高新区。1992年，印度政府在班加罗尔和美国之间架设印度第一座卫星通信设备，班加罗尔因此成为印度的投资热点之一。班加罗尔是印度软件技术高新区和软件业的代表。90年代中期以来，一些重要的高科技公司和跨国公司由孟买移至班加罗尔，班加罗尔由此而确立了亚洲软件都城的地位。

1. 吸引投资的优惠政策

为了吸引投资，印度政府对进入高新区的投资者出台了一系列优惠政策，包括：免除进出口软件的双重税赋；软件业实行零关税、零流通税和零服务税政策；允许软件企业加速折旧；放宽外资软件企业进入印度的壁垒；允许外商控股75%，最高可达100%；全部产品用于出口的软件商可以免征所得税等。这些优厚政策极大地吸引了国内外的计算机行业公司和社会人员到班加罗尔创业和建立研发中心、生产基地。如IBM投资1亿美元到印度设立实验室，研究"深蓝"超级电脑开发；思科公司实施了2亿美元的印度扩张计划；麻省理工学院则投入10亿美元在此建立亚洲媒体实验室；新加坡花巨资在印度建立高科技工业园和信息科技园。此外，微软、英特尔、西门子、惠普、康柏、英国电信等数十家大型跨国公司也纷纷将部分软件开发工作转移到这里。

2. 丰富的高素质人力资源

印度政府十分重视人力资源的开发，实施了一系列促进人力资源开发的计划。印度全国有320家大学、460多家科研机构、32家工程学院和1600家私人培训学院。每年通过遍布全印度的大学培养出近68万名软件

---

① 王伟，章胜晖．印度班加罗尔软件科技园投融资环境及模式研究［J］．亚太经济，2011（1）：97－100.

② 陆履平，杨建梅．硅谷、班加罗尔IT产业成功之启示［J］．科技管理研究，2005（1）：83－86.

技术人员。印度在近 3000 所中学、1000 多所大专院校开设不同层次的信息技术专业课程，并依靠民办和私营机构，以及软件企业实行人才的整体培训。班加罗尔是印度高等学校和科研机构的集中地，共有 7 所大学，292 所高等专科学校和高等职业学校，此外还有 28 个国家或邦级的高水平的研究机构落户班加罗尔，加上 1950 年落户这里的航空航天、电子、坦克和精密仪器的研究和生产基地，发达的高等教育和大量的科研机构，每年为班加罗尔的软件产业输送了大量高素质的人才资源。

班加罗尔的软件人才远远超过亚洲任何一个城市，它拥有仅次于美国的世界第二大英语化技术人员队伍。目前，在班加罗尔科技园注册运营的企业超过 130 家，其中 65% 以上为跨国公司，微软、英特尔、IBM、通用电器、朗讯科技等全球多家 500 强企业均在高新区设有离岸软件研发中心。软件开发成本中 70% 是人力资源成本，低廉而优质的人力资源是班加罗尔成功的一个重要因素。与中国台湾新竹的发展一样，印度一大批在美国和欧洲的留学生（特别是 20 世纪 60 年代至 70 年代的留学生），他们利用自己和美国的社会关系网络和在业内的影响，架起了印度与美国之间产业和市场联系的桥梁，也正是这种人缘关系造就了印度软件业今天的卓越成就。

3. 保护知识产权的良好法律环境

软件园还为软件企业提供了一系列的优惠政策，不断修改和制定产权保护法案，为软件业的发展提供了良好的发展环境。印度政府非常重视对软件行业的知识产权的保护，制定了一系列保护政策，对版权者的权利、软件业的出租、用户备份的权利、侵权的惩处等都作了明确的规定，先后出台了《版权法》和《信息技术法》，对《印度证据法》《印度储蓄银行法》《银行背书证据法》和《印度刑法》，并对有关条文进行了修订，对非法入侵计算机网络和数据库，传播计算机病毒等违法行为规定了惩罚措施，为电子合同、电子文书和数字签名提供了法律依据，为电子商务的发展提供了法律保障。

4. 行业协会促进企业的自律和发展

产业协会的社会化管理，不仅大幅度减轻了政府的管理压力，也使产业更加自由、科学的发展，促进了产业的公正竞争和有序发展，极大促进了印度软件业的发展。印度全国软件和服务公司协会（NASSCOM）成立于 1988 年，现有成员 500 名左右，占印度软件业总收入的 95% 以上，在印度政府制定软件发展战略和各种优惠政策中发挥了不可替代的作用，它还主持各种高层次的会议和研究计划，与政府协商，并且利用 Internet 和各种形式的贸易展示会向全世界宣传和推介印度软件企业。

5. 严格的产品质量管理

班加罗尔软件园内的公司，不论大小都非常重视软件产品的质量管理，他们将用户要求、软件设计思路、所用编程技术、工作进度计划、最终产品检测结果、总体质量评估，以及用户反馈意见等不厌其烦地详细记录下来，作为公司珍贵的档案资料，保证了产品的高质量和稳定性。印度软件公司凭借其高品质的软件产品，积极地开拓国际市场。目前，班加罗尔已在国外建立了超过 600 家分支机构，把触角伸到了主要发达国家，赢得了大批的业务订单。

6. 强化自主创新能力

加罗尔共有 928 家软件公司，其中 100 多家外国跨国公司，共有 40 家通过了 CMM 五级认证。如 CISCO、IBM、Motorola、得州仪器、Intel 等著名公司。众多优秀的软件公司聚集在一起，产生了族群效应，使得族群中单个主体在相互之间的作用中对人才、科技成果和资金等要素重新进行优化组合配置，提高了整个族群的创新能力，如 Texas Instruments 在班加罗尔就获得 150 项专利，CISCO 和 IBM 则获得了 75 项专利。

二、国内一流高新区文化软环境建设的做法和特点

（一）西安高新区：现代化科技新城的"科技创业，诗意居住"文化[①]

经历了"一次创业"、"二次创业"，西安高新区意识到，必须创新发展模式，实现载体建设、环境营造、功能配套等全方位转型提升。面向未来，西安高新区在新的定位中明确，要打造最具创新活力、最具投资潜力、最具生态魅力的现代化科技新城。

---

① 王亭. 西安高新区：从工业园区到最具魅力的科技新城［N］. 中国高新技术产业导报，2010 – 11 – 30.

科技创业，诗意居住，舒心购物，轻松休闲，惬意生活，今天的西安高新区是西安色彩最丰富的区域。近年来，西安高新区不断加大投入，在社会发展上取得重大突破，在发展水平和前进速度上走在中国高新区的前列。西安高新区的目标是：不仅仅成为产业区，更是新城区、新城市，以商业、餐饮业、休闲娱乐等服务产业为代表的城市生活空间得到突破性的发展，成为名副其实的科技先进、经济发达、社会和谐、精神文明、社会各项事业兴旺的世界一流的科技新城。

1. 从"制造中心"到"创造中心"转变

西安高新区曾是西部先进制造业的核心。然而，科学发展的要义注定了"制造"不是西安高新区的全部，"创造"才是它的追求。在弯道超越的关键时期，西安高新区响亮地提出"建设世界一流科技园区"的口号：由投资拉动为主向创新驱动为主转变，由发展工业经济为主向发展城市经济、现代服务业为主转变，由资源依赖向资源节约、人才依托转变。

作为工业经济发展的产物，西安高新区自 1991 年成立以来，很长一段时间内扮演着制造型工业园区的角色。开发建设 10 余年，西安高新区成功引进了富士达、英飞凌、立邦制药、法士特等高科技企业，形成了电子信息、装备制造、生物医药、汽车等产业集群为主，新材料、能源、日化等产业共同发展的产业格局，成为西安市经济发展的重要增长极。一个科技型园区蔚然成型。

西安高新区意识到，必须创新发展模式，实现载体建设、环境营造、功能配套等全方位转型提升。转型，是西安高新区脱胎换骨的战略调整。不是简单的产业转换，也不是单纯的功能更替，而是建起一座现代化的科技新城——融产业、科技、生态、人居和现代城市元素为一体，成为西部最具发展潜力的领军板块。西安高新区高起点制定了"建设世界一流科技园区"的规划，不局限于发展产业，而是确立"科技与产业齐飞、新城共山水一色"的理念，完善了城市生产、生活和生态功能，彰显了现代化科技新城的气势和特色。

2. 积极营造创新创业氛围

自定位建设科技新城以来，西安高新区在强调主导产业高端化、新兴产业规模化的同时，加快构建与先进制造业相配套、与科技新城相适应的服务业体系，明确提出了服务业倍增计划。现代服务业在西安高新区产业发展中的比重快速提升，显现出产业升级的强劲势头。西安高新区形成了以研发及技术转移、软件及服务外包、工程设计及服务、创意、信息服务等新型业态为主，创新型服务业全面快速发展的态势；在研发及技术转移方面，吸引了包括华为、中兴、研祥等在内的大型研发类企业，有效发挥了龙头带动作用；在软件及服务外包方面，以西安软件园为中心，聚集了包括神州数码、炎兴科技、艾默生在内的知名软件企业，形成了产业持续发展的强有力的基础。

2010年，西安高新区立足自主创新，依托聚集优势科技资源，推进统筹科技资源改革试点，培育和促进战略性新兴产业发展，不断提升园区科技创新能力，创新创业氛围空前活跃。园区共有新认定的高新技术企业140家；园区企业获得国家、省市各类科技计划立项299项，新增知识产权申请11508件；2010年前三个季度累计引进高层次人才996名，吸引海外留学人员创办企业38家。

3. 建设世界一流人文生态环境

在转变园区定位的同时，园区基础设施不断完善，教育、医疗、商贸等园区配套持续跟进，发展生态环境不断提升，人文居住环境温馨舒适，进一步深化了高新技术产业开发区、现代商业聚集区、总部经济聚集区、生活居住区、生态休闲区等功能区域规划。如今的西安高新区绿化环境不亚于沿海城市，城市环境足以与国内一线城市相媲美，已经成了一个富有现代时尚气息的科技新城。西安高新区按照创建国家环境保护模范城市的要求，全面实施了蓝天工程、形象工程、安静工程、立体美化、彩色点亮、立体绿化等工程，使园区环境大幅提升。

通过科学的规划与管理，西安高新区已经成为西部名副其实的科技新城。高新国际商务中心、海星城市广场、旺座现代城等众多各档次商务楼宇承载着进驻企业的需求；创新大厦、创业新大陆、创业研发园瞪羚谷等众多物业承载着高新区企业的孵化，向园区不断输送着新的生力军；香格里拉大酒店、志诚丽柏酒店等酒店餐饮以及各类休闲会所可满足投资者和园区内从业人员的休闲娱乐和生活需要；世纪金花高新购物中心、金鹰购物中心等大型购物商场云集，使园区成了西安市高端商业品牌最集中的区域。

西安高新区把建设世界一流科技园区作为建设定位，在建设过程中及时调整总体规划，使园区功能更完善，布局更合理，环境更优美，成为交通便捷、居住宜人、生态环保、自然和谐、创新创业氛围浓郁的科技新城。

（二）武汉光谷：代表中国参与世界竞争的"未来产业文化"①

武汉东湖新技术产业开发区由关东光电子产业园、关南生物医药产业园、汤逊湖大学科技园、光谷软件园、佛祖岭产业园、机电产业园等园区组成。北部科研院所、大专院校群是其科技与产业依托的重要基础，又称中国光谷。《2013中国产业园区持续发展蓝皮书》从经济发展、创新发展、产业合作、公共服务、社会发展等五个方面进行了可持续发展评价，武汉东湖新技术产业开发区名列排行榜第六。2013年，东湖高新区完成企业总收入6517亿元，增长30.18%。在全国高新区排名中，东湖高新区综合排名上升至第三位，知识创造和技术创新能力上升至第二位。

1. 高等院校和科研院所林立

东湖新技术开发区内高等院校林立，有武汉大学、华中科技大学，中国地质大学（武汉）、华中师范大学、中南民族大学、武汉职业技术学院等18所高等院校，25万名在校大学生；科研机构众多，有中科院武汉分院、武汉邮电科学研究院等56个国家级科研院所。

2. "未来产业"蓬勃发展

在光谷，以光电子信息为核心，以生物、环保节能、高端装备制造为战略，以现代服务业为先导的产业架构正在形成，这里孕育着中国未来发展的希望。光谷的实践证明，自主创新已成为一个国家未来核心竞争力。

（1）光通信三超领域。光谷在光通信三超领域（"超大规模、超长距离、超高速率"光传输）处于世界领先水平。目前，武汉光纤光缆的生产规模居世界第一。武汉邮科院掌握了大批光通信领域核心技术，参与制定国家标准和行业标准200多项。2012年5月，联想（武汉）产业基地在光

---

① 武汉光谷：代表中国参与世界竞争［N］. 长江日报，青岛新闻网，2013 - 07 - 24.

谷开工奠基。武汉高端装备制造业生产的一批高端"工具"，正"下海入地"高速飞奔，扛起了"全国领先"的旗帜。

（2）3D打印技术。光谷是国内最早研发3D打印技术的区域之一，区内众多企业在3D打印领域具有发展潜力，华中科技大学3D打印工业园也已确定落户光谷未来科技城。在光谷生物城，目前有168个国内外高端人才团队和10个院士，携带400多个项目，将"种出人血蛋白的水稻"、"柴火变燃油"、"全自动癌细胞快速检测系统"等一批世界领先的创新成果引入市场。

（3）北斗卫星导航应用产业。武汉作为我国卫星导航领域的重要研发基地和人才培养基地，已在全国率先构建北斗卫星高精度观测实验网，并成立了导航与位置服务工业技术研究院。未来，依托武汉科技优势和光电子信息、先进制造和软件服务业的良好产业基础，武汉将成为我国重要的北斗卫星导航应用产业基地。

（4）新能源产业。到2015年，武汉新能源产业总产值将突破550亿元，形成以武汉为核心、以"武汉城市圈"为依托、辐射全国、具有鲜明特色和较强影响力的新能源产业聚集区和特色产业基地。

3. 政府全方位扶持"未来产业"发展

"未来产业"将代表中国参与世界竞争。为此，地方政府加大了财政资金支持力度，设立了未来产业发展专项资金，用于支持产业核心技术攻关、创新能力提升、产业链关键环节培育和引进、重点企业发展、产业化项目建设等。鼓励企业、高等院校和科研机构承担国家工程实验室、国家重点实验室、国家工程中心建设任务；对于开放式、专业化共性技术服务平台建设给予专项资金支持；对开展自主创新产品研发、服务模式和商业模式创新等项目给予奖励。建设专业企业孵化器、加速器等产业化平台，以及研发、检验检测、专利、标准和科技文献信息等公共技术支撑平台，专项资金予以支持。建立未来产业人才支撑体系，支持相关院校设立未来产业相关学科，通过多种渠道和方式强化人才培养，建立未来产业专业人才库和专家库。将未来产业纳入高层次专业人才认定范围，符合条件的按照有关规定享受住房、配偶就业、子女入学、学术研修津贴等优惠政策。重点引进未来产业领域的海外高层次人才和创新团队，海外高层次人才专项资金予以支持。

（三）苏州高新区：以重大项目为抓手的特色"项目文化"①

苏州高新区建立以来，始终坚持以大项目培育大企业，以大企业催生大产业，以大产业形成大集群，以大集群带动大发展，形成了以重大项目为抓手的"高新"特色文化。2014 年 2 月，苏州高新区共有 66 个重大项目集中开工，总投资达到 518 亿元。其中，工业项目 40 个，总投资 134 亿元；服务业项目 21 个，总投资 241 亿元；基础设施和民生保障项目 5 个，总投资 144 亿元。这 66 个重大项目的集中开工，将成为拉动高新区经济增长的新引擎，为实现高新区经济转型升级和城市品质提升提供有力支撑。高新区集中开工的 66 个项目涵盖了先进装备制造、生物医学、电子信息、现代服务业等多种类型，有国家重点发展的产业项目，有企业全力打造的总部经济，还有多功能、高效率的城市综合体，充分体现了"扩总量、调结构、抓创新"相结合、以重大项目为抓手的特色"项目文化"。

在公共服务项目方面，位于科技城的苏州高新区文体中心，总投资 13 亿元，占地面积为 10.4 万平方米，建筑面积为 17.33 万平方米。该项目包括区文化馆、图书馆、体育馆、影视中心、室外市民休闲广场等，建成后将成为集文化艺术交流、庆典演出、体育竞赛、健身娱乐等为一体，具有区域特色的标志性文体设施。

在研发项目方面，中国移动苏州研发中心项目，是中国移动通信集团在苏州设立面向云计算及物联网技术的大型研发中心，项目总投资 21 亿元，建筑面积约 30 万平方米，建成后研发人员规模将达 4500 人，并将成为集团大数据共享平台及面向互联网、物联网的各类创新产品研发平台。

值得关注的是，苏州高新区的大项目还兼顾了民生改善和城市建设，一大批项目的集中开工，将大大提高城市承载能力，进一步保障和改善民生。其中，2014 年高新区动迁安置房，计划总投资 200 亿元，建设安置住房 1.5 万套，面积约 208 万平方米。通过棚户区改造将进一步改善高新区

① 刘崇，亦明．大投入推动跨越发展高新区 66 个项目集中开工总投资 518 亿元〔EB/OL〕．http：//www. snd. gov. cn/snd/xwzx/20140213

群众住房条件，改善民生，提升高新区的城镇化质量水平。

苏州高新区始终坚持把扩大有效投入作为拉动经济增长的重要着力点，引进了一批对产业链延伸与完善具有引导作用的大项目，集聚了一批新兴产业的骨干企业，显现了较好的产业集群效应和区域发展优势。当前，高新区还将以对接上海自贸区为突破口，打造全国一流的对外开放先导区，使苏州高新区发展优势更加明显，对市场主体的引导和激励更加强劲。同时继续把做强战略性新兴产业作为经济增长的制高点，着力打造新一代电子信息、轨道交通、医疗器械、新能源4个千亿级新兴产业链，形成拥有自主知识产权、有市场规模和良好效益的特色产业集群。

三、肇庆高新区文化软环境建设的思路和重点

(一) 高新区文化软环境的内涵①

高新区的文化软环境的内涵不仅包括高新区具体的管理组织架构和体系，更包含形成这种架构与体系的观念；不仅是指规章制度本身，而且包括制定规章制度的高新区使命和宗旨；不仅是指产品、产值和利润，而且指产品、产值和利润的价值导向；不仅是指各企业的产品质量，而且包括凝结在产品中的质量价值体系；不仅指人际关系的处理，而且包括处理人际关系的价值取向；不仅指人员的工作环境，而且包括工作环境中蕴含的审美意识和美学效应。

根据高新区文化软环境的建设内容，高新区的文化软环境结构还可以细分为社区文化，创新文化和创业文化。社区文化是支持高新技术产业发展的新型社会支撑环境，表现出科技高新区与传统社区的差别。高新区内的生产区、研发区、孵化区等又各有其特色。高新区的创新文化，是社区总体文化的一部分，体现出高新区以创新为目标、鼓励创新、支持创新的显著文化特色。高新区产业是创新文化的内核部分，为创业者提供优厚条件、扶持创业行为、弘扬创业精神，是高新区文化的精髓。

知识经济推动着高新区不断追求技术创新，良好的创新文化既有利于催生创新灵感、激发创新潜能，又有利于创新成果的扩散，并保持地区创

---

① 周丽. 中国高新区文化建设框架［J］. 生产力研究，2011（1）：82－84.

新的活力，为创业者们提供的持久互动的创业平台。近年来国内许多高新区建设注重建公寓、建孵化楼、提供创业基金、提供风险基金等，这些创业的物质条件只是外因，要通过内因才起作用。研究表明创业行为多来自企业家的榜样示范、亲友的支持、社会的鼓励和肯定。因此，营造社会性的创新创业氛围是关键，也是高新区文化建设的核心。只有认清文化的内涵和架构，本着人与自然、社会、自身的和谐发展原则，充分发挥文化力的作用，才能构建、培育全新的高新区文化。政府在制定高新区的评价标准方面，单纯依靠经济指标衡量高新区优劣和发展前景将有失偏颇，应加入文化软环境的评价内容来全面衡量，并引导高新区走向可持续、健康、长期的良性发展。

（二）高新区文化软环境建设的特点及要求

高新区文化软环境是高新区管理者、企业和员工在追求财富、创造价值、促进生产力发展的过程中形成的行为规范、价值体系和心理意识，它主导人们对待创新创业的态度和行为方式。积极的文化软环境鼓励创新，宽容失败，崇尚合作，营造发展的社会氛围，引导和鼓励人们通过合法劳动和创新追求财富、实现自我，进而激发经济发展的内在活力，是高新区发展的最深层的动力。

文化软环境还包括与创业有关的社会意识形态及与之相适应的制度和组织机构，它既包括有关创业的政策法规等制度规范，也包括人们对创新创业和财富创造的基本认识、价值标准、职业道德等创业精神。作为社会意识形态的创新创业精神是文化软环境的核心和灵魂，是设立创新创业制度，使人们敬业、勤业、创业和立业的基石。高新区文化软环境作为一种先进文化，引导高新区企业家和广大员工追求财富、创造价值、促进生产力发展、推动社会进步。高新区经济发展、财富积聚的过程也是文化软环境生成、发展的过程。

1. 系统性

根据系统论的观点，文化软环境是一个复杂的系统，构成这一系统的各个有机组成部分即为其构成要素。文化软环境是精神文化、制度文化和物质文化的总和。从系统论的观点和方法来看待文化软环境的培育，一方面要注意文化软环境诸要素的质与量的建设；另一方面要注意处理好诸要素之间的结构关系。文化软环境诸要素只有通过合理的结构方式组合起来，才会产生良好的系统效应。

2. 创新性

高新区的文化软环境应该既有社会文化环境的一般特征，又有高新区独有的科技文化环境特征，创新创业是高新区最显著的科技文化特色。我们现在所说的文化软环境，是在市场经济、工业化和全球化的背景下提出的新概念，这就决定了文化软环境重在创新。创业者不仅要坚守传统产业领域和传统业态，更要努力拓展新的经济领域和新的产业业态；不仅要投身国内市场，还要积极走出国门参与国际大市场的竞争。先进的文化软环境必须与时俱进，与变化、发展的时代相适应。新时代高新区的文化软环境不仅包括艰苦创业、诚实守信、勇于冒险、不怕失败等传统创业精神，还应具备高科技、大市场、风险资本运作等新理念，包括尊重知识、尊重人才、尊重创新等具有鲜明时代特征的新概念。

3. 可培育性

"文化"的拉丁词根"cultura"就是培育的意思。创业观念的树立，创业氛围的形成，需要不断的引导和塑造。文化软环境的培育并非一朝一夕之事，不能靠创业者个人的影响力或政府的短期行为来推动，应当创新机制、体制，使文化软环境的建设制度化、规范化，形成文化软环境建设的长效机制。

（二）建设思路

1. 以生态系统的观念构建高新区的文化系统

高新区的文化软环境是一个紧密的生态系统。这种文化群落首先是一个地域性的概念，它是由在一起生存的不同层次的文化所共同形成的。在文化群落中，各文化单元之间，各文化单元与整个群落之间是紧密关联的，这种文化紧密关系不可分割，共同构成了一个立体的、动态的网络。各种隐性的文化信息和显性的文化信息以不同的内容和形式在这个紧密网络中交流着。以生态系统的观念构建高新区的文化系统，必须充分整合高新区及周边地区的文化资源，不断积累高新区的文化资本，使高新区成为企业创新的载体、学习的空间和创业精神的家园。

2. 塑造高新区新型文化软环境

高新区经济的发展，需要文化软环境的重塑，这既包括企业家、创业者以及员工的创新创业精神，也需要政府为创新创业创造良好的社会制度环境。前者表现为一种"自下而上"的文化演变路径，而后者则是一种"自上而下"的制度文化改革路径。一是要弘扬创新文化，实现从墨守成规、小富即安向勇于创新、富而思进的转变。要鼓励企业家和创业者形成以追求卓越，鼓励冒险，宽容失败，重视创新为代表的开放价值观。二是要弘扬合作文化，实现从个人英雄主义向合作共赢的观念转变，从单打独斗向结成战略联盟转变。三是要弘扬信用文化，实现从注重短期利益向注重长远效应的转变、从守财向守信的转变，提高信任度。在经济的转型和发展中，提高信任度、重视规则意识，在信用的基础上提高交易频率、交易次数与交易效率。四是要倡导开放思维与流动意识，实现从静态封闭向动态开放转变，从固守本土向国际化视野转变。

3. 强化政府的正面推动力

从政府在创业创新环境和制度安排方面的作用来看：①重视经济要素的流动特别是人的流动对文化的作用，政府应该为要素的合理流动和优化配置提供良好的制度环境和支持平台。②建立合理的政商关系，倡导创富意识。尊重企业家、创业者，构建合理的政商关系。③保障激励创新创业的制度供给，加快风险投资的发展，风险投资具有鼓励冒险、允许失败的制度效应，对形成合作冒险的创业精神具有重要支持作用。④培育集群经济和产业链，营造健全的企业生态。政府需要营造一种让大小企业共存共荣的生态环境，这也是重塑区域文化软环境的关键。⑤发挥大学和科研院所作用，培养创新、创业人才，加速创新成果的市场转化，提升高新区产业的科技含量。

4. 发挥文化软环境的力量

文化动力是支撑一个国家和地区长期发展的重要原动力。文化软环境的力量既表现为对社会经济的推动力也包括对文化软环境自身发展的影响力。从上层建筑的相互关系上说，文化既是精神之父，同时又是"制度之母"。从与经济基础的关系说，文化既是经济发展之因，又是经济发展之果。文化的影响力是由作为精神力和制度力的文化本质属性所产生的。不同的文化对社会发展的作用也不同，先进文化推动社会进步与发展，落后文化则阻碍社会的进步与发展。文化软环境在推动经济社会发展中所表现出来的经济力与文化力的相互融合、相互渗透，就形成了具有新功能的经济文化力。高新区文化软环境所蕴含的公正平等、坚忍不拔的精神，宽容失败、开放大度、大气开明的精神，求新、求变、求发展的精神，必然会通过高新区企业家、创业者对其创新创业活动产生重要作用。

5. 以人为本

文化软环境包括鼓励创新创业、宽容失败的人际环境；内外一致、和谐合作的组织环境；社会群体的公正平等、宽容和合、诚实守信等精神以及大度大气、开明开放的社会风貌等。以人为本作为文化软环境的内涵，表现为对园区企业家、创业者个体特质的尊重，在尊重人、关心人的基础上注意园区企业家、创业者和创业团队在情感、行为、人生理想和价值取向上的个性培养，充分体现个人的自我实现和社会需求的统一，为园区企业家、创业者提供一个宽广的空间。在宽容进取的文化氛围里，人们能容忍失败，欣赏一往无前的精神。健康的文化软环境鼓励探索者，善待挫折者，宽容失败者，激励成功者，成就创业者，使一切有利于社会进步的探索愿望得到尊重。在良好的文化氛围中，园区企业家、创业者的探索活动得到支持，创业才能得到发挥，创新成果得到肯定。保证园区企业家、创业者在经济上有实惠，舆论上有支持，社会上有地位，政治上有声誉。

6. 吸收和借鉴多元文化的精髓

积极兼容外来先进思想，吸纳外来先进文化理念，涤荡本土文化中的落后因素，摒弃排外的落后观念，破除故步自封的不良心态，以开阔的胸怀和健康的心态，兼收并蓄，博采众长，择善而从，实现园区文化软环境的创新，以文化力引领高新区的跨越式发展。挖掘传统地域文化的精华，弘扬进取精神、创新意识和开放风度，继承当地近代工业文化、商业文化和科教文化传统，形成高新区创新创业的文化底蕴；汲取全球开放文化的养分，倡导敢于冒险、不怕失败、崇尚竞争、富于合作、追求灵活、力戒浮躁、尊重人才的时代创新文化，营造高新区创新创业的人文环境，借鉴先进地区的成功经验，结合知识创新、学习型组织以及组织关系网络化的构建。硅谷主要是依靠市场的力量形成的网络型合作系统，大学科研机构在其发展中发挥着核心作用。企业之间、企业与客户和供应商之间以及企业与高校、中介机构之间形成了发达合作关系，以及不同主体之间的共同学习与知识共享，确保了整个园区能够适应迅速变化的市场和技术进步。成熟的风险投资体制是企业创新和高新区发展的发动机，天使基金为园区发展注入了源源不断的资金。先进地区的成功经验告诉我们，高新区软环境的发展模式必须注重高新区的知识、学习和网络体系建设，建立起以大公司为骨干、中小企业为网络节点的柔性网络体系。特别是在发展创新网络时，必须同时导入市场性构建和制度性规划，构建集聚创新资源的公共平台，建立具有自身特色中介机构及大学和科研院所之间联系，促进不同主体间知识技术和信息的流动与共享。

7. 构建高新区创新体系，搭建科技和人才引进，交流的平台和机制

园区创新体系是以科技创新为基础，多方面行为主体构成的综合性技术创新网络系统：①建立起政府、企业、科研机构和高等院校在科技创新，科技资源配置和科技力量布局过程中的良性互动机制，实现知识创新，技术创新，理论创新和知识应用创新以及技术产业化的整体推进；②提高企业的科技创新能力，支持企业，尤其是大型骨干企业成为科研开发投入和技术创新的主体，强化企业技术创新投入的主体地位；③鼓励企业大幅度增加技术开发经费的投入，鼓励企业强化品牌意识、支持企业采用国际、国内的新技术和标准；④加强政策引导，支持企业与院校、科研机构等通过成果转让、委托开发、合作开发、共建技术开发机构和科技型企业实体等多种形式组建产学研战略联盟，在工业的关键技术领域和工业技术发展的前沿核心技术领域进行创新，提高自主创新能力，努力形成一批拥有自主知识产权的关键技术；⑤积极构建技术研发平台，科技资源共享平台和科技成果转化平台，加快科技成果转化；⑥发挥风险投资的作用，形成促进科技创新和创业的资本运作机制和人才汇集机制。

8. 全方位打造园区产业生态文化体系

新型工业化是建立在可持续发展基础之上，是一种质量型和低成本的工业化在实现新型工业化的进程中不断降低资源消耗和环境污染，建立起适合中国国情的资源节约、环保型的工业化经济体系新型工业化对建立绿色科技支撑体系提出了新的要求，绿色科技体系，包括污染治理技术、废物回收利用技术、清洁生产技术、能源综合利用技术、再生能源和新能源替代技术、环境监测技术等，以大力降低原材料和能源消耗，减少废物的排放，实现少投入、高利用、低污染的目标。

发挥高新区科技对新型工业化的支持作用，就是要实现科技与经济、科技与社会发展的紧密结合，通过科技创新和技术进步，开发新产品、新工艺，提高产品的技术水平和质量档次，开发精品名牌，增强核心竞争力，提高经济效益和产业结构的优化升级通过科技创新，加快众多落后设备、工艺的改造升级，降低能耗、物耗，发展清洁能源、清洁生产技术，推广先进环保技术，减少经济发展对环境的污染，实现可持续发展。

（四）建设重点

1. 塑造以促进创新要素集聚的制度文化

制度文化主要包括园区领导体制、组织机构和管理制度三个方面。确立适合高新区发展的特定体制基础，建立一整套灵活高效、动态监管及评价机制，系统构建政策创新与服务创新模式。塑造以鼓励创新创业为特色的制度文化就是优化园区制度体系，加快园区体制创新、机制创新和政策创新，建立一套有利于推动园区平等创业、和谐创业的制度体系，政府大胆制定创业创新的扶持政策，用制度和政策优势吸引资本、人才向高新区集聚，使高新区成为创业者、企业家和员工发展事业、谋求幸福的乐土。

2. 塑造以冒险、竞争和宽容为时代特征的园区精神文化

园区精神文化是指园区在从事物质生产的基础上产生的一种高新区所特有的意识形态，是高新区各种意识观念形态的集合。高新区园区文化首先必须具有表现其核心内涵的价值理念，包括正确的价值观、科学的发展愿景及方法论等，通过精神凝练、服务理念提升和核心价值观的一致认同，达成管理层与企业主体的长期承诺，形成学习型与知识创新型的精神文化体系。赋予冒险、竞争和宽容等时代特征，并在此基础上注入合作式竞争观念等，构建高新区创新文化体系的内核；根据时代发展和创新的要求，不断从区域传统文化中汲取新的营养，从变化的全球创新文化和其他区域创新文化中汲取有益成分，坚持高新区创新文化的动态发展性；培育

企业家精神、荣辱与共的忧患意识和深固难徙的高新区情怀，强化示范带动作用，保证高新区创新文化的引领力。

3. 塑造以个性化、开放式为特征的园区形象文化

形象文化是构成园区总体文化的要素之一。园区形象文化是指整体导入文化标识系统，优化文化网络的实践载体，使得文化创意元素深度介入园区发展，塑造统一的形象文化，助推园区形象提升。高新区形象文化的塑造必须充分结合传媒因子，形成个性化、开放式的园区文化地标以及对外文化交流窗口。通过园区形象文化的设计和传播，传递一种与时俱进、迅猛发展的视觉理念，展现勇于创新、奋发向上、追求卓越的精神，以及高新区面向现代化、国际化的发展战略，也展现高新区朝气蓬勃、辉煌灿烂的美好未来。

4. 塑造以"服务科技、服务创新、服务发展"为主题的园区服务文化

建设世界一流高新区，需要一流的政务环境。西安高新区在营造便捷、准确、高效和友好的政务平台的基础上，通过设立政务服务中心确立高新区政务服务创新的全新视野和目标。高新区通过政务服务中心对多种服务事项整合、集中，以贴心服务、高效率为企业提供服务，实现"政务"变"服务"。苏州高新区人才广场正式投用后，更是提出了"以高新区特色服务外包示范区为契机，打造人力资源服务产业园"的口号，引进了18家国内外知名人力资源机构，涵盖了招聘、猎头、薪酬、培训、测评中心、呼叫中心等专业领域，进一步解决了园区企业日益增长的人力资源需求。

以市场为导向、政策为支撑，大力发展中介服务机构，建立高新技术成果转化推进服务机构；建立为科技项目、科技企业提供产权交易和股权融资服务的技术产权交易及产权拍卖机构；加强为中小企业提供先进制造网络平台、共性技术推广扩散服务、管理咨询为主的生产力促进服务机构建设；鼓励支持投融资管理服务机构、各类评估机构、科技信息服务机构、教育培训机构等科技中介服务机构的建立和发展通过提高服务的专业化、市场化和国际化水平，培育一批实力强、信誉好的骨干中介机构。同时，把中介机构的发展与孵化器、企业研发中心、重点实验室、工程中心等创新、创业基地建设紧密结合起来，鼓励支持中介机构为这些创新、创业基地的成果转化提供优质、高效的服务。

5. 塑造以创新、进取、和谐为特征的园区行为文化

园区行为文化指园区企业与企业家、员工等在生活、工作之中所贡献的，有价值的，促进文明、文化以及园区创造性活动，是园区经营作风、精神风貌、人际关系的动态体现。通过在高新区整体导入园区人际关系规范系统、园区公共关系规范系统、园区行政行为规范系统、园区服务行为规范系统，优化园区的行为文化建设，共建创新、进取、和谐的高新区。

6. 塑造以官、产、学、研、资、介、贸全方位参与的园区战略性创新联盟文化

科技企业孵化器是一个以"制度性战略框架"与"中介性运行体系"为根本特征的智能服务产业，产出是各种概念的新科技企业和企业家。此外，科技企业孵化器还具备通往官、产、学、研、银行、风险投资的广泛渠道和网络，创造并维持一个高效率、低成本的创业环境，实现"迅速推动科技成果转化和产业化；批量生产企业、批量提供就业"的三大目标。建立更紧密的官、产、学、研、资、介、贸全方位参与的合作模式，完善风险投资的多领域与全球化机制，提升产业孵化器的联合催化功能，促进人才智力开发与增值，强化企业自主创新能力，实现可持续的创新文化。通过科技企业孵化器，推动科技成果迅速转化为生产力，缩短新产品的开发时间和节约成本，促进高技术新企业的诞生，提高新企业的成活率，从而在园区形成产业和科技、资本的对接，打造一个强大的、丰富的资本平台、资金平台，通过产业和资本对接促进高新区健康发展。

通过市场纽带，完善科技产业链，实现科技创新要素和其他社会生产要素的有机结合。技术、人才和资本作为现代经济增长不可或缺的驱动要素，缺一不可，现代经济增长要求技术、人才与资本的有机结合，在市场的资源配置过程中实现技术市场、人才市场和资本市场的有效对接，通过三者之间相互依赖、相互影响的资本市场扩大科技融资渠道，建立多元化的科技投融资体系，拓展科技直接融资市场，满足成果转化的需要。建立多渠道支持科技成果转化的投融资体系是增加转化投入的有效途径，通过技术市场实现技术商品化，使技术能真正转化为现实的生产力，推动经济的长足发展。人力资本市场激活和不断激励知识资本或人力资本的创造力，是科技创新的前提。通过人力资本市场，使得知识资本或人力资本的价值评估成为可能，而且也是知识资本或人力资本实现其市场价值的重要途径。

7. 塑造以培养人才、尊重人才、集聚人才为核心的人本文化

坚持市场化和职业化方向，建立有利于园区优秀企业家脱颖而出的培养和选拔机制，促进优势资产、优势资源向优秀企业领军人物和优秀管理团队集聚。引导企业建立有利于人才选拔任用的新机制，培养造就一大批熟悉现代企业经营管理模式的高素质人才。鼓励园区企业建设大学生见习基地、技术工人专业培训基地，吸纳社会资源创建创业孵化器；在重点产业鼓励建立以企业为主体、产学研相结合的产业技术创新联盟；以大学科技园、各类创业园、创业服务中心等为依托，积极发展科技创业孵化基地。加强职业技术教育，积极培养一批高级产业技术工人。加强人才资源引进开发力度，鼓励引进高层次专业技术人才。为引进到高新区工作的高级人才，落实相关待遇。

加大知识产权保护力度，努力营造尊重知识、尊重人才的良好氛围。创立跨学科、跨地域科研合作机制，灵活多样的人才聘用和流动机制，通过科学的激励机制，增强科技人才的向心力。通过合理的制度安排引进人才、培养人才、激励人才、留住人才。创造各种有利条件，使科技人才到企业从事技术创新和研究开发活动；鼓励产学研联合，支持科技人员兼职从事技术创新和科技成果转化；保护科技人员发明创造所拥有的受益权；培养一批具有创新意识、懂技术、善经营、会管理的企业家和科技领军人物，造就高素质的技术工人群体。完善技术创新激励政策，鼓励管理、技术等要素参与收益分配，促进技术资本化、资本人格化、分配要素化等激励机制的形成。

8. 塑造以产业链内部成员之间以及产业与环境之间共生和谐为特征的园区产业生态文化

产业链和产业生态形态已经成为高新区产业集群的主体形态。高新区是一个以高新技术产业为先导，基础产业和制造业为支撑、服务业全面发展的企业群落集合，利用结构功能优化，可以协同提高环境质量和经济效益，实现比单个企业优化实现的效益总和更大的整体效益，形成以产业链内部成员之间和谐共生的产业链生态文化。

塑造以产业链内部成员之间以及产业与环境之间共生和谐为特征的园区产业生态文化，一方面要围绕园区产业发展规划，以骨干企业为龙头，研究和规划产业链条，积极引导企业按产业分工，自觉进行产业配套，扩大和延长产业链条，从而形成产业集群，提高园区产业的集聚效应，推动园区产业实现跨越式大发展。重点引入和培养产业龙头企业或产业链核心企业，推进服务外包的跨高新区与全球化合作，强化中介服务链条的延长和市场功能扩展，营造共生和谐的产业生态文化。另一方面将高新区产业生态系统建设成为一个远离平衡状态的开放体系，遵循耗散结构原理，使得其物质流与能量流尽可能多层次利用，从而减少体系的熵值，从而做到良性循环。在高新区全面实施环境管理体系（Environmental Management System，简称 EMS），更加有效地改善环境质量，实现产业与环境的协调发展，形成产业与环境之间和谐共生的产业环境生态文化。

第九章
高新区引领新型工业化的协同创新体系

以高新区为载体发展高新技术产业，实现区域经济的结构调整与产业转型已在中国取得了显著成就，研发投入、科研成果和专利的总量都已跃居世界前列。但是，在大多数高新区经历由"外延式发展"向"内生式发展"的转变过程中，科技与经济发展的互动问题仍然普遍存在，影响着高新区"二次创业"与新型工业化建设，具体表现为，一方面，企业的核心技术能力有待提高，未形成创新驱动的发展模式，很多行业的关键技术仍然严重依赖国外（如大规模集成电路、清洁能源、汽车发动机、液晶面板等）；企业创新主要集中在实用新型技术，缺少基础性创新。另一方面，大学及科研机构的科技成果转化率长期偏低，未能对经济发展提供有效的智力支持。① 受计划经济体制的影响，中国创新系统中大学及科研机构和企业长期缺乏创新资源的互动，各类技术转移大多都是在政府指导下开展，大学及科研机构缺乏深入理解产业技术需求的能动性。同时，受到产业基础、全球产业分工以及知识产权保护等影响，企业偏好市场细分策略和低成本的战略导向，在短期利润的驱使下缺乏利用公共科技成果的动力。解决上述问题的思路在于构建协同创新体系，以促进公共科技成果的快速转化，并推动科学研究面向产业创新需求，形成科技发展与产业发展共同进步的局面。作为联结科学创新和技术商业化的跨组织合作模式，协同创新在20多年来得到世界各国的普遍重视，并逐渐向跨区域化、国际化

---

① 据统计，目前我国每年取得的省部级以上科技成果有3万多项，但成果转化率仅为25%左右，真正能实现产业化的不足5%，科技进步对经济增长的贡献率不足40%（发达国家这一比例高达60%以上）。转引自何郁冰. 产学研协同创新的理论模式［J］. 科学学研究，2012（2）：166－175.

和网络化方向发展。例如，"硅谷"的成功经验证明，以企业、大学及科研机构、中介组织为核心的协同创新网络对区域经济的核心竞争力培养至关重要；剑桥科技园借助在物理、计算机和生物科学等领域的学科优势，构建由大量中小企业、大学及科研机构以及一批科技中介和金融服务机构在内的协同创新网络，形成独特的"欧洲硅谷"模式；中国的中关村自主创新示范区也在促进产学研全方位合作的过程中显著提升了区域创新能力。如何推动企业、大学及科研机构、政府、中介组织等之间深度合作和共同发展，已成为政府、企业极其关注的问题，对代表中国科技水平高地的高新区而言，其协同创新体系的建设至关重要。

一、高新区协同创新及创新主体的功能定位

协同创新是指创新资源和要素通过突破创新主体间的壁垒有效汇聚，并充分释放彼此间的人才、资本、信息、技术等创新要素的活力而实现深度合作的一种活动。协同创新有复杂的创新组织方式，关键是形成以企业、大学及科研机构为核心，以政府、金融机构、中介组织创新平台等非营利性组织为辅助的多元主体协同互动的网络创新模式。通过知识创造主体和技术创新主体间的深入合作和资源整合，产生系统叠加的非线性效用。整体性和动态性是协同创新的主要特征，一方面，协同创新是各种要素的有机集合而不是简单相加，其存在的方式目标功能都表现出统一的整体性；另一方面，协同创新是各个创新主体通过合作实现创新活动的过程，受到外部环境及各创新主体间的利益关系动态变化的影响，表现出阶段性创新绩效的差异。因此，协同创新的本质内涵就是，企业、政府、大学及研究机构、中介机构和用户等为了实现重大科技创新而开展的大跨度整合的创新组织模式，促进企业、大学及研究机构发挥各自优势，实现各方资源的优势互补，加速技术推广应用和产业化，协作开展产业技术创新和科技成果产业化活动。协同创新是当今科技创新的最新范式。

协同创新体系往往呈现出创新网络的形式，其中的创新主体纷繁复杂，它们可以是不同的社会组织，并扮演不同角色，其不同的价值追求和利益追求可能会影响到协同创新体系的稳定与效率。因此，明确各创新主体在系统中扮演的角色地位及发挥的作用，对保障协同创新体系的稳定运

作具有重要意义。一般认为协同创新中的创新主体包括企业、大学及科研机构、中介服务机构，以及制定政策法规的政府机构等。

（一）政府提供政策支持

国内外高新区发展的经验可见，政府在产业发展及区域创新系统的建设上发挥着重要的主导作用，政府普遍承担了产业政策与相关制度的设计者的角色，尤其在市场机制的自我调节能力尚不完善的国家或地区，政府还履行了配置创新资源的职责。在区域创新系统的发展过程中，政府有雄厚的资金和经费支持，通过设立项目直接支持或为学校、企业等提供多种政策上的优惠和便利，引导和聚集各方主体参与并投入创新。各级政府机构不仅要直接资助公益性或基础性的研究项目，还要发挥在区域内的制度创新和政策安排方面的相应功能，为区域创新系统内其他行为主体充分高效的互动提供良好的制度、政策环境。一方面，政府具有不可替代的行政权力，可以快速协调解决在实施过程中遇到的难以解决的问题，并协调各参与主体的利益关系，同时对系统的实现过程进行监督管理；另一方面，政府在协同创新系统中需要不断制定和完善政策，包括人事管理制度、科研评价机制、人才培养机制，优化规章制度和运行管理办法，实现顶层设计，为协同合作创造良好的环境与条件。因此，政府在创新系统中提供外控变量，是创新系统的组织、建设和维护者。例如，日本筑波科学城和台湾地区的新竹科技园开发建设中，地方政府的作用十分明显。又如，在爱尔兰创新经济的形成发展过程中，爱尔兰投资发展署利用自治权威性促进地方政府从基础设施到便捷规划程序，从克服政策问题到资金补助等的创新环境建设，为爱尔兰吸引到像英特尔这样的一大批跨国公司的投资扮演了极为重要的角色。爱尔兰因此成功地跨入了知识型经济国家的行列。[①]

（二）大学及科研机构提供技术资源

大学及科研机构对区域创新的作用主要体现在提供科技支持和人才支持。同时，大学及科研机构也是企业家精神的孵化器，区域知识交流的交汇点。大学和科研机构的科研可以有效地直接提升区域的技术创新，同时

[①] 毛艳华. 区域创新系统的内涵及其政策含义 [J]. 经济学家，2007（2）：83－90.

通过这些机构的培养，可以更好地促进企业家的成长。例如，"硅谷"的斯坦福大学以及加州大学伯克利分校都是举世闻名的研究机构孵化器，培养出很多高水平的科学家、工程师和创建一流高科技公司的企业家，包括惠普、英特尔、雅虎等已成为硅谷的一流高科技公司正是来自大学的企业家建立的。从科学研究角度看，大学及科研机构为世界科技创新、经济繁荣、社会进步等做出了巨大贡献，是基础理论研究和高技术领域原始创新的主力军，又是解决国民经济重大科技问题，实现技术转移和创新成果转化的生力军。以美国为例，"曼哈顿计划"、"阿波罗计划"、"星球大战计划"、"国家纳米计划"、"信息高速公路计划"等重大科技计划的成功实施都离不开大学的投入与支持。从人才培养的职能看，大学及科研机构承担着人才培养、科学研究、服务社会以及文化传承等重要使命，是一个国家培养高层次创新人才的重要基地。从创新角度看，大学及科研机构开展协同创新，可以发挥自身研究基础雄厚、学科领域较广等特有优势，通过协同创新，向政府、企业、科研机构和其他社会组织"借力"，提高自主创新能力，推动自身的快速发展。

（三）产业集群是创新需求的原动力

由众多不同规模的企业所构成的产业集群的创新发展与创新系统的建设密切相关。产业集群是技术转化的最终主体，创新成果只有进入企业，成为现实的生产力，才能推动社会的进步。产业集群中的创新载体，包括产业集群内的企业、产业集群间企业、产业技术创新联盟等都是支撑集群发展的创新组织，是促进产业发展的创新环境，是有利于企业成长壮大的创新网络，也是集聚创新资源、汇聚创新资本、吸引创新人才有效的组织形态和空间形态。在创新载体建设中，体现了产业集群的功能特征，有助于增强产业集群的活力，成为创新政策的杠杆，支撑创新系统的和谐及可持续发展。当前，无论是高新区还是科技园，大多缺乏自主创新研发能力，从严格意义上讲，中国还没有真正的创新型高新区。以承接国际产业转移、参与低端价值链分工的开发区发展模式，已难以适应中国经济增长方式转变的要求。为了摆脱对国际资本、国际技术的过度依赖，消除经济全球化带来的不利影响，增强中国的持久竞争力，必须坚持引进与创新并举，并逐步从代工走向自主创新。因此，产业集群创新是区域和国家创新系统的重要组成部分，有利于提高城市乃至国家的科技实力，从而对经济与社会的发展产生积极的推动作用。

（四）中介组织是协同创新的桥梁

各类中介组织在协同创新系统中扮演协调者和中间人角色。以法律法规为依据，以技术为商品，推动技术转移、转化和开发为目的，在政府、创新主体、创新源及社会不同利益群体之间，发挥桥梁、传递、纽带作用，面向社会开展技术扩散、成果转化、技术评估、创新资源配置、创新决策和管理咨询等专业化服务的机构统称为科技中介组织。例如，创业服务中心、科技评估中心、科技咨询机构、技术市场、人才中介市场、科技条件市场、技术产权交易机构等。上述组织以营利为目的，更为熟悉科技创新的发展动态，同时精通技术创新方面的法律法规和制度政策，因此可以准确把握时机，及时沟通创新主体对接，推动大学、科研机构等创新主体将创新成果转化为企业产品，实现创新的社会价值。中介组织在创造经济和社会价值的同时，不断改善产业链的运行质量和竞争力，使得行业和企业的需求信息及时反馈到大学及科研机构，通过二者的有效沟通达到双赢的目的。①

二、高新区协同创新体系模式比较

高新区协同创新体系目前还没有统一的标准，综合各国高新区的发展实践，其协同创新体系的建设主要借鉴区域创新系统（Regional Innovation System，RIS）的理论框架，② 以资源整合为主旨，围绕科研、市场、制度、生产等维度捆绑成一种技术创新链条。由于各个国家及地区在经济发展水平、市场机制的完善程度、产业结构与层次、科研实力、企业创新能力等方面存在差异，因此，以政府、产业集群、大学及科研机构等为代表的创新主体在高新区协同创新体系中的功能定位及创新能力各有不同，使得该

---

① 董健康，韩雁，梁志星. 协同创新系统中各类主体的角色及定位［J］. 中国高校科技，2013（6）：52－54.

② Cooke P. Strategies for Regional Innovation Systems：Learning Transfer and Applications［R］. Unido Report，2003.

领域的协同创新体系表现出多种模式，其中具有普遍意义的分为三种：

（一）企业主导型

这一模式的特征是企业在协同创新中的主动发起者。创新是企业面对激烈的产品和服务竞争的一种派生性需求，企业作为产品研发和市场化的主体，其最终目标旨在获取更高的经营收益以及竞争优势。因此，当企业在科技成果转化和技术创新过程一旦遇到自身技术实力和研发能力有限的困境时，主动与大学及科研机构等创新主体开展合作，形成具有经济意义的协同创新联盟，并在协同创新中发挥带动作用，影响协同创新的发展方向和进展程度。在此模式下，企业在发起协同创新之前会根据自身发展状况、利益需求以及市场判断选择创新项目，从产品工艺设计、原材料加工到创新和开发方式吸收大学及科研机构、中介组织等的技术转移，并且承担合作中的大部分创新成本及风险，其他创新主体的主要职责是向企业提供知识和技术支持、咨询、政策等服务。

在协同创新体系中，企业具备大学及科研机构、政府、中介组织等所不具备的创新优势。企业具有敏感的市场反应能力，并掌握市场对技术需求的变化，能更准确地甄别创新中的技术要素，使协同创新更具有市场导向及实用价值。例如，美国国家科学院于 2011 年发布的《为了美国的繁荣而发展创新集群》的研究报告指出，以众多的跨国公司为核心，通过与重点大学的合作，接受联邦政府提供的持续的资助而发展的协同创新集群，使美国在生物技术、生命科学、信息技术、航空技术、半导体技术、医疗设备、能源等领域形成了引领全球的协同创新网络，如加州的信息技术创新集群、马萨诸塞州的生命科学创新集群、华盛顿州的航空技术创新集群、佛罗里达州的医疗设备创新集群等。[1]

（二）大学及科研机构推动型

这一模式的机制是大学及科研机构在科学研究领域有所创新和突破时，成果可以进行产业化或存在产业化的可能，由于大学及科研机构自身不具备产业化的条件和基础，因此采取与企业联合进行产业化的方式开展

---

[1] WESSNER CW. Growing Innovation Clusters for American Prosperity: Summary of a Symposium [R]. USA: National Academies Press, 2011: 18 – 190.

协同创新。大学及科研机构推动的协同创新一般有两种形式：一种是成果转让，以有偿的形式将科技成果出售给企业，由企业单独进行成果转化，同时与企业签订协议为成果转化提供技术支持和服务；另一种是技术入股，以技术为股本参与到企业成果转化和产业化过程之中。传统意义上的大学及科研结构的创新倾向于基础研究领域，知识创造过程侧重于实验性和理论性，并不强调以研究成果市场化为导向，而在人才培养方面将理论知识作为培养重点，在一定程度上忽略了与现实的对接。而协同创新的方式可以使大学及科研机构利用其技术优势及科研能力，通过技术转移和转让、专利出售、产业孵化等形式实现技术产业化。在这种模式下，大学和科研机构处于协同创新的主导地位，决定合作技术创新和研发活动的形式和内容等，促进科研和市场的有效衔接。一方面，大学和科研机构推动协同创新可以将技术资源和科研能力促进企业发展；另一方面，大学和科研机构可以利用企业的生产与研究条件培养和锻炼科研人员，提高企业及自身的人力资本价值。例如，以英国剑桥大学为核心的剑桥科技园的协同创新体系，形成了聚集1200多家高新技术企业，数万人的就业规模，年盈利超过40亿英镑的协同创新网络。园区内的大部分研究人员及企业家均来自剑桥大学，50%以上的企业与剑桥大学有着紧密合作。剑桥科技园区为大学及科研机构科研院所创造的研究成果提供了实践平台，并集中了大量以计算机、科学仪器和电子工业、生物技术、医药化学和空间技术为主的高新技术企业，如诺基亚、甲骨文、微软等。

（三）政府引导型

政府引导型协同创新体系指各级政府根据经济和社会发展中对技术创新的实际需求，有针对性地进行产业规划，以资金和政策扶持的方式，组织和引导企业、大学及科研机构等创新主体开展协同创新的模式。在这一模式中，政府通过设立专项科技资金优惠政策等吸引企业、大学及科研机构等开展协同创新。协同创新的形成过程中，政府通过政策、法律规章、产权保护等，积极引导协同创新顺利形成和稳定运行。政府引导型的协同创新体系主要有两种表现：

第一种是科技计划项目支持下的协同创新，包含科技计划项目及其市场化项目形成的产学研协同创新，以及通过知识技术共享平台建立的长期合作关系的协同创新。政府利用科技计划方式对具有公共外部效应的科技研究和创新平台建设等项目进行直接性引导，这些技术和项目往往对区域经济和产业结构升级具有长远意义但其经济价值却并不突出，此时政府会采用拨款招标和购买成果等方式进行资金援助和引导。公共平台建设项目一般包括大型科研设备项目和网络信息共享平台项目等基础设施建设和重点实验室项目、科技企业孵化器等创新平台建设计划。由于公共平台建设项目的外部性和公共性较为突出，企业和大学及科研机构不愿意为之投资研究，因而需要政府投资引导以促进协同创新顺利开展。

第二种是围绕政府导向，多家企业和多所大学及科研机构所形成的科技创新园，诸如以高校为中心建立的大学科技园和以企业为中心组建的工业科技园等。在政府引导的形成模式下，依托大学及科研机构优势学科项目，形成以技术创新为目标，以促进成果转化为服务宗旨的科技创新园。此外，在一些核心企业附近凝聚一批从事研究和管理同一领域的中小企业、商业企业和下游配套企业，在政府的指导下，构建合作创新平台，促进重点企业和科研院所建立国家、省级企业技术中心和区域技术研发创新中心，提高区域科技创新能力。[①]

三、高新区协同创新体系框架

高新区协同创新体系是由企业、大学及科研机构、政府、中介组织等多个创新主体协同推动，相互影响和促进下所形成的一个创新网络，是创新主体充分利用社会资源和能力，通过制度创新、技术创新、组织创新等，使产业实现转型升级与结构调整的社会活动过程和系统性管理过程。随着创新过程各环节的并行化、创新资源的集成化和行为主体的多元化，建立并维持一个有效的协同创新体系成为培育和发展高新区新型工业化的关键。协同创新将是以知识增值为核心，以企业、大学及科研机构、政府等为创新主体的价值创造过程。鉴于此，基于组织、功能、资源、制度等四个构面的整合与协同设计高新区的协同创新体系框架（见图9-1）。

---

① 张在群. 政府引导下的产学研协同创新机制研究［D］. 大连理工大学博士论文，2013.

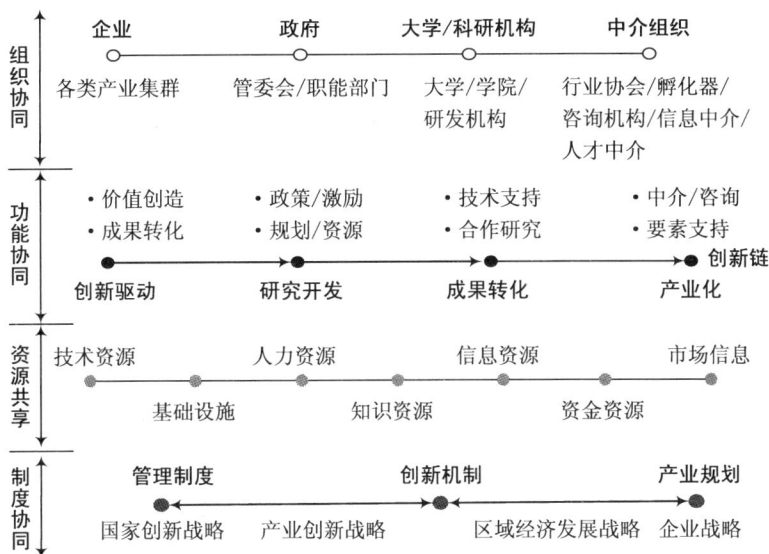

图 9 - 1　高新区协同创新体系框架

（一）组织协同

这一层面包括了高新区的各类创新主体，高新区的组织协同特点是每一个主体均具有特定功能及独特需求，在系统内部形成功能耦合与需求互补体系，协同创新的合力是不同主体之间的多层次交互所形成的创新链。①协同创新的发生源由各种主导产业集群的企业组成，彼此间通过产业价值链、竞争合作或其他内部联结模式实现互动，产生政策、资金、技术、人才等原始创新需求，并通过其他创新主体供给。②政府能够提供的有效的创新要素是产业政策、创新激励机制设计、产业规划以及宏观层面的资源配置能力。经济与社会发展、产业升级与结构调整是政府运作高新区的基本需求，这些创新需求最终将通过产业集群的发展获得实现。③大学与科研机构承担着科学研究与人才培养的双重任务，在协同创新系统中提供智力产品和知识资本。它们不直接参与产业竞争但对产业与经济系统却是高度依赖的。产业集群中的各类企业是创新的发起者，由于知识生产具有时序性和风险性，降低了企业独立从事技术研发的动力，于是大学和科研机构成为最有效的知识提供者，以满足产业集群在创新中的智力需求。

④中介组织在系统中促进信息资源的再传递和共享，实现知识溢出效应；另一方面，大量的中介组织完成政府无法实现的市场化资源配置，为大学、科研机构、企业提供决策咨询、创新孵化、科技成果转让和人力资源供给。在协同创新系统中，中介组织在各主体间的联系是保障创新活动协调运行的重要媒介。

（二）功能协同

创新主体的功能以协同创新网络的形式实现优势互补与功能整合，即"创新链"的产生。"创新链"以"创新驱动"为起点，创新动力的发生机制来自政府的政策激励、经济发展规划以及产业集群的市场竞争需求；"研究开发"节点通过产业集群与大学和科研机构的合作形成知识溢出，是新产品、新技术的研制与实验过程；"成果转化"节点由金融机构提供资金支持、中介组织提供成果孵化与技术转化，将创新成果转变为可市场化的创新产品，实现产业升级与价值增值；"产业化"节点由产业集群将创新成果转变为参与市场竞争的产品与服务，期间由中介组织提供资金与市场信息等产业化保障。

（三）资源共享

协同创新资源既包括产业相关技术知识、资金、人才、信息等，也包括实现产业技术创新的国家科技资源和基础条件平台和服务体系。因而，要实现多维主体协同合作，发挥创新网络的协同效应，就必须对不同创新主体的任务目标、资源等进行有效集成和整合。资源共享就是通过合理有效的资源规划和配置，使创新资源的无序状态变为有序状态，使各种资源的匹配达到最优，从而最大限度地挖掘资源的效用价值，发挥资源价值的效能。高新区的协同创新网络由政府或中介组织搭建资源共享平台，依据创新需求与功能协同的方式，使技术、资金、人才、信息、基础设施等资源按照"创新链"的协同机制分布到创新活动的各个环节，使分散无序的各种资源要素在协同创新的全过程获得整合与高效利用。

（四）制度协同

通过创新功能协同与创新资源共享形成高新区的"创新机制"，由于企业、大学和科研机构等创新主体的创新需求是多元化的，为了避免自发创新行为的无序性和低效率，政府制定的"产业规划"将确定园区的发展方向与产业创新的主要领域；"管理制度"以服务型政府的方式提高行政管理效率，降低协同创新过程的交易成本。在制度协同下，使国家创新战略、产业创新战略、区域经济发展战略以及企业战略在高新区的各种创新主体间形成统一的创新理念与行为方式，以创新文化的培育和创新平台的开放为保障，以消化吸收再创新能力的提升为核心，提高产业集群创新能力。

四、高新区协同创新体系的支撑平台

对高新区协同创新体系的建设而言，支撑平台是协同创新的基础，为创新活动提供各种人力资源、资金、技术等各领域的基本条件，完善的支撑体系将通过自主创新系统的建设表现出积极效应，推动高新区产业升级与新型工业化建设。

（一）人才支撑平台建设

各类高素质的人力资源是协同创新的基础，为提高协同创新的效率与质量，高新区需要加大国内外人力资源引进力度，扩大高级人力资源的有效供给。高新区协同创新体系的人力资源保障平台需要做好以下几方面工作：①鼓励国内外著名人力资源中介机构来高新区开办业务或建立分支机构。建立以技术创新系统为核心的人力资源培训开发体系，开展专业技术人员继续教育，提高专业技术人员的整体素质，鼓励扶持企事业单位依托大学及科研机构建立培训开发基地。②加快高新区科技人才的国际化水平，加快建立科研实验中心，科研合作中心等培养交流基地。通过各类专业人力资源市场的建设加强对各类职业介绍机构的规范和管理。③鼓励国内外著名的猎头公司来高新区设立分支机构，提高人力资源评估档次，推动高级人力资源市场的建立和发展。④营造有利于人力资源成长的环境，构建人才脱颖而出的激励机制。将人力资源的引进、培训、选拔、使用、管理有机地结合起来选拔高新区紧缺的科技人才和管理人才。⑤建立符合高新区实际的人力资源激励机制，对有突出贡献尤其是从事基础研究、高科技产品研发的科技工作者，对企业经济效益领先的经营管理者，实行各种奖励政策。

（二）财政资金支撑平台建设

资金是协同创新的重要投入要素，高新区协同创新的资金可利用政府财政投入以及金融机构的市场业务两个来源。一方面，增加财政对高新区的投入，政府通过财政拨款、投资补贴等方法，直接介入高新技术产业的研究开发工作。同时，调整财政科技投入的方向，财政的科技投入应由对科研机构、科技人员的一般支持，改变为以项目为主的重点支持；科研计划实行课题制，推行项目招标和中介评估制度；发展和完善科技型中小企业技术创新基金，为高新技术成果转化活动提供资金支持。政府应改变单一的无偿投资方式，采用有偿投资方式对协同创新给予财政支持，既可以缓解财政压力，也可以减轻财政支出对民间资本的挤出效应，减少因监管不严而造成的财政资金浪费的发生。另一方面，充分发挥金融机构对协同创新资金的支持作用。一般而言，金融机构为创新活动提供资金支持的方式分为两类，即政策性金融机构与商业性金融机构，如政策性银行、商业银行、风险投资、信托金融机构等。虽然面临的创新服务对象不同，但参与协同创新过程的利益分享机制具有相似性，一定程度上造成了创新资金的瓶颈。金融机构遵循安全性、流动性和收益性的经营原则，与创新行为的高投入、高风险本身是矛盾的，造成对大型企业与科研机构的信贷投入相对便利，而中小型企业或组织的创新活动往往具有严格的信贷门槛。此外，中国创新成果的转化率偏低也影响金融机构对投资前景的判断。因此，政府可以成立专项基金，或以担保方式对中小型企业或组织提供创新资金援助；中小型企业或组织与科研机构也可以借助产业集群内核心企业的资质和信用基础，通过担保达到融资目的。同时，金融机构需要改进投资评估体系，可以借鉴企业信用评级体系，对技术价值和商业模式进行评估，搭建专业的第三方评估机构，联合商业银行、风险投资机构、保险公司、担保公司、政府互助基金等，建立战略合作联盟，形成研究信息、决策顾问、投贷结合的共享机制，也可以尝试"银行＋创业投资公司＋企业（创新项目）"的方式，通过支持风险投资公司、创业投资基金、科技项目孵化器等科技创新平台，使创新项目获得资金。这种方式使银行避免了对大量企业或项目的评估和审查，只需对风险投资公司等机构的管理能力、还款能力加以监督检查，降低银行的贷款成本和风险。①

（三）园区服务支撑平台建设

从世界高新区的发展规律来看，其产业附加值的构成中制造环节所占的比例呈降低的趋势，而服务业特别是现代服务业中研发、人力资源开发、软件与信息服务、会计审计、物流与营销等专业化生产服务和中介服务所占的比例越来越高。但是，总体上来说，中国高新区的服务业整体发展相对落后，使得服务支撑体系支撑力不足。因此，建设协同创新的服务支撑平台需要做好以下四方面的工作：

第一，逐步完善高新区生产性服务支撑平台。生产性服务业贯穿于生产、流通、分配、消费等社会再生产环节之中，包括上游、中游和下游的活动。随着生产性服务业的发展，生产性服务业本身逐渐形成了一个完整的产业链，这条产业链能够为企业提供从产品立项到产品营销与服务的全方位支持。结合高新区的特点，逐步完善高新区生产性服务体系可以依托建立高新区生产性服务集聚区的方式，吸纳大型制造业企业的公司总部、营销中心、研发机构和设计中心入驻，同时为制造业提供中介咨询、政府公共服务。

第二，在条件成熟的情况下，加快高新区生产性服务业的产业化，培育服务支撑平台新的增长点，包括行业协会、创新孵化机构、人力资源中介、技术转让代理机构、咨询机构、培训机构等。

第三，加快高新区生产性服务业的国际化，增强服务支撑平台竞争能力。通过扩大开放，促进生产性服务业管理体制、企业机制、组织形式以及服务品种的创新；促进先进服务技术和标准的引进；促进和培育服务业比较优势的形成；开辟国际化的融资渠道；积极引导外资投向服务领域的基础设施和高新技术服务业；引进国外先进的技术、设备和管理方法；提高服务业管理水平和整体素质；积极发展国际服务贸易、鼓励有条件的企业实施走出去战略。

第四，加快高新区服务支撑平台的信息化，提高运行效率和服务水

---

① 丁涛，胡汉辉. 金融支持科技创新国际比较及路径设计 ［J］. 软科学，2009（3）：50－54.

平。加速信息化环境下的生产性服务业与制造业的互动发展，推动我国区域块状经济的商流、物流、资金流在更大范围，更高层次上的集聚，促使产业链不断延伸，促进联合的、多层次的、高效的、新型的工贸互动模式的形成和发展，通过利用信息技术实现社会商业模式、管理模式、组织结构的创新与变革。

（四）科技支撑平台建设

第一，高新区应成立推进科技创新的专门组织，选派得力的专业人员专门履行科技创新的职能，拨出专款为科技创新提供必要的资金保障。科技创新能力是国家竞争力的核心，是强国富民的重要基础和国家安全的根本保证。高新区是促进技术进步和增强自主创新能力的重要载体，是带动区域经济结构调整和经济增长方式转变的强大引擎，是高新技术企业走出去参与国际竞争的服务平台。发展高新技术产业，提升国家综合竞争力是高新区的根本宗旨，加强科技创新是高新区建设发展的首要任务，提高自主创新能力是高新区履行职能的根本要求。充分发挥政府宏观调控的组织职能和整合创新资源，统筹规划和组织实施重大科技创新项目。制定系统的促进自主创新的政策措施，诸如支持企业成为技术创新主体的政策，融资的政策稳定的财政投入增长机制，促进对引进技术消化、吸收和再创新的政策，加强科技人才队伍建设的政策，增强孵化器技术创新功能的政策，保护自主知识产权的政策等。

第二，高新区要建立完善的知识产权管理和服务体系。探索知识产权的资本化及其相应的产权问题，形成以企业、大学及科研机构为主体，专利、商标、著作权等项工作统筹协调管理的局面，通过实施专利技术产业化示范工程，设立专利发展基金等方式，促进自主知识产权的创造和转化。提高自主知识产权创造能力是高新区增强核心竞争力，实现长远发展的一项战略性任务。高新区更加快集聚创新要素，在关键技术领域拥有更多的自主知识产权，形成若干有国际竞争力的高科技支柱产业，成为中国经济发展的支柱。

第三，促进高新区成为科技型中小企业和新兴技术产业的孵化基地。科技型中小企业和创新集群是技术创新的主要推动力量。在科技型中小企业的成长过程中，科技企业孵化器承担了重要的角色，是国家面向科技型中小企业的重要公共政策平台，不仅对高新区，对整个区域经济发展也有着重要的推动作用。高新区要结合实际情况，制定支持科技企业孵化器发展的专项政策落实专项经费，鼓励其提高专业服务能力、社会化资源整合能力，培育一大批科技型中小企业，使科技型中小企业成为高新区协同创新的主力。[①]

（五）文化支撑平台建设[②]

优秀的园区文化不仅可以对创新主体积极参与创新行为形成激励，且能够有效整合人们的创新共识，降低交易成本。[③] 毋庸置疑，一种优秀文化的核心是人们的价值认同，通过形成价值共识、价值整合、价值渗透和价值融合等过程，增强协同各方的影响力、辐射力、亲和力和吸引力，并最终形成一种文化认同和共享。培育一种优秀的园区文化是保证肇庆高新区协同创新持续发展的基石。园区协同创新主体间的运行机制、文化背景、价值观念等不尽相同，要实现多元主体间的深度合作并产生持久效益，就必须消除彼此间的各种隔膜或障碍，培育和形成强有力的文化认同，使合作各方在价值观和思维方式上达成共识。[④] 为此，首先，合作各方要转变观念，积极培育价值共识。其次，要增强信任，培育和形成价值整合。只有合作各方承认差异，在理解和信任基础上利用彼此的差异进行价值整合，才能求同存异，优势互补，形成竞争优势，这是协同创新中值得挖掘的潜力。再次，要加强沟通，培育和形成价值渗透。协同创新主体要在利益共享基础上建立众多的正式与非正式沟通渠道，对合作过程中遇到的一些困难和问题及时加以解决，强化协同创新各主体间的情感联系，并从战略层面统筹协商各方共同关心的问题，实现园区经济社会持续健康

---

① 夏亚民．国家高新区自主创新系统研究［D］．武汉理工大学博士论文，2007（5）．

② 丁孝智等．成长型高新区非常规发展的路径选择——基于肇庆国家级高新区的分析框架［M］．北京：企业管理出版社2013．

③ 陈劲，阳银娟．协同创新的驱动机理［J］．技术经济，2012（8）：6－11，25．

④ 崔新建．文化认同及其根源［J］．北京师范大学学报（社会科学版），2004（4）：102－104，107．

发展的目标。① 最后，要培育共同信仰，推进价值融合。积极培育和形成协同创新主体间共同的发展愿景和社会责任感，在合作中彼此取长补短，吸收对方的优点和长处，提升彼此对责任、义务和使命的理解，并在价值层面上达成对合作意义的理解和认同，培育和形成协同主体间稳定的价值趋同和文化基础。②

---

① 陈列强，朱巧玲. 文化认同驱动因素实证研究——企业利益相关者视角［J］. 福建论坛（人文社会科学版），2013（2）：65－71.
② 佟光进，高侠. 校企文化有机融合人才培养无缝对接——江苏省徐州医药高等职业学校与澳洋集团校企合作工业文化对接案例［C］. 全国职教德育教学研究会 2012 年职业素养内涵与训练研究专辑：1－3.

参考文献

［1］胡鞍钢. 新型工业化与发展//国家经贸委综合司. 专家谈走新型工业化道路［M］. 北京：经济科学出版社，2003.

［2］吴敬琏. 怎样走好新型工业化道路［J］. 山东经济战略研究，2005（4）：9－11.

［3］厉无畏，王慧敏. 世界产业服务化与发展上海现代服务业的战略思考［J］. 世界经济研究. 2005（1）：54－60.

［4］吕政. 对新型工业化道路的探讨［N］. 经济日报，2003－01－15.

［5］吕政，张克俊. 国家高新区阶段转换的界面障碍及破解思路［J］. 中国工业经济，2006（2）：5－12.

［6］曲格平. 探索可持续的新型工业化道路［J］. 环境与保护，2003（1）：3－5.

［7］王新天，周振国. 新型工业化道路与跨越式发展，学习江泽民同志关于跨越式发展的思想［J］. 求是，2003（9）：29－31.

［8］江小涓. 积极探索新型工业化道路［J］. 求是，2002（24）：19－20.

［9］江小涓. 新型工业化：实现小康生活的必由之路［J］. 理论参考，2003（4）：4－5.

［10］林兆木. 关于新型工业化道路问题［J］. 宏观经济研究，2002，（12）：3－8.

［11］李悦. 中国工业化道路的抉择［A］. 国家经贸委综合司. 专家谈走新型工业化道路［C］. 北京：经济科学出版社，2003：153－156.

［12］简新华，向琳. 论中国的新型工业化道路. 当代经济研究，2004（1）：32－38.

［13］张秋莲. 欠发达地区新型工业化的多维审视：信息化［J］. 经

济研究导刊，2011（23）.

[14] 姜爱林. 城镇化、工业化与信息化的互动关系 ［J］. 城市规划汇刊，2002（5）：32 – 37.

[15] 郭祥才. 马克思主义跨越发展理论与中国新型工业化道路 ［J］. 中国社会科学，2003（6）：4 – 13.

[16] 麻冰冰. 我国工业化与信息化水平测定及互动关系研究 ［D］. 暨南大学硕士论文，2005.

[17] 任保平. 新型工业化：中国经济发展战略的创新 ［J］. 经济学家，2003（3）：4 – 11.

[18] 庞爱卿. 信息化带动工业化的可能性研究. 生产力研究，2005（1）：140 – 143.

[19] 胡春力. 走新型工业化道路是我国发展战略和经济增长模式的重大调整 ［A］. 专家谈走新型工业化道路 ［C］. 国家经贸委综合司. 北京：经济科学出版社，2003.

[20] 周振华. 新型工业化道路：工业化与信息化的互动与融合 ［J］. 上海经济研究，2002（12）：5 – 7.

[21] 周振华. 产业融合与新型工业化道路 ［J］. 天津社会科学，2004（3）：70 – 76.

[22] 李林. 产业融合：信息化与工业化融合的基础及其实践 ［J］. 上海经济研究，2008（6）：90 – 95.

[23] 石红艳，潘海岚. 韩国、印度信息化带动工业化的经验与借鉴 ［J］. 兰州学刊，2005（4）：116 – 117.

[24] 郭铁民. 产业融合与走新型工业化道路的新认识 ［J］. 东南学术，2005（1）：71 – 75.

[25] 周旭霞. 新型工业化进程中产业融合的动力机制研究 ［J］. 中共杭州市委党校学报，2006（4）：56 – 59.

[26] 马健. 产业融合：信息化推动新型工业化的战略选择 ［J］. 华东经济管理，2008（2）：70 – 73.

[27] 夏杰长，刘奕，顾乃华. 制造业的服务化和服务业的知识化 ［J］. 国外社会科学，2007（4）：8 – 13.

[28] 叶广宇，冯惠平．制造业的服务化趋势及原因分析［J］．商业时代，2007（14）：92－93．

[29] 刘继国．制造业服务化带动新型工业化的机理与对策［J］．经济问题探索，2006（6）：120－124．

[30] 刘继国，李江帆．国外制造业服务化问题研究综述［J］．经济学家，2007（3）：119－126．

[31] 刘继国，赵一婷．制造业中间投入服务化趋势分析——基于OECD 中 9 个国家的宏观实证［J］．经济与管理，2006（9）：9－12．

[32] 梁曙霞，祖强．江苏制造业与现代服务业的产业融合［J］．唯实，2008（12）：63－67．

[33] 张平宇．新型工业化与东北老工业基地改造对策［J］，经济地理，2004（6）．785－787．

[34] 张曙霄，孙莉莉．东北新型工业化发展模式论析［J］．东北师大学报，2005（3）：74－79．

[35] 徐笠崴．东北老工业基地新型工业化道路的战略思考［J］．工业技术经济，2005（3）：54－55．

[36] 郭俊华．新型工业化中西部地区再工业化的途径［J］．未来与发展，2011（2）：20－24．

[37] 黄家骅．论农村的新型工业化道路［J］．当代经济研究，2004（1）：25－31．

[38] 刘茂松．论新型工业化的中国特色——农业小部门化时期的中国农业工业化［J］．湖南师范大学社会科学学报，2009（5）：97－101．

[39] 吴艳玲．制度创新与传统农区新型工业化［J］．生产力研究，2011（3）：23－26．

[40] 曹建海，李海舰．论新型工业化的道路［J］．中国工业经济，2003（1）：56－62．

[41] 黄泰岩，李德标．我国新型工业化的道路选择［J］．中国特色社会主义研究，2003（1）：35－41．

[42] 任保平，蔡美香．二元经济结构、二元工业化与西部地区的新型工业化［J］．新疆大学学报，2005（6）：6－9．

[43] 任保平. 论新型工业化道路的总体战略定位 [J]. 社会科学辑刊, 2004 (5): 70-74.

[44] 任保平. 新型工业化: 中国经济发展战略的创新 [J]. 经济学家, 2003 (3): 4-11.

[45] 纪玉山, 常忠诚, 代栓平. 循环经济范式下的新型工业化道路探析 [J]. 税务与经济, 2006 (6): 1-6.

[46] 钱易. 循环经济与新型工业化道路 [N]. 现代物流报, 2007-11-06.

[47] 张雯, 何锦. 新型工业化道路经济学分析 [J]. 现代商贸工业, 2010 (1): 1-2.

[48] 张俊. 循环经济与新型工业化道路 [J]. 华北水利水电学院学报, 2005 (2): 65-67.

[49] 李伟. 中国新型工业化推进中产业结构跨越式升级的路径选择 [J]. 郑州大学学报, 2006 (5): 81-84.

[50] 徐志懿. 浅析新型工业化道路与产业结构调整 [J]. 经济研究导刊, 2011 (3): 202-204.

[51] 肖海翔, 马腾飞. 湖南省生产性服务业和新型工业化关系的实证分析 [J]. 统计与决策, 2009 (17): 88-90.

[52] 洪银兴. 新型工业化道路的经济学分析 [J]. 贵州财经学院学报, 2003 (1): 1-6.

[53] 简新华, 向琳. 论中国的新型工业化道路 [J]. 当代经济研究, 2004 (1): 32-38.

[54] 魏礼群. 坚持走新型工业化道路 [J]. 求是, 2003 (23): 17-20.

[55] 曹建海, 李海舰. 论新型工业化的道路 [J]. 中国工业经济, 2003 (1): 56-62.

[56] 朱廷春, 王德忠. 政府在推行新型工业化中的作用分析 [J]. 经济学家, 2004 (2): 117-119.

[57] 叶裕民, 黄壬侠. 中国新型工业化与城市化互动机制研究 [J]. 西南民族大学学报, 2004 (6): 1-10.

[58] 陈永国. 积极推进新型城市化: 基于新型工业化的分析 [J].

商业研究，2006（16）：144－145.

[59] 李光红，安强身．我国新型工业化与技术创新关系研究 [J]．开发研究，2007（5）：61－64.

[60] 孙学光．新型工业化的内涵与科学推进研究 [J]．战略研究，2007（10）：18－20.

[61] 颜怀海．自主创新与区域新型工业化——以四川为例 [J]．现代管理科学，2010（4）：77－86.

[62] 李建强，李达言．新型工业化与企业技术进步与创新 [J]．当代经济，2006（6）：99－100.

[63] 朱廷春，王德忠．政府在推行新型工业化中的作用分析 [J]．经济学家，2004（2）：117－119.

[64] 广华．新型工业化中政府职能的定位及其转变 [J]．生产力研究，2006（7）：36－40.

[65] 王珍．论政府在新型工业化中的作用 [J]．当代经济，2006（5）：16－18.

[66] 纪国涛．论新型工业化的实现机制 [J]．科技管理研究，2010（15）：241－244.

[67] 任才方，王晓辉．新型工业化指标体系探索 [J]．中国统计，2003（5）：23－24.

[68] 李世英，李亚．新型工业化发展水平评价指标体系的构建及实证研究——基于陕西的数据 [J]．当代经济科学，2009（5）：28－134.

[69] 鄢军，王传捷．我国新型工业化的指标体系构建与指数估算[J]．商业时代，2010（35）：10－11.

[70] 谢春，李健．中国特色新型工业化评价指标体构建及实证分析 [J]．系统工程，2011（3）：75－80.

[71] 苏孝辉，乔芳丽，张青山．熵权法在新型工业化评价中的应用 [J]．探索，2011（3）：12－14.

[72] 谢春，李健．基于综合赋权法的中国特色新型工业化水平测度与实证分析 [J]．财务与金融，2011（2）：69－73.

[73] 毛文娟，魏大鹏．天津新型工业化指标体系探索 [J]，统计与

决策，2005（2）：34－36.

[74] 陈晓红，李飞，宋玉祥. 吉林省新型工业化道路的区域差异与发展模式研究 [J]. 经济纵横，2006（10）：65－67.

[75] 梅强，刘昌年，周园. 劳动密集型中小工业企业新型工业化程度的测度与实证分析 [J]. 科学学与科学技术管理，2010（1）：145－148.

[76] 苏孝辉，乔芳丽，张青山. 熵权法在新型工业化评价中的应用 [J]. 探索，2011（3）：12－14.

[77] 詹浩勇，冯金丽. 广西北部湾经济区新型工业化评价与发展研究——基于区域比较的视角 [J]. 广西社会科学，2010（10）：26－30.

[78] 杨建仁，刘卫东. 基于灰色关联分析和层次分析法的新型工业化水平综合评价——以中部六省为例 [J]. 数学的实践与认识，2011（2）：123－132.

[79] （美）莱斯特·R. 布朗. 生态经济 [M]. 林自新，暴永宁，等译. 北京：东方出版社，2002.

[80] （英）克里斯·弗里曼，弗朗西斯科·卢桑. 光阴似箭——从工业革命到信息革命 [M]. 沈宏亮译. 北京：中国人民大学出版社，2007.

[81] O. Rourke, K. H. et al. (2007), "Trade, knowledge, and the industrial revolution", NBER working paper, w 13057.

[82] Gordon, R. J. (2000), "Does the New Economy´measure up to the great inventions of the past?" NBER working paper, w7833.

[83] Baily & Lawrence (2001), "Do we have a new economy?" NBER working paper, w 8243.

[84] Jorgenson, D. W. et al. (2008), "A retrospective look at the U. S. productivity growth resurgence", Journal o f Economic Perspectives 22 (1): 3－24.

[85] 霍文慧，杨运杰. 工业化理论研究新进展 [J]. 经济学动态，2010（3）：103－108.

[86] 王志刚，黄棋. 内生式发展模式的演进过程——一个跨学科的研究述评 [J]. 教学与研究，2009（3）：72－76.

[87] Barke, M., Newton, M. The EU Leader Initiative and Endogenous

Rural Development：the Application of the Program in Two Rural Areas of Anda-lusia, Southern Spain [J]. Journal of Rural Studies, 1997, (3)：319 –341.

[88] Sergio, B. Is There Room For Local Development in a Globalized World [J]. Cepal Review, 2005 (86)：45 – 60.

[89] （日）宫本宪一. 环境经济学 [M]. 朴玉译. 三联书店, 2004.

[90] Declaration of Madrid. International Conference on a Culture of Peace, 2000 [DB/OL]. http：//www. un. org, 2006 – 10 – 17.

[91] 王德禄. 内生式发展模式推动高新区产业升级 [J]. 中关村, 2012 (1)：1.

[92] 曹健林. 国家高新区急需培育内生增长机制 [J]. 中国高新技术企业, 2007 (7)：10 –11.

[93] 丁孝智, 张朝晖, 张华. 珠江三角洲高新技术产业竞争力评价研究 [J]. 商业研究, 2010 (6)：48 –53;

[94] 丁孝智. 高新区产业发展服务体系的构建——基于肇庆高新区的探索与实践 [M]. 北京：中国经济出版社, 2009.

[95] 丁孝智, 周丽等. 现代产业发展服务体系建设研究——基于国内外高新区的分析框架 [M]. 北京：企业管理出版社, 2012.

[96] 丁孝智, 周丽, 张华. 成长型高新区非常规发展的路径选择——基于肇庆国家级高新区的分析框架 [M]. 北京：企业管理出版社, 2013.

[97] 丁孝智, 林柳琳, 张华. 国内高新区内生式发展的目标转换. 浙江师范大学学报 (社会科学版), 2013 (5)：63 –71.

[98] 陈文丰, 吴卉晶. 高新区发展的历史背景和演变进程 [J]. 中国高新区, 2012 (7)：1 –8.

[99] 周元, 王维才. 我国高新区阶段发展的理论框架 – 兼论高新区 "二次创业" 的能力评价 [J]. 经济地理, 2003 (7)：452 –455.

[100] 王胜光, 程郁, 刘会武. 高新区创新中国——对 20 年国家高新区发展的总结评价及对未来发展的思考 [J]. 中国科学院院刊, 2012 (6)：678 –696.

[101] 钱冈. 基于集群式发展观与动态能力观的高新区竞争力研究 [D]. 上海交通大学博士论文, 2007.

［102］叶文忠．基于集群式创新优势的区域国际竞争力研究［D］．湖南大学博士论文，2007．

［103］刘友金．硅谷技术创新集群演进及其阶段性特征研究［J］，经济社会体制比较（双月刊），2006（3）：83－86．

［104］陈明森，陈爱贞．地方产业集群升级双重背离及其影响因素分析——以海峡西岸经济区产业群升级为例［J］．东南学术，2009（1）：121－132．

［105］张克俊．国家高新区提高自主创新能力建设创新型园区研究——基于C—I—H耦合互动框架［D］，西南财经大学博士论文，2010．

［106］吴林海．论硅谷的创新模式及对我国技术创新的启示［J］．科技进步与对策，2001（8）：51－52．

［107］李建军．硅谷模式及其产学创新体制［D］．中国人民大学博士论文，2000．

［108］张月花，薛伟贤．高新区建设主导产业选择研究综述［J］．科技管理研究，2011（21）：73－76．

［109］廖建桥．中国式绩效管理：特点、问题及发展方向［J］．管理学报，2013（6）：781－788．

［110］程郁．高新区与未来知识经济的社会形态［J］．中国科学院院刊，2010（5）：490－496．

［111］（美）罗斯托．经济增长的阶段［M］．郭熙保，王松茂译．北京：中国社会科学出版社，2001．

［112］王缉慈，王可．区域创新环境和企业根植性——兼论我国高新技术企业开发区的发展［J］．地理研究，1999（4）：358－360．

［113］王胜光，程郁，刘会武．高新区创新中国——对20年国家高新区发展的总结评价及对未来发展的思考［J］．中国科学院院刊，2012（6）：678－696．

［114］曹敏娜，王兴平．高新技术产业开发区的功能定位研究——以南京高新区为例［J］．人文地理，2003（4）：37－42．

［115］李晔，王舜．台湾新竹科学工业园区的发展模式及启示［J］．科学管理研究，2006（6）：118－120．

[116] 严效民，胡汉辉．基于平台理论的区域产业发展平台分析——以苏州工业园区为例［J］．科学学与科学技术管理，2011（11）：118－124．

[117] 潘光辉．从高新技术产业集群的视角看高新区的发展［J］．企业经济，2006（7）：55－57．

[118]（美）迈克尔·波特．国家竞争优势［M］．李明轩，邱如美译．北京：华夏出版社，2002．

[119] 黄凌翔，许蓝月．基于产业集群理论的国家高新区发展新路径探究［J］．商业时代，2014（10）：119－120．

[120] 王戒辉．产业集群与高新区互动发展研究——以南宁高新区为例［J］．改革与战略，2013（8）：91－93．

[121] 白雪洁，庞瑞芝，王迎军．论日本筑波科学城的再创发展对我国高新区的启示［J］．中国科技论坛，2008（9）：135－139．

[122] 张维迎．企业的企业家—契约理论［J］．上海：上海人民出版社、上海三联书店，1995．

[123] 何诚颖．美、英、日三国主导产业选择比较研究［J］．学术研究，1996（5）：40－43．

[124] 沙新华．高新技术产业园区可持续发展研究［D］．天津大学博士论文，2007．

[125] 叶文忠，基于集群式创新优势的区域国际竞争力研究［D］．湖南大学博士论文，2007．

[126] 刘友金．硅谷技术创新集群演进及其阶段性特征研究［J］，经济社会体制比较（双月刊），2006（3）：83－86．

[127] 陈明森，陈爱贞．地方产业集群升级双重背离及其影响因素分析——以海峡西岸经济区产业群升级为例［J］．东南学术，2009（1）：121－132．

[128] 张克俊．国家高新区提高自主创新能力建设创新型园区研究——基于C—I—H耦合互动框架［D］．西南财经大学博士论文，2010．

[129] 范硕．英国"剑桥现象"及其形成机理研究［D］．吉林大学博士论文，2010．

[130] 陈平．印度班加罗尔信息产业集群研究［J］．商业研究，2007

(11)：125 – 128.

[131] 吕薇. 高新技术产业政策与实践 [M]. 北京：中国发展出版社，2003.

[132] 李晔，王舜. 台湾新竹科学工业园区的发展模式及启示 [J]. 科学管理研究，2006 (6)：118 – 120.

[133] 叶继红. 苏州工业园区的开发管理模式初探 [J]. 科学学与科学技术管理，2001 (7)：38 – 39.

[134] 马兰，郭胜伟. 英国硅沼——剑桥科技园的发展与启示 [J]. 科技进步与对策，2004 (4)：46 – 48.

[135] 王伟，吴东兴，朱青. 剑桥科技园的投融资环境与模式研究[J]. 科技管理研究，2013 (3)：115 – 118.

[136] 白雪洁，庞瑞芝，王迎军. 论日本筑波科学城的再创发展对我国高新区的启示 [J]. 中国科技论坛，2008 (9)：135 – 139.

[137] 杨哲英，张琳. 高新技术产业组织模式的演进方向——以日本筑波科学城为例的分析 [J]. 日本研究，2007 (12)：43 – 47.

[138] 康江峰. 我国高新区行政管理体制创新研究 [J]. 科技管理研究，2005 (8)：23 – 25.

[139] （美）M. 卡斯特尔. 世界的高技术园区——21 世纪产业综合体的形成 [M]. 北京：北京理工大学出版社，1998.

[140] Etzkowitz, H., & Leydesdorff, L. The Triple Helix – University – Industry – Government Relations：A Laboratory for Knowledge – Based Economic Development [J]. EASST Review 1995 (14)：14 – 19.

[141] 刘京，仲伟周. 我国高新区体制回归动因及对策研究 [J]. 科学学与科学技术管理，2010 (3)：16 – 19.

[142] 科技部. 国家高新技术产业开发区技术创新纲要[EB/OL]. http://www. most. gov. cn/fggw/zfwj/zfwj2005/200512/

[143] 张世军，蒋丽丽，谭向军：充分发挥天津高新区在全市自主创新中的重要作用 [J] 港口经济，2009 (3) 39 – 41.

[144] 李柞泳. 可持续发展评价模型与应用 [M]. 北京：科学出版社，2007.

［145］叶文虎，全川．联合国可持续发展指标体系评述［J］．中国人口·资源与环境，1997.7（3）：83-87．

［146］范小杉，韩永伟．中国国家生态文明指标建设探析［J］．中国发展，2010，10（1）：22-25．

［147］蒋小平．河南省生态文明评价指标体系的构建研究［J］．河南农业大学学报，2008，42（1）：61-64．

［148］王晓欢，王晓峰，秦慧杰．西安市生态文明建设评价及预测［J］．城市环境与城市生态，2010，23（2）：5-8．

［149］黄娟等．江苏生态文明建设指标体系研究［J］．环境科学与管理，2011，36（12）：157-161．

［150］刘衍君，张保华，曹建荣，陈伟．省域生态文明评价体系的构建——以山东省为例［J］．安徽农业科学，2010，38（7）：3676-3678．

［151］吴琼等．生态城市指标体系与评价方法［J］．生态学报，2005，25（8）：2090-2095．

［152］魏晓双．中国省域生态文明建设评价研究［D］．北京林业大学博士论文，2013．

［153］Mirjana G，Olja M I. Definition，characteristics and state of the indicators of sustainable development［J］. Agriculture，Ecosystems and Environment，2009（130）：67-74．

［154］生态补偿机制．［DB/OL］http：//baike. baidu. com.

［155］温献民．高新技术产业园区阶段跨越研究［D］．上海交通大学博士论文，2007．

［156］阎庆国等．开发区治理［M］．北京：中国社会科学出版社，2006．

［157］张攀登．高新技术产业园生态建设模式研究［J］．科技进步与对策，2008，（8）：96-98．

［158］王瑞贤等．高新技术污染特征分析及控制对策［J］．环境保护，2004（2）：44-47．

［159］邓翠华．生态文明建设与新型工业化协调发展探微［J］．福建行政学院学报，2012（6）：6-11．

［160］姚聪莉．资源环境约束下的新型工业化道路研究［D］．西北大学博士论文，2009．

［161］任巍．资源环境短缺与我国经济发展的经济学分析［J］．理论探讨，2006（2）：63－65．

［162］李宏岳．生态文明视野下的新型工业化道路［J］．经济问题探索，2008（7）：155－158．

［163］高宜新．生态文明与新型工业化的辩证思考［J］．绿色经济，2010：96－99．

［164］黄长．国外专业人才培养战略与实施［M］．北京：社会科学文献出版社，2006．

［165］Workers' remittances, competition of employees, and migrant transfers, credit. http：//www. worldbank. org/prospect/migration and remittances：Handbook of Statistics on India Economy 2007. Reserve Bank of India, Oct, 1. 2007, http：//www. reservebank. com/.

［166］世界银行．1998/1999年世界发展报告：知识与发展［M］．北京：中国财政经济出版社，1999．

［167］Casey Ichniowski, Kathryn Shaw, and Giovanna Prennushi. The Effects of Human Resources Management Practices on Productivity［M］. Cambridge, MA：National Bureau of Economic Research Working Paper N0. 5333, 1996.

［168］王少军．人力资源管理与结构分析［M］．上海：上海交通大学出版社，2005．

［169］李玉江．区域人力资本研究［M］．北京：科学出版社，2005．

［170］Pietro F Peretta, Industrial Development, Technological Change and Long－run［J］. Growth Journal of Development Economics. 1999（59）：389－417.

［171］陈冬．新型工业化理论与实证分析〔M］．北京：社会科学文献出版社，2006．

［172］王胜光等．高新区创新中国——对20年国家高新区发展的总结评价及对未来发展的思考［J］．中国科学院院刊，2012（6）：678－696．

[173] 丁焕峰. 论区域创新系统 [J]. 科研管理, 2001 (11): 1-8.

[174] 周丽. 聚焦创业: 基于创业过程的焦点问题研究 [M]. 北京: 新华出版社, 2008.

[175] 周丽. 中国高新区文化建设框架 [J]. 生产力研究, 2011 (1): 82-84.

[176] 周丽. 文化创意产业与三次产业的融合发展研究 [M]. 北京: 企业管理出版社, 2013.

[177] (美) 安纳利·萨克森宁. 地区优势: 硅谷和128公路地区的文化与竞争 [M]. 曹蓬, 等译. 上海: 远东出版社, 1999.

[178] 罗良忠, 史占中. 硅谷与128公路——美国高科技高新区发展模式借鉴与启示 [J]. 研究与发展管理, 2003, 15 (6): 49-53.

[179] 罗良忠, 史占中. 美国硅谷模式对我国高科技高新区发展的启示 [J]. 山西财经大学学报, 2003, 25 (2): 36-40.

[180] 钱颖一, 肖梦. 走出误区: 经济学家论说硅谷模式 [M]. 北京: 中国经济出版社, 2000.

[181] 张泉, 叶兴平. 城市生态规划研究动态与展望 [J] 城市规划, 2009 (7): 51-58.

[182] 李红薇. 生态文明建设的产业结构研究——以中新生态城建设为例 [D]. 天津理工大学硕士论文, 2010.

[183] 刘建军等. 森林掩盖下的科学城 [J]. 中国城市林业, 2004 (2) 5: 64-65.

[184] 李景新. 中国高新技术产业园区产业集聚发展研究 [D]. 武汉大学博士论文, 2011.

[185] 陈媛媛. 高新技术产业园区概念性设计研究 [D]. 天津大学硕士论文, 2007.

[186] 魏心镇, 王缉慈等. 新的产业空间——高技术产业开发区的发展与布局 [M]. 北京: 北京大学出版社, 1993.

[187] 徐锡玲. 美国硅谷绿化见闻 [J]. 广西林业, 2005 (6): 56-57.

[188] 叶振国. 扬州生态市建设指标体系研究 [D]. 南京农业大学资源与环境学院硕士论文, 2005.

［189］Markusen A. R. Sticky places in slippery space：a typology of industrial districts ［J］. Economic Geography, 1996, (72)：293 - 313.

［190］Anastasios, G. K. Complexity, Identity and the Value of Knowledge - Intensive Exchanges ［J］. Journal of Management Studies, 2003 (7)：1871 - 1890.

195. Thun J. Hoenig D. An Empirical Analysis of Supply Chain Risk Management in the German Automotive Industry ［J］. International Journal of Production Economics, 2011 (1)：242 - 249.

［191］Birkinshaw J. Upgrading of Industry Clusters and Foreign Investment ［J］. International Studies of Management & Organization, 2000, (02)：93 - 113.

［192］Simona Iammarino, Philip McCann. The Structure and Evolution of Industrial Clusters：Transactions, Technology and Knowledge Spillovers ［J］. Research Policy, 2006, 07)：1018 - 1036.

［193］张新婷, 刘新艳. 基于动态开放网络的产业集群创新风险的防范 ［J］. 湖南社会科学, 2010 (6)：122 - 124.

［194］王亭. 西安高新区：从工业园区到最具魅力的科技新城 ［N］ 中国高新技术产业导报, 2010 - 11 - 30.

［195］王伟, 章胜晖. 印度班加罗尔软件科技园投融资环境及模式研究 ［J］. 亚太经济, 2011 (1)：97 - 100.

［196］陆履平, 杨建梅. 硅谷、班加罗尔 IT 产业成功之启示 ［J］. 科技管理研究, 2005 (1)：83 - 86.

［197］（日）青木昌彦. 硅谷模式的信息与治理结构 ［J］. 比较制度分析, 2000 (1)：18 - 27.

［198］祝东伟. 国外产学研合作典型模式的研究与启示 ［J］. 中国科技产业, 2006 (12)：78 - 80.

［199］陈劲, 阳银娟. 协同创新的驱动机理 ［J］. 技术经济, 2012 (8)：6 - 11, 25.

［200］杨继瑞, 杨蓉, 马永坤. 协同创新理论探讨及区域发展协同创新机制的构建 ［J］. 高校理论战线, 2013 (1)：56 - 62.

[201] 张小蒂，王永齐．企业家显现与产业集聚：金融市场的联结效应 [J]．中国工业经济，2010 (5)：59 – 67．

[202] 丁涛，胡汉辉．金融支持科技创新国际比较及路径设计 [J]．软科学，2009 (3)：50 – 54．

[203] K. Debackere, R. Veugelers. The role of academic technology transfer organizations in improving industry science links [J]．Research Policy, 2005 (34)：321 – 342．

[204] 李北伟，董微微，富金鑫．中国情境下创新集群建设模式探析 [J]．中国软科学，2012 (11)：161 – 169．

[205] 唐丽艳，陈文博，王国红．中小企业协同创新网络的构建 [J]．科技进步与对策，2012 (10)：89 – 93．

[206] C. Freeman. Networks of innovators：A synthesis of research issues [J]．Research Policy, 1991 (5)：499 – 514．

[207] Lundvall, National systems of innovation, Towards a theory of innovation and interactive learning [M]．London：Biddle, 1995．

[208] Cooke P. Strategies for Regional Innovation Systems：Learning Transfer and Applications [R]．Unido Report, 2003．

[209] 熊励，孙友霞，蒋定福，刘文．协同创新研究综述——基于实现途径视角 [J]．科技管理研究，2011 (14)：15 – 18．

[210] 孔祥浩，许赞，苏州．政产学研协同创新"四轮驱动"结构域机制研究 [J]．科技进步与对策，2012 (22)：15 – 18．

[211] 张玉臣．构建协同创新的管理体制 [N]．科技日报，2011 – 10 – 17．

[212] 罗能生，汪娟．健全协同创新服务体系的理论探索 [N]．光明日报，2012 – 08 – 26．

[213] 崔新建．文化认同及其根源 [J]．北京师范大学学报（社会科学版），2004 (4)：102 – 104，107．

[214] 陈列强，朱巧玲．文化认同驱动因素实证研究——企业利益相关者视角 [J]．福建论坛（人文社会科学版），2013 (2)：65 – 71．

[215] 佟光进，高侠．校企文化有机融合人才培养无缝对接——江苏

省徐州医药高等职业学校与澳洋集团校企合作工业文化对接案例［C］.全国职教德育教学研究会 2012 年职业素养内涵与训练研究专辑：1－3.

　［216］夏亚民.国家高新区自主创新系统研究［D］.武汉理工大学博士论文，2007.

　［217］张在群.政府引导下的产学研协同创新机制研究［D］.大连理工大学博士论文，2013.

　［218］WESSNER CW. Growing Innovation Clusters for American Prosperity：Summary of a Symposium［R］.USA：National Academies Press，2011：18－190.

　［219］董健康，韩雁，梁志星.协同创新系统中各类主体的角色及定位［J］.中国高校科技，2013（6）：52－54.

　［220］毛艳华.区域创新系统的内涵及其政策含义［J］.经济学家，2007（2）：83－90.

　［221］刘春香.美国硅谷高科技产业集群及其对中国的启示［J］.工业技术经济，2005（7）：35－36，39.

　［222］曾刚.基于科技中介服务机构的产业密集区技术扩散研究［D］.华东师范大学博士论文，2006.